教育部人文社会科学研究规划基金项目 "多语环境下美国华裔家庭隐形语言规划调查研究"(编号：17YJA740052)资助

家庭语言规划视角语言传承研究

王玲 著

南京大学出版社

目　录

第一章│导 论

1.1 研究缘起

家庭语言规划是指影响家庭内部青少年语言习得和使用的相关计划（Schiffman 1996；Shohamy 2006）。

国外学者对家庭语言规划的研究，可以追溯到 20 世纪 60 年代。早期的研究偏重理论探讨。比如，家庭语言规划与语言规划的关系、家庭语言规划的界定以及家庭语言规划的研究方法等问题。随着对这一概念理解的深化，研究重心转移到家庭语言规划与移民群体家庭继承语（heritage language）传承的关系、家庭语言规划在语言转用过程中的作用与影响等方面（Extra & Verhoeven 1993；Ferguson & Iturbide 2015）。近年来，实证研究增多，结合经验数据，学者们分析了家庭语言规划的具体内容、它的作用时间以及实施方式等问题，这些研究表明家庭语言规划可以在继承语传承研究领域和青少年语言习得领域发挥重要作用（Maria & Olga 2007；Potter & Roksa 2013）。

和多语社会的继承语相比，我国大多数地区的方言是充满活力的。可即使如此，和继承语一样，方言在青少年一代的传承面临挑战。随着城市化的深化、普通话主体地位的确立，城市语言生活"双言双语"特征日益明显（李宇明 2012）。在这一背景下，方言像继承语一样，逐渐成为家庭主要用语（付义荣 2004；薛才德 2009；俞玮奇 2010），家庭语境一度被认为是青少年习得和使用方言较为有利、稳固的场所。可最新的调查显示，方言"家庭用语"的地位也在受到挑战（张璟玮、徐大明 2008；俞玮奇、杨璟琰 2016）。受城市"双语双言"（或多语多言）特征的影响，家庭用语也出现了多元分化趋势，方言不一定是家庭交际语言的首选（如图 1.1）。

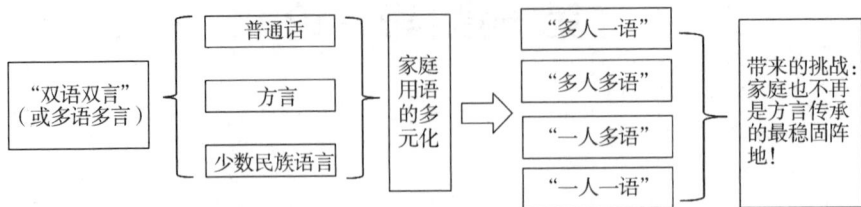

图 1.1　中国当前语言生活特征

如图 1.1 所示，当前语言生活"双语双言"的特征对家庭用语的影响是，家庭用语开始多元化发展。主要的类别包括"多人一语"（只说普通话或只说方言）、"多人多语"（普通话＋地区强势方言＋其他方言，因人而异）、"一人多语"（一个人既说普通话，也说地区强势方言或其他方言）、"一人一语"（家庭某个成员只说普通话，其他人说方言等）。青少年在家庭语境下，也不一定能接触到方言，更别说使用方言。

在此背景下，地域方言的传承与发展研究越来越受到学界的关注，不过，总体来看，现有研究更多关注的是地域方言资源的保存问题。事实上，除了保存方言资源之外，从家庭语言规划的视角出发，调查描述家庭内部青少年地域方言的发展现状，并在此基础上探讨影响地域方言发展的各种因素，更有利于地域方言长久的传承与发展。基于上述考虑，本研究想考察当前家庭语境下家庭语言规划的现状、类别，影响家庭语言规划制定与实施的因素等问题，对这些问题的讨论，可以让我们进一步思考，什么样的家庭可以成为青少年方言使用和传承的最佳阵地。

1.2　相关研究

1.2.1　家庭语言规划研究

近几十年来，以家庭为基础的语言习得、多语能力研究，尤其是家庭语言规划的研究,存在两个互相影响和补充的研究趋势:一是人口统计学视角的研究,另一个是概念、范式等方面的理论研讨(King & Lanza 2019)。人口统计学视角的研究,主要关注在世界范围内盛行的全球化和城市化大背景下,家庭语言生活尤其是家庭语言传承等在这些背景因素影响下发生的变化和发展趋势。这一研究趋势重点关注全球流动中跨国移民家庭如何塑造、改变甚至在某种程度上怎么界定家庭语言生活(Al-Salmi & Smith 2015;Ferguson & Iturbide 2015)。研究的主题包括跨国移民家庭民族身份的归属感、认同感与语言传承,移民家庭成员与非移民家庭成员之间的语言交流和使用状况(King-O'riain 2015),尤其是移民家庭中父母在与非移民家庭成员维护和建立新的亲密关系过程中,其语言认同与家庭内部语言实践的变化等内容(Parreñ RS 2014)。第二个趋势与第一个研究趋势存在内在的联系,但更重视概念、范式和理论的研讨。King 和 Lanza(2019)指出,多语能力和家庭语言传承的研究者开始关注家庭人口构成的变化、地理空间流动等因素对家庭内部语言规划及语言实践等的影响作用。这一研究趋势着重关注的是如何通过多语实践行为重新构建家庭语言生活,同时也关注在跨国移民、社交媒体盛行、高科技和高速人口流动的背景下,语言如何成为家庭重构其社会生活与交往的一种资源。这个领域的早期研究侧重提出诸多问题,诸如不同的语言意识、语言实践和家庭条件会产生什么样的儿童语言实践结果(King 2016)等。随着研究的深入,近年来的一些研究开始思考很多新问题,例如,家庭成员如何理解代际间的多语使用,语言如何融入家庭生活以及社交行为(Zhu Hua & Li Wei 2016),在不断变化的所谓"超多样化"的背景中如何制定家庭语言规划,家庭成员之间如何理解与接受家庭语言决策以及如何在不同语境中定义语言选用与成功的关系等(Smith-Christmas, Bergroth & Bezcioğlu-Göktolga 2019)。在梳理了这两种趋势之后,我们将回顾近几十年来家庭语言规划领域不同阶段研究的重点与主要内容,并在此基础上思考家庭语言规划领域未来研究面临的挑战和变化,尤其是家庭结构类型以及研究范式的变化;最终更加清晰了解家庭语言规划研究领域的研究对象、研究内容和研究方法。

　　家庭语言规划领域的早期研究主要关注的是家庭成员对家庭中语言的

使用是否有明确公开的规划，主要目标是通过家庭继承语的研究将语言规划研究领域与儿童语言习得研究领域结合起来，以便综合分析家庭内部语言管理、语言学习、语言交际的特征与规律。这一时期的研究成果显示，家庭语言规划在儿童语言发展过程中所起的作用非常重要，与儿童在正规学校教育中获得成功与否有重要的关系，由于这一重要作用，家庭语言规划会影响少数民族语言的传承与未来的地位（King，Fogle & Logan-Terry 2008）。家庭语言规划提供了一个研究儿童与抚养者的互动、父母语言意识和儿童语言发展的框架。本阶段另一研究特色是学者们开展了大量的语言规划的实证研究（King & Fogle 2013），其中的一些研究尝试探究父母的语言实践、语言态度等社会因素与儿童继承语传承状况的关系。例如，De Houwer（2007）采用问卷调查法对 1899 个荷兰地区移民家庭传承语与强势语（荷兰语）的语言使用状况进行了研究。结果显示，移民家庭中的子女均会说强势语，但仅有部分家庭的子女能说传承语。主要原因与家庭内部父母语言输入模式有关，其中父母均说少数民族语言的和最多只有一名家庭成员使用强势语的家庭内部，子女习得继承语的情况最好。这个研究发现家庭内部"一人一语"（OPOL）模式既不是双语均衡发展的必要条件，也不是充分条件。

有些研究发现家庭内部语言态度与父母对不同语言关注度等因素在继承语言传承中的重要性。Kang（2015）对 480 个美籍韩裔家庭调查发现，父母对双语能力的态度、子女使用强势语言（英语）的时间、子女的性别等都会影响家庭继承语（韩语）的传承状况；此外，研究发现，子女继承语的口语能力和在美居住时间与家庭内部实践模式密切相关，继承语的书面能力发展则与家庭内部协调一致的语言管理更相关。在家庭内部，即使子女能接触到继承语的自然输入，但也不能保证其继承语书面语能力的发展，它需要家长的长期努力与适当强化书面语的指导和实践。申慧淑（2008）对中国少数民族自治区一个三代家庭的研究发现，即使家庭内部有少数民族语言输入，但由于家庭成员对少数民族语言价值的态度存在差异，在一定程度上也不利于下一代少数民族语言的发展。在这个家庭中，祖父母和父母之间用鄂温克语交流，但当他们和家庭中的年轻一代（一个 14 岁的男孩）交流时，他们会改变语言使用。祖父和母亲对孩子使用鄂温克语,祖母使用鄂温克语和普通话,父亲则只使用普通话。孩子的父母认为他们说普通话、写汉字对孩子未来的学习(高考甚至是求职)更有帮助,所以,他们经常要求他们的孩子更多地说普通话、写汉字,结果孩子的鄂温克语在初中时期迅速衰退。还有些研究阐释了家庭语言规划的互动模式与父母制定规划时的挑战。Okita(2001)对英籍日裔家庭的研究,着重考察了移民家庭中母亲在继承语传承中的压力与挑战。King 和 Fogle(2006)探究了父母如何解释和制定他们的家庭语言规划。研究以访谈的方式采访了 24 个以西班牙语和英语为主的双语移民家庭,主要目的是考察父母如何制定家庭语言规划,如何根据"专家"建议定位自己在家庭语言实践中的作用和位置。结果显示,移民家庭的父母在为子女制定语言规划时,主要依靠自身的双语(或多语)学习经历或经验。

　　早期的基础性研究,加深并拓宽了学界对家庭语言规划概念、语言意识、语言实践及影响因素等诸多内容的理解。但由于方法与理念上的局限,早期家庭语言规划研究存在一些不足和挑战,一些研究仅仅停留在描述层面,只是记录了少数民族族裔家庭内部子女学习强势语言和继承语的状况(Lanza 1992;King & Wright Fogle 2013)。近年来,家庭语言规划领域通过重新审视研究对象、研究方式和研究目标,开始纠正早期研究中的缺陷与不足。最新的研究开始关注多样化家庭类型、多元化移民家庭或者非传统型家庭(如跨国收养家庭、同性恋家庭、单亲家庭)内部家庭语言规划的制定与实施(Canagarajah 2008)。

　　一个主要的变化是跨国移民家庭类型及其家庭内部语言规划的制定与实施日益得到关注。Gallo 和 Hornberger(2019)调查了一些由于受美国驱逐出境政策影响,居住在美国与墨西哥边境交界处家庭内部的语言经历和语言实践;Said 和 Zhu Hua(2019)对一个英国四口家庭语言实践进行了研究。这个家庭的特殊之处是由来自多个国家的移民组成的家庭,其家庭用语多达四语。结果发现,由于这个特殊家庭的跨国关系以及与当地跨国机构的紧密沟通,其子女(两个男孩,6 岁和 9 岁)获得了较好的多语能力,家庭内部的少数民族语言如也门语、阿尔及利亚阿拉伯语、传统阿拉伯语以及英语等均可流利使用。除了跨国移民家庭,某地区或国家内部的社会流动也会影响少数民族族裔家庭的语言规划、语言使用等。比如,曾经扎根于一个相对孤立的农村地区核心地带的家庭现在开始向城市中心迁移(例如爱尔兰人去都柏林、威尔士人去卡迪夫)。这类家庭在城市中面临的最大问题是所居住社区的人群很少有人使用自己农村社区的语言(比如爱尔兰语或威尔士语等),他们只有在利用手机、互联网等高科技工具与农村社区的亲属或成员保持联系时,才会再使用自己农村社区的语言。在此背景下,农村社区语言的传承就面临很大挑战。

还有些研究开始关注高科技工具与家庭继承语传承的关系。美国的数据表明,平均来看,每天成年人在互联网上花费的时间超过 11 小时(Nielsen 2019),另一项研究表明 2—5 岁的儿童每周在屏幕前(看电视、看视频、打游戏)约花费 32 小时(Sandlund & McDonough 2009)。英国的数据也表明了相似的情况,有报告显示,5 至 16 岁的儿童平均每天花 6 个半小时在屏幕前,而 1995 年只有 3 个小时(BBC 2015)。家庭语言规划的学者们开始记录和分析互联网、电视、游戏等对家庭内部成员语言交流、语言使用的影响,他们发现高科技技术和工具正在对家庭内部语言的学习与使用产生重要影响。例如,虽然大量研究支持儿童不会通过被动接触语言的方式(如通过观看语言视频等)习得语言(Kuhl, Tsao & Liu 2003),但越来越多的研究表明,如果接触是社会性的,也就是说有双向的互动,那么语言习得就会发生(Roseberry, Hirsh-Pasek & Golinkoff 2013)。互动社交媒体技术在许多家庭中已经无处不在,这对家庭语言使用、语言习得类型以及跨国家庭等提出新的传承挑战。学者们预测,一些地理位置分开的家庭,如果每天花几个小时通过 Skype、Facebook、Wechat 等工具进行多语互动,这或许为家庭继承语的研究带来新的机遇。

一些学者也开始关注新的抚养方式对家庭语言规划、语言传承的影响。当下世界上很多地区或国家的家庭内部,开始采用"竞争性"或"协同培养"的抚养方式教育子女。Elliot & Annette(2003)认为,协同培养是一种抚养方式或者是一种行为实践,父母尝试通过在孩子的生活中融入有组织的活动方式,培养孩子像大人一样的交谈方式(例如辩论和谈判),来培养孩子的天赋或发展孩子的语言能力。有学者记录并描述了美国中产和中下阶层家庭中,父母协同培养抚养方式与子女语言习得和发展的关系(Potter & Roksa 2013);Matsouka(2019)的研究发现,随着初中教育的临近,日本受过大学教育的父母将他们的抚养重点由初期关注子女多样化语言经历转变为为子女未来事业成功做准备,子女语言传承与语言能力发展受到忽视。这种不平等的家庭语言政策对子女继承语的发展必然会产生影响。从经济学的角度来看,这是经济不平等发展对家庭语言规划制定与实施的影响。Doepke 和 Zilibotti(2014)的研究发现,瑞典、中国、西班牙和美国等国间的经济不平等会影响家庭内部抚养的偏好方式,从而影响家庭内部的语言使用与语言发展。总的来说,经济不平等程度高的国家更倾向于强迫性的抚养方式,强调坚持和努力工作的重要性;经济不平等程度低的国家更倾向于放任的抚养方式,强调创造力和独立性。他们还发现,在 20 世纪 60 年代和 70 年代,反权威、放养型抚养方式正受热捧之时,经济不平等程度也是史上最低水平。这就说明:教育回报相对较低,父母没什么理由强迫自己的孩子。然而,他们指出,"相比之下,过去的三十年,不平等不断加剧,教育回报也不断提高。无法完成学业的孩子将很难再期待一个有保障的中产生活,所以父母加倍努力来保障孩子的成功。"他们预测称,"如果更高程度的不平等仍继续,当前时代将是更具强迫性抚养方式持续的开端"。这种所谓"更具强迫性"竞争性抚养方式,或"协同培养"方式的兴起,对家庭语言规划领域产生了深刻的影响:一方面,竞争性的抚养方式导致越来越多的书籍、博客、建议栏目以及"怎么做"指引手册的出现,旨在缓解家长在家庭中发展双语时,如何选择"正确"或"最佳"方式的担忧(King & Fogle 2013)。这些建议的文章将语言视为一种有助于个人认知能力、学术水平和专业发展的商品或技能,而不再仅仅作为人际关系连结或者实现跨文化交流的工具(Kidspot 2017);另一方面,根据定义,所有类型的语言政策都需要对语言进行一些公开、明确的关注。"协同培养"为主的家庭,会更明确语言的地位与功能,因而会有比较明确的家庭语言规划与实施准则。但正如 Lareau(2003)等所指出的,并非所有采用"协同培养"方式的家庭都会有明确的家庭语言规划,而且对家庭"语言训练"的关注,某种程度上会进一步导致家庭语言实践的差异,最终将导致语言传承中的不平等现象。双语或多语有利于认知水平、学术发展等的宣传,某种程度上有利于少数民族族裔家庭继承语的传承,但另一方面这种宣传会无意中削弱那些使用不那么广泛、经济价值没有那么强大的语言的支持(例如英国的布瓦语、达科塔语,或者英国的威尔士语),进而影响这些语言的传承。

随着家庭结构、人口结构上的变化,家庭语言规划领域的研究方法、关注的问题均开始变化。许多研究越来越感兴趣的是如何通过多语言实践构建家庭,以及在移居、社会媒体、高科技技术饱和及高度流动性的背景下,语言如何作为一种资源,在这个家庭适应与发展的过程中发挥作用。King 和 Lanza(2019)指出,这种方法论的转变使语言意识形态、身份认同等成为研究的焦点,研究方法也趋于多样。Smagulova(2019)使用问卷调查与会话分析(CA)相结合的方法,考察了哈萨克语复兴与传承中不同家庭的语言意识形态问题。他对成人与儿童互动中语码转换的深入分析,揭示了哈萨克语复兴与传承过程,四种相互强化的元语言实践。这一研究发现了语言意识形态在家庭语言规划中的重要性。Purkarthofer & Guri(2019)采用访谈法跟踪研究了三对多语夫妻语言期望与家庭语言规划的关系。三对夫妻,每个人都有不同的语言背景和不同的移民经历。通过对三种父母语言期望的深入分析,指出对子女未来的语言期望与想象力的重要性。随后,更多的研究揭示了父母语言文字的经验、对子女语言使用的期望以及显性和隐性语言规划之间的关系(Smith-Christmas,Bergroth & Bezcioğlu-Göktolga 2019)。也有研究关注了儿童在家庭继承语传承中的作用。Revis(2019)对新西兰两个难民社区的研究发现,在这些家庭内部,儿童有自身语言学习和使用自主性,他们要么与父母合作,要么颠覆父母的语言规划。儿童自主语言意识的形成会受到种族身份认同、所在学校与同龄群体等因素的影响。一方面,孩子们被动地接受父母语言规划、语言实践的影响和限制(Bourdieu 2007);另一方面,他们有时发挥自身主动性,成为文化和语言变化的推动者(Revis 2019)。这些最近的研究案例表明,我们应该注意自然语境中家庭内部的语言使用,并结合政治、文化或语言意识形态等因素分析它们对语言使用的影响,从而推动家庭语言规划领域研究的深化。

1.2.2　方言和少数民族语言传承的研究

国内关于方言传承的研究重点关注两方面。一方面关注青少年方言能力的发展状况调查研究。薛才德(2009)对上海市民语言使用状况的调查结果显示,上海话整体的使用情况较好。大部分上海市民在公共场所和家庭语域均会使用上海话,而且对上海话的积极认同较高,基本与对普通话的认同相似。普通话的普及对上海话的高声望地位产生的影响较小。调查显示,学生群体对普通话的积极认同略高于上海话,他们在公共场所倾向于使用普通话。房娜(2010);黄立鹤、贺蔼文(2013);郑子安、原苏荣(2017)等研究发现当地青少年群体使用方言的比率呈下降趋势,而且对方言的认同度逐渐降低,学习方言的热情较低。

根据学者的研究,当前对青少年方言传承的状况分为两派。一派学者,如游汝杰(2006)、蒋冰冰(2006)等对当前青少年方言传承的状况持积极态度,认为多数青少年群体的方言能力在不同年龄阶段虽然有反复,但总体状况良好,其方言能力最终会随着年龄的增长逐渐得到提升。另一派学者,如汪平(2003;2006)、钱乃荣(2011;2012)等认为当前年轻一代的方言能力状况堪忧,会说方言的年轻一代总比率在逐渐降低。正如许多学者指出的,方言的传承要依靠年轻一代(焦成明 2009;陈燕玲、林华东 2011;陈燕玲 2012;俞玮奇、杨璟琰 2016)。根据语言关键期理论,如果青春期之前,年轻一代无法掌握方言,那么关键期之后,方言的传承面临重大挑战和危机,长大的年轻一代会放弃学习方言的尝试,那么这种方言就会逐渐被放弃最终乃至消亡(戴群等 2018)。钱乃荣(2012)、李怀(2016)等学者结合国内外方言习得的惯例,预测如果一代人不会说方言,那么子女传承方言的概率大大降低,最终这种方言将会消亡。刘群(2017)的研究发现,如果没有具体的语境,方言将失去使用的空间从而被普通话所替代,反之,能够频繁接触到多种方言的环境则有利于多言能力的形成。除了受语言环境的制约外,社会的变化与自身的经历也会造成青少年群体的方言出现语音、词汇磨损并向普通话靠拢的倾向。李辉旭(2007)、周元雅(2011)、曹晓燕(2012)等研究均揭示出方言向普通话靠拢的变化。学者们的研究还发现,城市社区青少年的方言能力要远低于农村地区的青年群体；而且从年龄方面来看，年龄越小普通话使用越多，年龄越大方言使用越多，方言使用存在年龄差异（蒋冰冰2006；孙晓先、蒋冰冰、王颐嘉等2007；王立2008；俞玮奇2012，等）。

另一方面的研究聚焦于分析方言传承的影响因素。早期关注最多的是语言态度对方言传承的影响。陈松岑（1999）的研究发现，语言能力的发展与语言使用、语言态度关系密切。如果对方言的认同基本与普通话相似，那么方言的实际使用率会低于普通话的使用率；俞玮奇（2010）、郑丽（2017）、吕斌（2017）等研究发现，语言态度与实际的语言使用之间没有必然联系，有时方言认同度高的群体，其方言的使用率却偏低。还有学者的研究显示，性别不同，其语言态度存在差异；教育程度不同，语言态度也会存在差异（刘萱2017）。随着研究的深入，学者们发现，影响方言传承的因素是多元化的，既有家庭内部的因素（比如家庭结构和家庭成员的变化），也有外在的社会环境的影响（伍巍2003）。王立（2008）的研究指出，中小学生语言发展过程中，父母的语言期望是重要的影响因素；他与汪卫红和张晓兰（2017）等研究指出，方言使用空间的压缩和社会地位的降低，导致家庭内部方言传承的动力不足，父母对子女学习方言的推动力不大，父母对方言的认同以及自身身份的认同等因素都使得青少年一代方言能力下降。邹春燕（2019）指出当前中国方言的传承支柱来自祖辈，如果祖辈能够在家庭内部与青年一代使用方言交流沟通，则方言的传承能力较好；但随着跨地域通婚、家庭结构的变化以及家庭成员居住方式的改变，这些均在弱化祖辈对下一代方言能力的影响力；而且根据汪卫红、张晓兰（2019）的研究，即使青少年不会说方言，但父母会作为桥梁来为祖辈与年轻一代沟通或转译，这也影响了青年一辈学习方言的积极性，从而影响方言的传承状况。

俞玮奇、杨璟琰（2016）的研究发现，经济收入状况对使用普通话或方言会产生影响：中等收入的人群，其普通话使用率最高；收入最低的群体，其方言使用率最高。张治国、邵蒙蒙（2018）的研究指出，从家庭语言政策的角度来看，家庭内部不同语言变体的使用率会影响方言的使用与传承状况。此外，方言传承的影响因素还包括社会经济文化的状况、方言的地区声望、经济或其他价值、语言认同、家庭语言环境等（如王琳、王淑琴2015；李晖旭

2007;汪卫红、张晓兰 2017)。还有些学者研究了方言传承的方法或途径。钱乃荣(2015;2019)的研究指出,方言的传承需要得到学校教育的支持;郑子安、原苏荣(2017)认为开设方言课堂、推广方言电视或电台节目、开展与方言文化有关的社会活动等举措都会对方言的传承产生有力的影响;刘吴(2010)、李怀(2016)等研究认为,高校以及相关研究人员也可以为方言的传承作出贡献,可以创造方言学习平台或引导青年一代说方言的热情等。

城市化过程中,随着人群的杂居,普通话的普及,这些变化对少数民族语言的传承带来挑战与困难。国家和学界一直以来都很关注少数民族语言的传承,近年来开展的"中国语言资源保护工程"就是为保护我国少数民族语言资料所做的有力的尝试。学界也从不同视角讨论少数民族语言传承中的相关问题。早期很多研究侧重于调查少数民族语言使用或传承的状况。郝亚明(2008)、申慧淑(2008)、马晓慧(2010)等对村镇的少数民族语言使用状况进行了调查,研究发现村镇居民大多为双语或多语人,少数民族语言的使用率较高,传承状况较好;有些研究还发现,在某些村镇,少数民族语言处于强势语言地位,有很强的地区声望(吴曦 2012)。对城市少数民族聚居区语言使用状况的研究发现,一些少数民族聚居区由单一少数民族语言为主导单语社区过渡到普通话、方言、少数民族语言共存的双语(或多语)社区(宝玉柱 2009);还有些研究发现,少数民族语言在普通话普及的过程中虽然仍有很大活力,但其传承受到很大挑战,尤其是年轻一代的居民会说或会写少数民族语言的比率开始减少(徐亚娜 2017)。结合学者们的研究不难发现,较之农村社区,城市社区尤其是大城市社区的少数民族语言传承面临的困难最大,挑战最多。最根本的原因还是由于普通话的强势地位以及普通话所带来的经济或社会文化等方面的效益或好处,都会冲击年轻一代学习和使用少数民族语言的积极性。但也有学者研究发现,不少城市社区的年轻一代少数民族青年,在进入双语(或多语)双言(或多言)环境之后,更加认同本民族语言文化的珍贵价值,反而更激发出维护和传承本民族语言的动力(包冬梅 2008)。

了解到少数民族语言的使用和传承状况之后,学界开始思考影响少数民族语言使用与传承的原因,很多学者认为与少数民族聚居区居民对少数民族语、普通话等的语言态度有关。随着普通话的普及,少数民族地区的居民在态度上很认同普通话,而对少数民族语言的积极评价开始下降,态度的改变也逐渐影响语言的使用。邬美丽(2014)对蒙古族青年的调查结果显示,蒙古族年轻一代对学习和使用普通话的态度更为积极,也更愿意在公共场所或家庭场所使用普通话;有些蒙古族家庭内部,年轻一代已经出现仅会说普通话的情况。还有一些研究发现少数民族居民对本民族语言的忠诚度日益降低,还有些在语言态度上倾向于本民族语言,但在实际语境下的语言使用却会转向使用普通话,这些语言行为都为少数民族语言的传承带来困难(安成山、杨凌 2008)。之后,不少学者开始从社会因素方面思考影响语言态度变化的原因。有些研究发现语言文化背景和经历、通婚状况、社会经济地位、家庭居住环境、教育程度、职业等都会对语言态度的形成和变化产生影响(陈建伟 2011;德红英 2013;肖丽娜 2017),还有些研究发现,语言与文化密不可分,对少数民族文化的认同也有利于少数民族语言的维持与传承(刘永文、李小娟、韩殿栋等 2011)。语言态度方面也有新变化,当双语或多语共存成为常态之后,少数民族聚居区居民的语言态度开始由只认可某一种语言转变为认可普通话、少数民族语言或普通话、方言和少数民族语言的"双认同"或"多认同"状态,这种变化有利于双语或多语人的增多,也有利于少数民族语言的维护与传承(罗娟娟 2017)。除了语言态度、语言认同之外,有些学者的研究发现,民族身份认同也会影响少数民族语言的使用,王远新(2009)对青海同仁土族群体的调查发现,土族群体对自身民族身份认同度较弱,对于使用本族语言的积极性偏低;反而更认同地区强势的藏语和藏文化,这也促使多数土族群体愿意学习和使用藏语;瞿继勇(2013)的研究也有类似的发现,由于更加认同所在地区的强势方言和其背后的社会文化价值,居住在这一地区的苗族居民更倾向于使用当地的汉语方言,许多家庭表示希望自己的下一代能流利使用当地方言,有利于找工作或者有利于未来自身的发展。有些学者还关注到进入城市社区的少数民族群体的语言适应状况以及由此带来的语言转换和语言态度等方面的变化与影响(田俏 2006)。

近年来,有学者开始关注家庭语域少数民族语言的使用和维持状况的研究。和方言传承领域类似，学者们逐渐认识到在当前的社会形势下，家庭可能成为少数民族文化的最强纽带和传承少数民族语言的最后阵地。一些研究的确发现，如果家庭成员普遍使用少数民族语言，那么少数民族语言的传承效果良好，而且很多家庭培养出了双语或多语人（邬美丽、张瑞芳2006）。但也有学者发现，即使家庭成员使用少数民族语言的频率较多，但少数民族语言的使用率仍存在代际差异，最年轻一代少数民族语言的使用率较低；而且不同代际对少数民族语言的认同也存在差异（王远新2013）；还有学者发现，年轻一代少数民族语言能力的发展与幼儿时期家长的语言期望、家庭对少数民族语言学习的态度等密切相关（富雅昕2010）。

基于上述文献可知，我国学者从家庭视角关注语言使用的研究集中在两个方面。第一，描述家庭内部语言使用状况的变化特征（伍巍2003；邬美丽2008；王浩宇2015）；第二，探讨影响子女地域方言（或少数民族语言）传承的影响因素。比如，王立（2008）、富雅昕（2010）、公保（2014）等指出家长语言期望会影响子女对方言和少数民族语言的学习和使用；俞玮奇（2011）指出家长转用普通话会影响方言的传承。但现有研究极少涉及家庭语言规划与地域方言传承之间的关系。事实上，家庭语言规划与语言的传承密切相关，有必要对这一问题进行深入的研究。

1.3　研究特色与意义

本研究以南京、扬州、上海、呼和浩特等为调查区域，以家庭为主要调查单位，尤其关注家庭内部青少年成员的方言或少数民族语言能力发展状况，结合家庭语言规划的理论，讨论语言意识、语言管理与地域方言、少数民族语言传承的关系。从家庭语言规划视角来思考语言传承的相关内容，本研究的主要特色与意义包括：

1.3.1　微观家庭层面的新视角，有利十发现语言传承的新动力

从现有的成果来看，几乎大部分的语言规划着重点都在公共领域中的语言使用或者语言问题上，家庭内部的语言状况常常被忽略。将语言规划

研究从宏观的国家层面延伸至微观的家庭层面,可以为语言规划研究提供有意义的实证支持,也为研究语言的传承与发展提供了一个新视角。

1.3.2 多个案例数据,可以发现传承中的特征与规律

以往对家庭内部方言或少数民族语言使用状况的研究主要集中在一个城市的个案研究,缺乏多个城市多类别案例的横向比较,较难发现并归纳出不同城市间家庭语言规划的差异,以及对语言传承的不同影响。本研究将结合多个城市的研究数据具体分析家庭语言规划各组成部分之间的关系与作用差异,从而能比较清晰地分析出语言维持和传承过程中家庭语言规划的地位与作用。

1.3.3 从数据描述到理论探索

西方学者的研究发现,家庭语言规划既可以反映父母的语言意识,也可以反映出整个社会对儿童语言习得和发展的基本态度、意识。本研究可以事实数据为基础,进一步确定家长的语言意识、家庭语言实践与地域方言传承之间的联系,从而分析何种家庭语言规划更有利于方言或少数民族语言的使用与传承。

1.4 本书研究框架

家庭语言规划是在家庭内部为青少年语言发展设定的基本框架。本书以南京、上海、扬州等城市为调查范围,着重分析不同家庭结构、家庭环境下语言意识、语言管理和语言实践等方面的特征,以实际调查构建出的语料库为基础,探讨城市语言环境、家庭内部语言规划与语言发展状况三者之间的内在联系,并在此基础上,讨论影响地域方言和少数民族语言传承与发展的关键因素,为方言和少数民族语言传承研究与传承规划提供事实依据。

全书共由 9 章组成。

第 1 章为全书的研究缘起和背景,介绍本研究的理论基础、前人已有研究概况、本研究的研究方法和主要目标以及本研究视角的特色与意义。

　　第 2 章主要介绍本研究的理论框架体系、本研究涉及的三类调查社区基本概况、搜集和统计语料的具体方法、调查对象的基本情况等内容。

　　第 3 章至第 9 章主要围绕家庭语言规划的重要组成部分——语言意识、语言管理和语言实践等内容，结合城市社区新生代方言使用情况、少数民族家庭三代人语言能力与语言实践状况等内容，讨论分析语言意识与青少年方言使用和方言能力发展的关系，语言意识与语言管理的关系、青少年自身语言意识与语言能力发展的关系等。结合具体的事实案例，同时提出未来方言和少数民族语言传承的建议与策略。

　　最后是本书的总结，间接概括本课题的重要结论和有价值的研究成果，同时指出本研究存在的不足以及未来值得进一步关注和讨论的问题。

参考文献

［1］Annette Lareau.*Unequal Childhoods：Class，Race and Familiy Life*［M］. Berkeley，CA：University of California Press，2003.

［2］Annick De Houwer. Parental Language Input Patterns and Children's Bilingual Use［J］. *Applied Psycholinguistics*，2007，28（3）：411－424.

［3］BBC News. Children Spend Six Hours or More a Day on Screens［EB/OL］.（2015）［2021－01－06］.https://www.bbc.com/news/technology32067158.

［4］Daniel Potter，Josipa Roksa. Accumulating Advantages Over Time：Family Experiences and Social Class Inequality in Academic Λchievement［J］. *Social Science Research*，2013，（42）：108－132.

［5］Elliot Weininger，Annette Lareau. Translating Bourdieu Into the American Context：The Question of Social Class and Family School Relations［J］. *Poetics*，2003，31（5）：375－402.

［6］Gail Ferguson，Maria Iturbide. Family，Food，and Culture：Mothers' Perspectives on Americanization in Jamaica［J］. *Journal of Psychology*，2015，（7）：43－63.

［7］Gallo Sarah，Hornberger Nancy. Immigration Policy as Family Language Policy：Mexican Immigrant Children and Families in Search of Biliteracy［J］. *International Journal of Bilingualism*，2019，23（3）：757 - 770.

［8］Guus，Extra，Ludo Verhoeven.（Eds.）Immigrant Languages in Europe［J］. *Multilingual Matters*，1993，77（3）：398 - 399.

［9］Judith Purkarthofer，Guri Bordal Steien. Prétendre Comme Sion-connat Pasuneautre Langue que Le Swahili：Multilingual Parents in Norway on Change and Continuity in their Family Language Policies［J］. *International Journal of the Sociology of Language*，2019，（255）：109 - 131.

［10］Kang Hyun-Sook. Korean Families in America：Their Family Language Policies and Home Language Maintenance［J］. *Bilingual Research Journal*，2015，38（3）：275 - 291.

［11］Kidspot. 10 Amazing Benefits of Being Bilingual［EB/OL］.Bilingual Kidspot（2017）［20210106］. https：//bilingualkidspot. com/2017/05/23/benefits-of-being-bilingual/.

［12］King Kendall，Lyn Fogle. Bilingual Parenting as Good Parenting：Parents' Perspective on Family Language Policy for Additive Bilingualism'［J］. *International Journal of Bilingual Education and Bilingualism*，2006，9（6）：695 - 712.

［13］King Kendall，Lyn Fogle，Aubrey Logan-Terry. Family Language Policy［J］. *Language and Linguistics Compass*，2008（2）：116 - 123.

［14］King Kendall，Lyn Fogle. Family Language Policy and Bilingual Parenting［J］. *Language Teaching*，2013，46（2）：172 - 194.

［15］King Kendall. Language Policy，Multilingual Encounters，and Transnational Families［J］. *Journal of Multilingual and Multicultural Development*，2016，37（7）：726 - 733.

［16］ King Kendall, Lanza Elizabeth. Ideology, Agency, and Imagination in Multilingual Families［J］. *International Journal of Bilingualism*,2019,23(3):717－723.

［17］ King-O'RIAIN. Emotional Streaming and Transconnectivity: Skype and Emotion Practices in Transnational Families in Ireland［J］. *Global Networks*,2015,15(2):256－273.

［18］ Laila AlSalmi, Patrick Smith. The Digital Biliteracies of Arab Immigrant Mothers［J］.*Literacy Research:Theory,Method,and Practice*, 2015,64(1):193－209.

［19］ Lanza Elizabeth. Can Bilingual Two-Year-Olds Code-Switch? ［J］. *Journal of Child Language*,1992,19(3):633－658.

［20］ Maria Polinsky, Olga Kagan. Heritage Languages:In the Wild and in the Classroom［J］.*Language and Linguistics Compass*,2007,1(5): 368－395.

［21］ Matthias Doepke,Fabrizio Zilibotti. Tiger Moms and Helicopter Parents: The Economics of Parenting Style ［EB/OL］.VOX CEPR Policy Portal(20141011)［20210106］. https://voxeu. org/article/economics-parenting.

［22］ Patricia Kuhl,Tsao Feng-ming,Liu Huei-mei. Foreign-Language Experience in Infancy:Effects of Short Term Exposure and Social Interaction on Phonetic Learning［J］. *Proceedings of the National Academy of Sciences*,2003,100(15):9096－9101.

［23］ Pierre Bourdieu. *Sketch for a Self Analysis*［M］.Chicago,IL:University of Chicago Press,2007.

［24］ Revis Bourdieusian. Perspective on Child Agency in Family Language Policy［J］.*International Journal of Bilingual Education and Bilingualism*,2019,22(2):177－191.

［25］ Rhacel Parreas. The Intimate Labour of Transnational Communication［J］.*Families,Relationships and Societies*,2014,3(3):425－442.

[26] Ryoji Matsuoka. Concerted Cultivation Developed in a Standardized Education System[J.]*Social Science Research*,2019(77):161 – 178.

[27] Said Fatma, Zhu Hua. "No, No Maama!" Say "Shaatir ya Ouledee Shaatir"! Children's Agency in Language Use and Socialization [J]. *International Journal of Bilingualism*,2019,23(3):771 – 785.

[28] Sandlund Marlene, McDonough Suzanne, Hger Ross Charlotte. Interactive Computer Play in Rehabilitation of Children with Sensorimotor Disorders:A Systematic Review [J]. *Developmental Medicine and Child Neurology*,2009,51(3):173 – 179.

[29] Sarah Roseberry, Kathy Hirsh-Pasek, Roberta Golinkoff. Skype Me! Socially Contingent Interactions Help Toddlers Learn Language[J]. *Child Development*,2013,85(3):956 – 970.

[30] Schiffman Harold. *Linguistic Culture and Language Policy* [M]. London:Routledge,1996.

[31] Shohamy Elana. *Language Policy:Hidden Agendas and New Approaches*[M]. Routledge,2006.

[32] Smagulova Juldyz. Ideologies of Language Revival:Kazakh as School Talk[J]. *International Journal of Bilingualism*, 2019, 23 (3): 740 – 756.

[33] Smith-Christmas Cassie, Bergroth Mari, Bezcioğlu-Göktolga. A Kind of Success Story:Family Language Policy in Three Different Sociopolitical Contexts[J]. *International Multilingual Research Journal*,2019, 13(2):88 – 101.

[34] Suresh Canagarajah. Language Shift and the Family:Questions from the Sri Lankan Tamil Diaspora[J]. *Journal of Sociolinguistics*, 2008,12(2):143 – 176.

[35] Toshie Okita. *Invisible Work:Bilingualism, Language Choice and Childrearing in Intermarried Families*[M]. Amsterdam:John Benjamins,2001.

［36］Zhu Hua，Li Wei.“Where Are You Really From？”：Nationality and Ethnicity Talk（NET）in Everyday Interactions［J］. *Applied Linguistics Review* ，2016，7（4）：449－470.

［37］安成山，杨凌.初探散杂居在乌鲁木齐市哈萨克族居民的语言操用态势［J］.新疆大学学报（哲学人文社会科学版），2008，36（6）：153－155.

［38］包冬梅.在京蒙古族青年语言使用及语言态度调查［D］.北京：中央民族大学，2008.

［39］宝玉柱.喀喇沁左翼蒙古族自治县蒙古族语言使用情况［J］.中央民族大学学报（哲学社会科学版），2009，36（6）：122－130.

［40］曹晓燕.方言和普通话的语音接触研究［D］.苏州：苏州大学，2012.

［41］陈建伟.城市化进程中少数民族居民的语言选择和文化认同——以苏州回族为例［J］.中州大学学报，2011，28（6）：77－78.

［42］陈松岑.语言变异研究［M］.广州：广东教育出版社，1999.

［43］陈燕玲，林华东.闽南方言的现状与未来［J］.东南学术，2011（4）：125－134.

［44］陈燕玲.闽南方言文化传承的问题与对策——以泉州青少年方言认知与习得为例［J］.东南学术，2012（6）：334－341.

［45］戴群，陆易芝，滕伟，等.当代大学生方言能力调查与应对策略研究——以扬州仪征、苏州昆山为例［J］.海外英语，2018（5）：220－222.

［46］德红英.城市达斡尔族语言生活调查研究［D］.北京：中央民族大学，2013.

［47］房娜.上海市小学生上海话和普通话语言态度研究［J］.上海青年管理干部学院学报，2010（2）：50－52.

［48］付义荣.南京市语言使用情况调查及其思考［J］.南京航空航天大学学报（社会科学版），2004（3）：51－54.

［49］富雅昕.蒙古族家长语言教育观念对子女语言发展水平的影响［D］.西安：陕西师范大学，2010.

［50］公保.藏族家长汉语言态度及对子女的影响研究［J］.西藏民族学院学报（哲学社会科学版），2014，35（3）：55－59.

[51] 郝亚明.乡村蒙古族语言使用现状与变迁——以内蒙古 T 市村落调查为例[J].西北第二民族学院学报(哲学社会科学版),2008(4):17-23.

[52] 黄立鹤,贺蔼文.上海高校学生沪语使用情况调研及其保护传承略谈[J].语文学刊,2013(3):30-31.

[53] 蒋冰冰.双语与语言和谐——来自上海市学生语言使用情况的调查[J].修辞学习,2006(6):64-66.

[54] 焦成明.上海土著学生语言行为报告[J].语言文字应用,2009,(1):27-37.

[55] 李怀.非主流语言教学视角下的沪语教学及其传承探析[J].语言政策与语言教育,2016(2):23-37.

[56] 李晖旭.衡阳方言青少年语音的社会语言学研究[D].长沙:湖南师范大学,2007.

[57] 李宇明.中国语言生活的时代特征[J].中国语文,2012(4):367-375.

[58] 刘群.家庭语言规划和语言关系[J].江西师范大学学报(哲学社会科学版),2017,50(6):117-121.

[59] 刘昊.论高等学校的社会责任[J].中国集体经济,2010(6):189-193.

[60] 刘萱.奇台青少年对奇台方言和普通话的语言态度和语言使用情况研究[D].乌鲁木齐:新疆师范大学,2017.

[61] 刘永文,李小娟,韩殿栋,等.藏族大学生语言认同调查研究[J].经济研究导刊,2011(18):316-320.

[62] 吕斌.城市移民家庭的语言规划研究[D].上海:上海外国语大学,2017.

[63] 罗娟娟.甘肃东乡族语言使用状况调查研究[D].西安:陕西师范大学,2017.

[64] 马晓慧.多语环境下回族语言使用状况调查研究[D].乌鲁木齐:新疆大学,2010.

[65] 钱乃荣.SOV 完成体句和 SVO 完成体句在吴语中的接触结果

[J].中国语文,2011(1):53－56.

[66] 钱乃荣.科学保护和传承上海话[J].成才与就业,2012(17):48－49.

[67] 钱乃荣.新上海人如何学说上海话[J].成才与就业,2015(S2):138－139.

[68] 钱乃荣.让上海方言和普通话互补双赢[N].解放日报,2019－04－15.

[69] 瞿继勇.湘西地区苗族的语言使用与语言认同[J].陕西师范大学学报(哲学社会科学版),2013,42(5):73－78.

[70] 申慧淑.鄂温克族家庭语言个案研究——访鄂温克旗辉苏木的布和吉日嘎拉一家[J].满语研究,2008(1):34－40.

[71] 孙晓先,蒋冰冰,王颐嘉,等.上海市学生普通话和上海话使用情况调查[J].长江学术,2007(3):110－118.

[72] 田俏.汉区藏族移民的文化适应和文化定向问题研究[J].吉林省教育学院学报,2006(8):49－52.

[73] 王浩宇.论民族语言在家庭语域中的使用与传承——以民族语言衰微地区的调查材料为例[J].西藏研究,2015(3):81－89.

[74] 王立.语言期望与中小学生的语言成长[J].语言文字应用,2008(4):35－42.

[75] 王琳,王淑琴.从安庆青少年方言使用现状看方言与现代化的矛盾与协调[J].赤峰学院学报(汉文哲学社会科学版),2015,36(6):201－203.

[76] 汪平.普通话和苏州话在苏州的消长研究[J].语言教学与研究,2003(1):29－36.

[77] 汪平.再说上海话的分区[J].方言,2006(3):278－280.

[78] 汪卫红,张晓兰.中国儿童语言培养的家庭语言规划研究:以城市中产阶级为例[J].语言战略研究,2017,2(6):25－34.

[79] 汪卫红,张晓兰.方言代际传承中的父母媒介转译行为[J].语言战略研究,2019,4(2):12－22.

[80] 王远新.城镇边缘土族村庄的语言生活——青海同仁县年都乎村语言使用、语言态度调查[J].新疆师范大学学报(哲学社会科学版),2009,

30(3):101-109.

[81] 王远新.都市蒙古族社区的语言生活——新疆蒙古师范学校家属社区居民语言使用和语言态度调查[J].内蒙古师范大学学报(哲学社会科学版),2013,42(2):83-91.

[82] 吴曦.媒介对哈萨克族居民语言使用的影响——以木垒哈萨克自治县为例[J].吉林省教育学院学报(下旬),2012,28(7):144-145.

[83] 邬美丽,张瑞芳.内蒙古达拉特旗散居蒙古族语言使用情况调查[J].中央民族大学学报,2006(5):68-73.

[84] 邬美丽.家庭语言使用的代际差异及思考[J].语言文字应用,2008(4):43-52.

[85] 邬美丽.内蒙古一牧区村蒙古族语言使用的代际差异[J].中国社会语言学,2014(2):75-85.

[86] 伍巍.家庭语言交际格局的动态研究——两个家庭20年来语言生活的历时调查分析[J].语言文字应用,2003(1):104-109.

[87] 肖丽娜.通辽市科尔沁区蒙古族的语言态度调查及分析[D].西安:西安外国语大学,2017.

[88] 徐亚娜.内蒙古宁城县大城子镇蒙古语使用现状调查研究[D].太原:山西师范大学,2017.

[89] 薛才德.上海市民语言生活状况调查[J].语言文字应用,2009(2):7483.

[90] 游汝杰.方言和普通话的社会功能与和谐发展[J].修辞学习,2006(6):18-24.

[91] 俞玮奇.普通话的推广与苏州方言的保持——苏州市中小学生语言生活状况调查[J].语言文字应用,2010(3):60-69.

[92] 俞玮奇.苏州市外来人口第二代的语言转用考察[J].语言教学与研究,2011(1):82-88.

[93] 俞玮奇.城市青少年语言使用与语言认同的年龄变化——南京市中小学生语言生活状况调查[J].语言文字应用,2012(3):90-98.

[94] 俞玮奇,杨璟琰.近十五年来上海青少年方言使用与能力的变化态

势及影响因素[J].语言文字应用,2016(4):26-34.

[95] 张璟玮,徐大明.人口流动与普通话普及[J].语言文字应用,2008(3):43-52.

[96] 张治国,邵蒙蒙.家庭语言政策调查研究——以山东济宁为例[J].语言文字应用,2018(1):12-20.

[97] 郑丽.福州高中生方言使用状况调查[J].北方工业大学学报,2017,29(6):120-125.

[98] 郑子安,原苏荣.上海中小学生沪语使用情况及教学调查报告[J].现代语文(语言研究版),2017(1):106-107.

[99] 周元雅.无锡市区新派方言现状研究[D].南京:南京林业大学,2011.

[100] 邹春燕.广州客家家庭方言代际传承研究[J].语言战略研究,2019,4(2):23-30.

第二章｜理论基础与研究方法

引言

家庭语言规划理论是将斯波斯基的语言政策理论运用到家庭层面的一种发展。这一理论同样是由语言意识、语言管理和语言实践三部分构成。King（2006）、Curdt-Christiansen（2016）等西方学者的研究成果显示,家庭语言规划理论关注的也是家庭语域下这三者所发挥作用与彼此之间的联系。语言意识关注的是团体或者个人对各种语言资源功能、作用或者使用空间等内容的认知状况,家庭内部语言意识的作用类似于语言规划。指出家庭语言规划制定与实施过程中,父母语言意识尤为重要,类似于"隐形语言规划",虽然无法捉摸但却真实存在,会对家庭环境的营造和家庭用语的选择有显著影响;语言实践指的是在实际生活中,选择何种语言进行沟通交流的行为;语言管理是某些有权威的组织或者个体,为了引导、影响或者改变某些团体或者个体在语言选用或使用方面的状况而付出的各种努力,而且这些努力和行为均是鲜明可见的（Spolsky 2003；Curdt-Christiansen 2009；Curdt-Christiansen 2016）。张治国（2020）认为,语言管理是语言规划三要素的关键要素,因为它能够改变或者影响团体或者个体的语言实践,在一定程度上也会影响他们的语言意识。西方学者运用家庭语言规划理论讨论多语社会继承语传承的过程中,通常会聚焦讨论以下问题:同一个国家的移民家庭,子女双语或多语能力的发展存在差异的原因或者影响因素;为什么某些单语家庭长大的子女能获得双语或多语能力,而有些长期生活在多语家庭里的孩子反而只有单语能力,是家庭语言规划本身在起作用？还是与家长的语言意识、语言管理或语言实践相关？家庭语言规划制定的影响因素是什么？与宏观的国家语言规划和政策的关系是什么？对上述问题的深入讨论,让西方学者对多语社会继承语传承过程中的复杂性和多样性了解增多,并积累了较多的语言传承的经验。而上述问题也是我国方言或者少数民族语言维护与传承过程中需要思考和解决的。因此,本研究将依托家庭语言规划的框架理论来思考城市方言、少数民族语言以及海外中文传承中的现状或面临的挑战。

2.1　家庭语言规划理论框架

2.1.1　已有的理论框架

现有的很多研究会对家庭语言规划的某一个要素进行专门深入的讨论,但对家庭语言规划整体框架思考的学者较少,其中 Xiao Lan Curdt-Christiansen 提出的理论框架较为完整,而且有很多基于这个框架的研究(图 2.1),可以作为本研究的理论基础与指导。

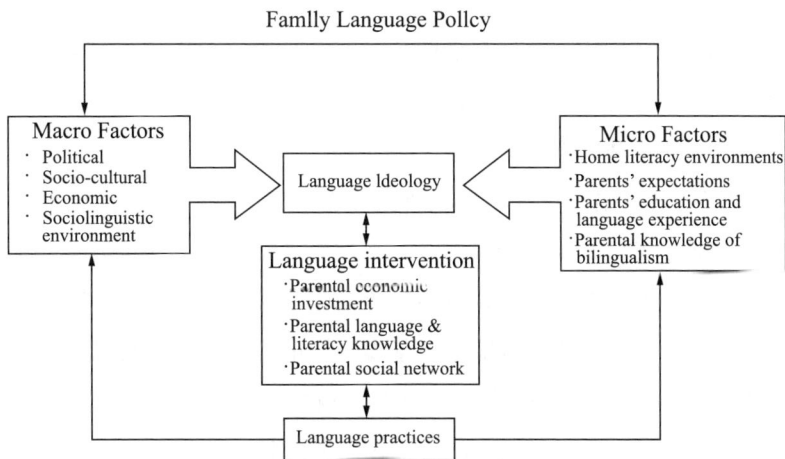

图 2.1　家庭语言规划框架图（节选自 Xiao Lan Curdt-Christiansen 2009）

上述的理论框架中,家庭语言规划是由语言意识、语言干预和语言实践三个要素组成。与 Kendall 等其他学者存在差异的方面是,这个理论框架没有考虑到语言管理的地位与作用。我们认为语言管理与语言干预(活动)是不同的,也不完全等同于语言实践。但这个理论框架的最大亮点是将语言意识的关键地位和作用加以凸显,并且对影响语言意识的社会因素进行了归纳和分类,将社会文化宏观因素与微观因素结合起来考察讨论语言意识形成的过程,比较全面地分析了可能会影响语言意识的各种社会因素。

由图 2.1 可知,社会宏观因素包括语言文化背景、政治背景、社会语言环境等,微观因素包括家庭语言文字背景、父母的语言期望、父母受教育程度和自身多语言文字的知识与经历、父母对双语或多语能力的认知状况,等等。除了语言意识的影响因素外,框架中的语言干预(活动)也是值得考虑的因素,它和语言意识是互相影响的关系;而且语言干预活动自身也受到多种因素的影响,比如父母的经济投资(或收入)状况、父母语言文字的知识储备、父母社会网络等,这些因素在语言意识的形成过程中有可能会有重要的影响作用。在这个理论框架背景下,作者进行了很多有意义的研究。例如,她的一些研究关注了父母语言管理与语言行为对子女学习继承语的作用或者影响。父母一些具体的语言管理或者语言实践活动,包括为子女购买书面阅读材料、督促子女去图书馆查阅某种语言的读写书刊、协助子女完成继承语的作业或者请家教、利用自己业余时间与子女一起学习,等等。调查结果显示,父母不同的语言管理与语言行为是同家庭的社会经济地位、社区环境、父母的时间和精力等密切相关。2016 年,Xiao Lan Curdt-Christiansen 对新加坡三类家庭语言规划的比较研究发现,家庭环境不同,语言规划的具体内容、实施方式与语言实践等都会存在差异。而且她的研究发现,语言意识、语言实践和语言期望等存在着不对等的矛盾关系。比如,在语言意识方面,父母或者子女的抚养者可能很清楚继承语的价值和重要性,但在实际的语言实践中却会选择使用社会主导语言,不再督促子女对继承语的学习与掌握。这种矛盾的产生是受到父母对子女未来职业的规划、未来的发展这些因素影响而形成的。虽然上面的理论框架中没有提及语言管理,但 Xiao Lan Curdt-Christiansen 在 2018 年最新研究中进行了补充。在 2018 年的研究中,她专门讨论了家庭语言规划框架中语言管理的作用以及语言管理形成的原因。作者认为父母进行语言管理的动机主要与父母自身语言文化方面的经验和对孩子未来语言发展的期望相关;另外,家庭语言管理既包括明确的深思熟虑的措施,也包括含蓄的无意识的决定;家庭环境里的语言实践在某些方面类似于语言管理,也就是说语言实践会发挥语言管理的作用。这些无疑是对其早期家庭语言理论框架较好的补充与完善,也为本课题的研究提供了较好的理论基础。

2.1.2 本研究的理论框架

本研究的理论框架,依托 Xiao Lan Curdt-Christiansen 的原有框架和她一系列研究,并结合中国的现实语言生活背景,进行了一些改变和修改,具体如图 2.2。修改之后的家庭语言规划理论框架,由语言意识、语言管理和语言实践三个部分构成。语言意识仍然会受到宏观和微观因素的影响。宏观因素包括当前政治背景、社会经济发展状况、社区语言文化特征、国家语言政策等;内部因素增加了一些符合中国现状的因素,类似家庭结构、通婚状况、抚养方式等因素。

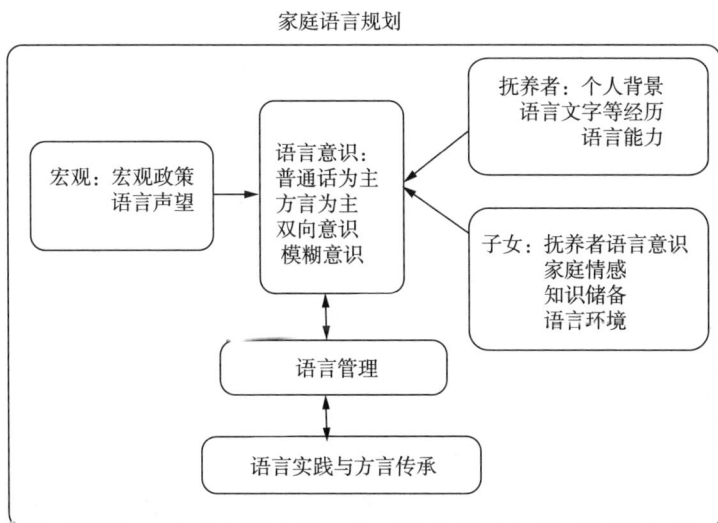

家庭语言规划

抚养者:个人背景
语言文字等经历
语言能力

宏观:宏观政策
语言声望

语言意识:
普通话为主
方言为主
双向意识
模糊意识

子女:抚养者语言意识
家庭情感
知识储备
语言环境

语言管理

语言实践与方言传承

图 2.2　修改的研究框架

城市进程中,各地人口杂居之后,家庭成员的构成、通婚状态等发生变化,这些都会对家庭语言环境产生影响。以家庭人口构成与通婚结构为例,西方学者研究发现,移民家庭内部父母亲来自不同的国家或地区,因此在家庭内部使用何种语言成为值得关注和思考的问题。西方继承语研究中,发现"一人一语"、"多人多语"等不同的语言策略,对继承语言的传承会产生不同的影响。西方的研究主要关注的是家庭语言规划的制定者——父母的状况。"一人一语"主要是指父母不是来自同一个国家,其中有一人来自其他国家或地区,一人是所居住国居民,彼此使用的语言不同。在家庭内部,一人会使用居住国主导语言,另一人使用自己的母语。"多人多语"的出现,也是与家庭成员的构成有关,例如,父母都是移民,而且是从不同的国家或地区移民而来,父母在与子女交流时,双方均不使用居住国的主导语言,而是使用彼此的母语。这些状况的出现与父母或家庭成员的语言意识相关,也会影响家庭的语言实践。这对我国方言或少数民族语言传承研究也有启发。当下,不管是汉族人居住的地区,还是少数民族聚居区域,纯本地人和本地人组建的家庭越来越少,更多的家庭是本地人与外地人,或者外地人与外地人结合的家庭,这样的家庭结构和人口构成已经改变了传统的家庭语言环境,也会直接或间接地影响语言维护和传承状况。微观因素里,我们将Xiao Lan Curdt-Christiansen理论框架中的语言干扰中的影响因素(与父母有关的因素)也囊括进来。比如,父母的经济收入状况、父母的社会网络等。这些因素其实会影响到父母的语言意识,影响到他们对普通话、方言或者少数民族的地位与作用等内容的认知程度和接受状况。

与原理论框架不同的是,修改的理论框架中增加语言管理。如前所述,语言管理是为了改变语言使用或改变家庭语言环境而付诸实施的行动或者计划等。Xiao Lan Curdt-Christiansen等学者的研究已经发现家庭内部语言管理的存在,而且有一些具体的语言管理行动或者督促措施。比如,规定家庭环境下的交际用语,督促或者强制家庭成员学习或者练习说某一种语言(或方言),或者带领家人与说某种语言(或方言)的团体或个体接触交流、参加语言培训学校等举措或者行为,这些都属于语言管理的范围。我们认为,一旦有明确的语言意识之后,随之可能会有一些具体可行的管理计划来引导家庭内部语言的选择和使用状况。而语言管理之后，就会形成家庭内部实际的语言实践。

2.2　家庭语言规划研究方法

2.2.1　现有的研究方法

由于该研究领域是融合了语言传承研究、双语（或多语言）研究、儿童语言习得研究等的新研究方向，因此领域之内，如果研究内容与关注重点不同，其研究方法也存在差异。但总体来看，可以分为定性研究与定量研究，具体研究视角有偏重共时描写记录的研究，也有反映语言传承历时发展变化状况的研究。

西方学者从家庭语言规划视角展开的研究，很多是基于个案的定性研究。比如通过访谈、录音、参与观察等方法描述记录家庭内部成员之间的语言使用、语码转换状况等。定性为主的研究，最大特色是参与家庭活动之中，可以长期近距离地搜集语料，可以描述出语言使用或者语码转换的具体语境与实际效果。定量研究多数采用问卷调查的方法，通过大量数据来分析家庭语言环境中家庭内部语言选用的状况、语言维护与传承的整体趋势等，但不足之处在于无法细致考察出语言意识、语言管理与语言实践之间的关系，也会缺少语言使用或转换的语境细节等内容。近年来，有些研究开始采用定性与定量相结合的方法，主要是想汲取两种方法的优势，既有较大量的数据做支撑，又有一些基于访谈或观察的细节进行补充，从而能够更全面地分析家庭语言规划框架的各个组成部分的关系与作用。但两者结合的研究目前来看，总体偏少。

2.2.2　本研究的研究方法

本研究采用定性与定量相结合的方法。首先是采用问卷调查法，问卷内容主要包括被访家庭结构、家庭成员状况、抚养方式、教育经历、社区情况、职业、年龄等背景信息。问卷中对某些信息分析，会使用 SPSS 软件进行统计。其次,采用传统的录音访谈法和叙事转向的方法了解家庭内部成员之间的语言意识、语言态度以及具体的语言管理的行动措施等内容。传统的录音访谈法,具体是指半结构式访谈法。根据预先设定的访谈内容展开访谈,将访谈者介绍的相关信息和内容用录音的方式记录,并提前告知对方录音。访谈以家庭为单位,分别搜集父母(或其中一方)和子女的相关信息。这种访谈方法主要了解家庭成员对家庭内部语言使用的看法,以及在不同语境下语言选用变化的情况和各自的语言态度、意图和想要达到的目标等内容。叙事转向访谈法,是西方学者在研究双语现象、继承语传承研究的过程中比较常用的一种访谈方法。主要通过提示访谈者回忆曾经经历的与语言使用或者与语言有关的经历或者故事,在经历和故事的叙述过程中,研究者观察和捕捉有意义的细节和体验,并进一步分析其语言意识形成、语言能力发展中的重要影响因素或动因。举例如下:

> 样本 16:"有一阶段我特别讨厌说上海话了,就是吧,听的人都会笑我,还说我说得不地道,觉得怪怪的。然后我一开口就紧张,感觉也不舒服,我就不想说了。慢慢地,就不会说了。"
>
> 调查员:您还能具体说一下当时你说了什么吗? 大家都是怎么笑你的?
>
> 样本 16:当时我好像小学五、六年级吧,有一次课间休息的时候,和几个同学一起玩呢,她们本来说普通话的,说着说着,就突然说起上海话。我都听得懂,当时觉得挺好玩的,我也就学着她们说了上海话。可她们不知道为什么,突然都注意到我的上海话,都笑着说,我的上海话腔调老有意思了,反正就是觉得不像上海人说的上海话,一听就不地道。还有个同学就模仿我,故意夸张的,别的同学们可开心了,笑成一团。而且还故意一起模仿说几句。还问我哪里学的上海话,这么奇怪的。我知道她们其实没有恶意,可是吧,就觉得有一点儿不舒服。以后就不太想开口说上海话了,总是心里有些小疙瘩。后来反正大家都慢慢很少说上海话了,也就更不说了。是的,我听得懂的,可不是太想说了,可能还是那时候的阴影吧,其实也没什么,可就是不知道为什么,就很少说了。

从上述访谈对象的回忆中,通过他提供的细节,可以发现方言使用过程中的影响因素以及自身对方言的特点、方言的状况等内容的描述,将这些内容信息整合之后,对于方言维持与传承过程中的动因、影响因素的分析都有参考价值。

2.3　调查地区和调查对象

本研究调查社区包括三类:上海、南京和扬州等地的家庭;内蒙古呼和浩特市区蒙古族少数民族家庭;美国亚特兰大华裔家庭。

2.3.1　上海、南京和扬州家庭

以三个城市为代表,本研究着重考察我国城市社区青年一代方言能力状况和方言传承中面临的挑战。主要采用问卷调查法和访谈法。选择这三个城市的主要依据标准是考虑到城市的社会经济地位、城市的发展、社会流动和外来人口的状况、地区方言的声望与特点以及城市规模大小等。研究的主要内容包括:城市规模、地区方言声望等各方面因素如何影响不同城市青年一代的方言能力发展状况与方言传承状况;家庭语言规划如何影响青年一代语言能力的发展,等等。城市社会经济地位是指每个城市的经济发展状况以及 GDP 总值。每年我国均有不同城市 GDP 发展报告公布,根据历年来公布的信息,上述三个城市的排名分别为上海、南京和扬州。另外,前文提及的家庭结构、抚养模式、通婚状况等的变化是与每个城市的城市化进程密切相关的。

城市化率越高,社会流动越频繁,外来人口与本地人口混合聚居的状况越为常态。这三个城市的城市化率都较高,上海城市化率为 88%,南京和扬州隶属江苏省,江苏省的城市化率为 69.61%。虽然三个城市的城市化都较高,但从城市规模来看,三个城市存在差异。根据最新的中国城市规模划分标准,中国的城市可以分为五类七档,主要按照城市人口数量进行划分。其中,超大城市,市区常住人口超过 1000 万;特大城市,市区常住人口为 500—1000 万;Ⅱ型大城市,常住人口在 100 万—300 万之间,其他分别为

Ⅰ型大城市、中等城市等。根据 2019 年的最新统计,上海市区常住人口为2400 万左右,南京 843 万左右,扬州 459 万左右。根据这三个城市的常住人口数量,它们分别属于中国的超大城市、特大城市和Ⅱ型大城市。城市规模的差异,造成地域方言在家庭内部的使用情况、传承状况以及家庭成员之间对方言、普通话关系的看法与认知状况等也会存在差异,通过比较可能寻找出方言使用与未来传承的动因。

从方言本身的状况来看,三个城市社区的语言状况、方言特色、地区地位和使用空间等也存在差异。作为超大城市,上海总共有 18 个区 1 个县,每个区、县的语言使用状况,甚至方言状况都略有差异。根据前期的访谈资料,通常所说的上海话,主要是在上海主城区使用,属于吴语系统。而在其他辖区里的上海话,在各个辖区又有自己的常用称名,比如嘉定话、上海崇明话、金山话、上海青浦话、奉贤话等,有些辖区的上海话,有时又被统称为上海郊区话。独特的是崇明话,前期访谈显示,本地上海人多数认为崇明话就是崇明话,与市区上海话、郊区上海话都有显著的区别。根据游汝杰(2010;2016)等学者的研究,上海市区话和郊区话在语音、词汇等方面也有明显的区别。而在调查中,一些访谈者也提出类似的看法。访谈者(访谈样本 11)对各种上海话变体的看法:"只要一说话,我们本地人就立刻能够知道他(或她)说的是上海市区话还是郊区话,非常明显的。还有,市区上海话也有不同的。我们爷爷奶奶辈说的上海话和我们说的上海话也是不一样的,他们更地道。"由此可知,市区的上海话也有新上海话和老上海话之分。这些不同特色的上海话变体,会对上海家庭内部语言的选择和使用产生影响。另外,作为国际化的大都市,除了说方言、普通话的中国人,上海还有很多外国居民,这些都形成了上海语言多样化、复杂化的环境。居住在其中的新上海人和老上海人,还有上海新移民等,都会受这种复杂语言环境的影响,进而有可能会改变或调整自身的家庭语言规划、语言实践。

南京的社会经济发展虽然略逊于上海,但南京的社会经济发展状况、城市规模与城市位置在整个长三角地带也发挥了不容忽视的作用。南京话与上海话相比,也有一些不同的特色。与上海话相似,不同片区的南京话在语音、词汇等方面也存在差异,而且叫法也有不同。根据以往的调查,南京话有很多变体,首先南京城区的南京话,可以分为新南京话和老南京话,新南京话,又有南京普通话(简称"南普话")和带有普通话味道的南京话之分。根据市区和郊区的地域差异,也有市区南京话和郊区南京话的区别。对这些不同的南京话,不管是本地南京人,还是外地迁移来的新南京人,都有不同的认识和评价。与上海类似,根据访谈者的反馈,本地南京人非常容易区分出是市区话还是郊区话,发音腔调差别明显。不过,与上海话不同的是,南京话没有上海话那样的强势地位,而且很多南京人认为南京话与普通话非常相似。这样的一些认识,是不是会影响家庭内部语言规划及语言使用,是值得关注与讨论的内容。

虽然从人口数量上看,扬州被归为大城市,但不论是经济发展状况、居民收入,还是社会开放和流动状况,扬州都远逊于上海与南京。但扬州话同样具有自己的特色。在与当地人的访谈中了解到,扬州话,在当地人口中又被称为"街上话"。随着扬州城市的发展,城区规模的扩大,扬州话也出现了市区扬州话和郊区扬州话的区别。当地人一般认为城区里的"街上话",就是"扬州话",主要是居住在扬州老城区、广陵区等区域的居民使用。不过即使是地道的"街上话",也和南京话、上海话一样,被区分为老扬州话和新扬州话;市区里还出现另外一种称号"扬普话",被认为是年轻一代说的扬州话,带一些扬州话的口音,但非常接近普通话。另外,除了"街上话",他们一般认为在郊区、江都、仪征等区域使用的方言都属于广义的扬州话,与城区扬州话存在差异。扬州的城市规模、地位、作用虽然不如上海和南京,但作为中等规模的城市,扬州具有自己的代表性。通过扬州方言现状的调查,可以分析规模较小或者城市变化较小的城市环境下,家庭语言的使用和变化状况;与上海、南京等城市的比较研究,也能发现一些新的影响家庭语言规划制定与实施的因素。本研究不区分上述方言的变体,不管是市区方言还是郊区方言,是新方言还是老方言,只要受访者表示会说,我们就认为他(或她)具有方言能力。

2.3.2 呼和浩特市蒙古族家庭

以呼和浩特市蒙古族家庭为代表,考察我国城市社区少数民族青年一代少数民族语言能力状况和少数民族语言传承中面临的挑战。作为省会城市，内蒙古呼和浩特市在城市化过程中，随着社会流动，来自不同地区和城市的很多少数民族群体都杂居一起，多语多言的特征明显。目前，在呼和浩特主要使用的交际语言有普通话、地区方言"此地话"、蒙古语等。根据2019年人口变动抽样调查数据推算，2019年呼和浩特市区常住人口313.68万人。截至2019年，城镇人口数量为221万人，常住人口城镇化率为70.5%。从民族构成上来看，汉族249.86万人，占总人口的87.16%，蒙古族28.6万人，占总人口的9.98%，其他民族8.2万人，占总人口的2.86%。与其他少数民族语言相比，蒙古语总体上维护、传承的状况较好；不过有关学者的调查研究显示，蒙古语传承过程中也面临一些潜在的挑战，比如蒙古族年轻一代对蒙古语的态度和评价与年老一代相比，积极评价率降低幅度大；实际的语言使用中，很多年轻一代逐渐从蒙古语转为使用普通话（宝玉柱2010；邬美丽2015）。这些都是未来少数民族语言维护与传承中需要应对的现状和解决的问题。

对上述社区的调查，主要采取问卷与访谈法相结合的方式，有时为了需要，还会采用观察法辅助调查。问卷调查的开展以家庭为单位，家庭选择的标准包括要有子女、至少有2代人居住一起，同时考虑结婚模式、抚养方式、子女的性别、年龄等，确保家庭的多样性。调查包括父母与子女，主要考察社会特征多元化。为了使调查更为精准，问卷分为父母卷和子女卷，主要内容包括家庭成员语言能力状况、年轻一代蒙古族成员蒙古语的使用状况等；还包括家庭成员掌握的语言资源类别、不同语言资源使用的能力状况、掌握这些资源的途径与实践等；最后通过访谈搜集家庭成员在不同语域、与不同交际对象等语境的语言实践状况，书面语使用的情况等；语言意识方面的内容，主要了解对不同语言资源态度、评价，不同语言资源地位、作用与彼此关系的认知状况。

2.3.3 美国亚特兰大华裔家庭

主要考察华裔家庭中文继承语在多语社会中的传承状况。美国是除东南亚以外华人聚居最多的国家，历史上有数次华人移民美国的移民潮（陈颖

2015）。2018 年美国联邦人口普查局发布的数据显示亚裔总人口达 2140 万人，华裔人口已达 508 万，占据亚裔的首位。King & Fogle(2006)研究指出，在美国，移民家庭如何将子女培养成为有双语（或多语）能力的一代仍极具挑战。对人口数量众多的华裔家庭父母语言意识的研究与分析，有助于发现影响移民家庭继承语传承的深层原因。

研究方法采用半结构化访谈法。半结构化访谈将非结构化、开放式访谈的灵活性与统计调查的规定性结合起来，能搜集质性的文本资料。这种方法能检验理论直觉或调查类研究的设想，也可以为解释性研究提供基础。对父母的访谈，主要以家庭为单位，共访谈 34 个家庭，子女年龄在 10—40 岁。但需要说明的是，多数家庭只采访到父亲或者母亲，然后通过其中一位了解另一位的相关信息。访谈的内容包括背景信息，如年龄、受教育程度、在美居住时间、职业等；反映语言态度方面的内容，诸如"您怎么看中文或中华文化"、"您会让子女学中文吗"以及"您为什么让子女学（或放弃）中文"等问题；反映语言信念的内容，比如，是否相信自己会对子女学中文产生影响，如何支持子女学中文等问题。

2.3.4 调查样本信息

第一，南京、上海和扬州调查的样本信息。不管是问卷调查还是访谈调查，我们的调查对象主要集中在子女出生在 20 世纪 90 年代的家庭，子女年龄跨度为 1990—1999 年这一年龄段。作为年轻的一代，他们的方言能力状况直接影响未来中国方言的维护与传承。根据前期预调查的信息，我们又以 1995 年为界将 90 年代群体分为两组。一组是 1990—1995 年出生的子女，年龄跨度为 25—30 岁，这一群体多数人已经跨入社会工作或者成家；另一组是 1996—1999 年出生的子女，年龄跨度为 20—24 岁，由于都是在城市生活，所以这一组多数人仍在求学，当然也有少部分人开始工作。主要基于两种原因，考虑到学生群体与工作群体的生活环境、社会网络包括语言文字经历等会存在差异，而这些本身有可能会对他们的语言意识、语言使用状况产生影响；另外，两组人成长学习的社会政治文化背景、"推普"的状况、方言保护的力度和声音、国家语言规划与政策等方面也存在差异，如前述，宏观社会经济文化背景的差异在很大程度上能改变家庭、学校包括语言使用者个体的看法和实际的语言交往沟通模式等。所有这些综合起来,我们认为有必要将90年代进行细化,这样的比较或许会有新的发现。除外,我们还将结合宏观和微观的社会因素来分析调查和访谈的信息。问卷调查中涉及的相关因素及样本数见表2-1。

表2-1 上海、南京和扬州样本信息(n=167)

样本信息	分类	上海 (n=60)	南京 (n=56)	扬州 (n=51)
性别	男	23/37.7%	19/34.5%	25/49.0%
	女	38/62.3%	36/65.4%	26/51.0%
教育程度	大专及以下	44/72.1%	41/74.5%	32/62.8%
	本科及以上	17/27.9%	14/25.5%	19/37.3%
家庭结婚模式	本地人+本地人	42/68.9%	34/61.8%	31/60.8%
	本地人+外地人	10/16.4%	15/27.3%	16/31.4%
	外地人+外地人	14.8%	6/10.9%	4/7.8%
抚养人	父母为主	32/52.5%	39/70.9%	31/60.8%
	老人/或其他人为主	29/47.5%	16/29.1%	20/39.2%
方言情况	听不懂且不会说	0	0	0
	能听懂但不会说	4/6.6%	7/12.7%	1/2.0%
	只进行简单交流	20/32.8%	1/1.8%	5/9.8%
	能进行熟练交流	37/60.7%	47/85.5%	45/88.2%

性别方面,根据社会语言学家的研究,男性和女性在使用标准语和土语时,存在明显差异;而且男女在语言的敏感度、语言认同等方面也有不同。社会语言学家拉波夫(Labov 1966)的研究结果显示,在控制其他变量不变的情况下,一般而言,女性比男性更倾向于使用具有较高声望地位的标准语;反之,男性使用低声望非标准语的比率则略高于女性。

家庭结婚模式,主要是与谁组建家庭的模式,这个家庭是由本地人还是外地人组成。本研究的家庭结婚模式,主要分为三类:本地人和本地人结合组成的家庭;本地人和外地人结合组成的家庭;全部是外地人结合组成的家庭,本研究暂不考虑跨国婚姻中方言使用的问题。社会流动不频繁时期,一般都是本地人与本地人结合,最多是本地区跨县、市结合,但从方言的整体特征来看,仍然属于同一个大地区的方言系统,虽然在语音、词汇等方面存在差异,但整体的相似度较高。但是城市化进程改变了传统的结婚模式,多地域通婚的趋势越来越居于主导地位。学者的研究发现,在各大城市,跨省、跨地区甚至跨民族身份组建的家庭模式越来越广泛(邹韵、孙秀林 2016;梁海艳、代燕、骆华松 2017)。根据社会学的相关研究,目前我国在结婚模式方面,划分的依据主要是根据结婚人婚前的居住地或者出生地,一般有三种模式:均为本地人;均为外地人;本地人和外地人。

抚养人因素,主要考虑的是家庭人口数量与抚养方式问题。根据社会学的相关研究,城市化带来的变化是核心家庭越来越多。所谓核心家庭,指的是只有父亲、母亲和一个孩子组成的家庭。但由于中国传统文化的影响,即使现在城市里以核心家庭为主,但中国也有隔代帮忙抚养孩子的传统;有的家庭,由于父母繁忙,子女甚至会有祖父辈或者其他亲属代为照顾到 10 多岁。根据语言关键期理论,10 多岁之前正是孩子学习和发展语言能力的关键期,而且由于年龄尚小,他们使用什么语言或者经常用什么语言与人交流沟通,常常会受到主要抚养人的影响。一些学者对中国家庭当前的养育方式进行了归纳总结,指出当下中国家庭主要采取三种方式抚养下一代。第一种是由父母亲自己抚养孩子,第二种是隔代抚养,祖父辈代替父母亲将孩子抚养长大,第三类是父母亲和祖父辈(或者其他人)合作共同抚养子女(张剑锋 2008)。考虑到可操作性,我们将上述三种抚养方式归并为两种,一种是父母亲作为主要抚养人,一种是祖父辈或者其他人作为主要抚养人。抚养方式的差异可能会对家庭语言规划产生不同程度的影响,或者改变家庭语境下的语言实践状况。

说方言的情况我们分为四类:"能进行熟练交流"、"只能进行一般的简单交流"、"能听懂但不会说"、"听不懂且不会说"。但在具体考察语言能力状况时,考虑到双语(或双言)人越来越多,因此语言能力我们粗略划分为四类:第一类属于有双语(或双言)能力,但普通话最强;第二类是具有双语(或双言)能力,但地区强势方言能力也很强;第三类类似于第二类,是具有双语

（或双言）能力，但会说的是其他方言，是其他方言能力很强，但不会地区强势方言；第四类是单语能力，只会使用普通话，这三个城市社区还没有发现不会说普通话的 90 后一代。

录音访谈的信息内容包括语言意识内容（包括对普通话、方言的态度、认同等）调查，家庭具体语言管理措施和方法、家庭内部的实际语言实践状况等。具体的内容我们会在具体问题的分析中加以展示，此不赘言。

第二，呼和浩特市蒙古族家庭信息。

调查在呼和浩特新城区、赛罕区、玉泉区、回民区等四个区进行，调查的蒙古族家庭按照结婚模式分为两类：父母均为蒙古族家庭，共调查 20 户；一方为蒙古族的家庭，另一方为其他民族的家庭，共 40 户。父母辈和祖父母辈的年龄主要跨度为 35—78 岁；受教育程度分为研究生及以上、大专及本科、高中或中专以及初中及以下四类（表 2-2）。

表 2-2　蒙古族家庭父母信息（$n=181$）

民族	蒙古族 127 人	年龄	35—45 岁 46 人
	汉族 49 人		46—55 岁 43 人
	其他少数民族 5 人		56—65 岁 41 人
性别	男 93 人		65 岁以上 51 人
	女 88 人	18 岁前居住地	农村 42 人
在呼居住地点	新城区 48 人		城镇 48 人
	赛罕区 45 人		中小城市 47 人
	玉泉区 40 人		大城市 44 人
	回民区 35 人	社区环境	本地人为主 97 人
	其他 13 人		外地人为主 84 人
学历	初中及以下 42 人	在呼居住时间	10 年及以下 41 人
	高中或中专 54 人		11—20 年 47 人
	大专及本科 58 人		21—35 年 45 人
	硕士及以上 27 人		35 年以上 48 人

上述 60 户家庭子女年龄至少在 10 岁以上,主要考虑 10 岁以上少数民族语言能力基本固定下来,便于考察少数民族语言使用状况。这些年轻一代均为蒙古族,有的是在校学生,也有的踏入社会工作。年轻一代蒙古族信息(表 2 - 3)。

表 2 - 3　蒙古族年轻一代信息($n=80$)

民族	蒙古族 80 人	来呼前居住最久地	农村城镇 23 人
	汉族及其他少数民族 0 人		中小城市 26 人
性别	男 44 人		大城市、一直住呼市 31 人
	女 36 人	年龄	18 岁以下 29 人
在呼居住时间	10 年及以下 22 人		18—25 岁 27 人
	11—20 年 27 人		25 岁以上 24 人
	20 年以上 31 人	学历	初中及以下 18 人
在呼居住地点	新城区 21 人		高中或中专 21 人
	赛罕区 20 人		大专及本科 25 人
	玉泉区 18 人		硕士及以上 16 人
	回民区 16 人	社区环境	本地人为主 44 人
	其他 5 人		外地人为主 36 人

第三,美国华裔家庭信息。

对父母访谈的内容主要包括两方面:一是父母的背景信息,包括年龄、学历及在美居住时间等;二是父母的语言意识,访谈时通过问父母"您会让子女学中文吗"、"您认为在家里和孩子说中文有必要吗"以及进一步询问"您为什么让子女说中文"或"您为什么放弃让子女说中文"等问题来考察父母对子女学中文的态度。结合父母的回答,分析父母希望子女学中文或者放弃子女学中文的影响因素。

本研究由于条件限制访谈时调查了家庭中父母的一方,访谈了 34 个父亲或母亲,受访家庭的样本编号 1—34。共有 14 位父亲、20 位母亲。他们年龄为 40 岁以上,年龄分布在 40—49 岁和 50—59 岁的均有 11 人,60 岁及以上 12 人。学历以研究生及以上居多,硕士及以上 23 人,本科 11 人。在美居住时间 21 年以上有 25 人,居住时间少于 10 年的有 3 人,11—20 年的有 6 人(表 2 - 4)。

表 2 - 4 华裔家庭父母信息(*n*＝34)

父亲/母亲	父亲	14 人/41.18%
	母亲	20 人/58.82%
年龄	40—49 岁	11 人/32.35%
	50—59 岁	11 人/32.35%
	60 岁及以上	12 人/35.29%
学历	本科	11 人/32.35%
	硕士及以上	23 人/67.65%
在美居住时间	≤10 年	3 人/8.82%
	11—20 年	6 人/17.65%
	≥21 年	25 人/73.53%
职业	公司职员等	11 人/32.35%
	公务员、老师、医生等	16 人/47.06%
	家庭主妇、自由职业者	7 人/20.59%

参考文献

［1］Curdt-Christiansen Xiaolan. Invisible and Visible Language Planning：Ideological Factors in the Family Language Policy of Chinese Immigrant Families in Quebec［J］. *Language Policy*,2009,8(4):32 - 39.

［2］Curdt-Christiansen Xiaolan. Conflicting Language Ideologies and Contradictory Language Practices in Singaporean Bilingual Families［J］. *Journal of Multilingual and Multicultural Development*,2016,37(7):694 - 709.

［3］Curdt-Christiansen Xiaolan,Weihong Wang. Parents as Agents of Multilingual Education Family Language Planning in China［J］. *Language，Culture and Curriculum*,2018,(3):42 - 49.

［4］Kendall King,Lyn Fogle. Bilingual Parenting as Good Parenting：Parents' Perspectives on Family Language Policy for Additive Bilingualism

[J]. *International Journal of Bilingual Education and Bilingualism*，2006,9(6)：695-712.

[5] Labov William. *The Social Stratification of English in New York City*[M]. Washington,D.C：Center for Applied Linguistics,1966.

[6] Spolsky Bernard. *Language Policy*[M].Cambridge,UK：Cambridge University Press,2003.

[7] 宝玉柱.异族通婚对语言使用模式演变的影响[J].西北民族大学学报(哲学社会科学版),2010(3):49-62.

[8] 陈颖.美国纽约地区华人语言生活调查[J].世界华文教学,2015(3):75-87.

[9] 梁海艳,代燕,骆华松.中国流动人口通婚圈地域结构分析[J].南方人口,2017(2):13-21.

[10] 内蒙古新闻网.呼和浩特市2010年第六次全国人口普查主要数据公报[EB/OL]. http://inews. nmgnews. com. cn/system/2011/06/13/010607482.shtml.

[11] 内蒙古自治区统计局.2019年内蒙古人口发展现状分析[EB/OL].http://tj.nmg.gov.cn/fbyjd/16625.html.

[12] [美]斯蒂芬L.申苏尔,[美]琼·J.申苏尔,[美]玛格丽特·D.勒孔特. 民族志方法要义:观察、访谈与调查问卷[M].康敏,李荣荣,译.重庆：重庆大学出版社,2012.

[13] 网易新闻.中国城市化率最高城市,城市化率100%[EB/OL].https://dy.163.com/article/FRCL2POQ0544734Y.html.

[14] 邬美丽.基于不同居住类型的双语态度实证研究[J].语言文字应用,2015(4):78-86.

[15] 游汝杰.上海郊区语音近30年来的变化[J].方言,2010(3):194-200.

[16] 游汝杰.语言接触与新语言的诞生[J] 华东师范大学学报,2016(1):88-95.

[17] 张治国.对语言管理中几个问题的思考[J].外语学刊,2020(3):

92 - 98.

[18] 张剑锋.抚养方式对儿童个性发展的影响[J].江苏社会科学,2008(1):211 - 214.

[19] 中国侨网.美国人口普查局:华人超过 508 万系亚裔最大族群[EB/OL].http://www.chinaqw.com/hqhr/2018/0502/188036.shtml.

[20] 中华人民共和国中央人民政府网站.国务院关于调整城市规模划分标准的通知[EB/OL].http://www.gov.cn/zhengce/content/201411/20/content_9225.htm.

[21] 邹韵,孙秀林.家庭通婚类型对女性家务劳动时间的影响[J].社会发展研究,2016(1):143 - 162.

第三章 | 城市社区 90 后方言能力与影响因素

如前所述,在考察 90 后方言能力状况时,我们粗略地进行了区分,具体分为四类:"能进行熟练交流"、"只能进行一般的简单交流"、"能听懂但不太会说"、"听不懂也不会说"。为了方便统计,我们将"能进行熟练交流"和"只能进行一般的简单交流"都归结为"会说方言"一类,另一类归为"不会说方言",具体包括"能听得懂但不太会说"和"听不懂也不会说"这两种情况。90 后新生代方言能力状况的相关信息主要通过问卷调查和访谈相结合的方式完成。

3.1 90 后方言能力状况

基于城市语言调查的事实数据,可以发现方言使用空间被逐渐压缩,很多城市的居民已经逐渐形成公共场所使用普通话、家庭等私人场所使用方言这样的意识;由于使用空间的变化,方言的社会地位与社会功能也逐渐降低。因此,在考察 90 后一代方言能力状况时,我们设定了几个不同的使用空间和语域,多方位分析 90 后一代方言能力的现状。

表 3-1 90 后方言能力概况

类别	基本情况	南京 (n=56)	扬州 (n=51)	上海 (n=60)
方言 能力	会讲	47/83.9%	44/86.3%	38/63.3%
	不会讲	9/16.1%	7/13.7%	22/36.7%

类别		基本情况	南京 （n＝56）	扬州 （n＝51）	上海 （n＝60）
使用语域	家庭	地区方言为主	30/53.6%	36/70.6%	22/36.7%
		普通话为主	16/28.5%	6/11.8%	15/25%
		普通话＋方言	10/17.9%	9/17.6%	23/38.3%
	学校	地区方言为主	0	3/5.9%	0
		普通话为主	30/53.6%	25/49%	53/88.3%
		普通话＋方言	26/46.4%	23/45.1%	7/11.7%
	朋友伙伴	地区方言为主	16/28.6%	23/45.1%	12/20%
		普通话为主	16/28.6%	7/13.7%	14/23.3%
		普通话＋方言	24/42.8%	21/41.2%	34/56.7%
	公共场所	地区方言为主	4/7.1%	3/5.9%	0
		普通话为主	18/32.1%	9/17.6%	18/30%
		普通话＋方言	34/60.7%	39/76.5%	42/70%

表3-1数据显示，三个城市的90后一代方言能力状况较好，能够比较流利地使用方言的人数比率均在60%以上，其中南京和扬州两个城市还达到80%以上。这个调查结果显示，不管是超大城市（如上海），还是像南京、扬州这类特大城市和大城市，方言的维持与传承在当前的背景下，整个状况是比较乐观的。不过具体分析来看，以上海为例，还是能够看到方言传承面临的一些挑战。2015年，有学者同样对上海年轻一代的上海话使用状况进行了调查，当时的结果是发现有73.5%的年轻人均能够使用比较地道的上海话与人交流（俞玮奇、杨璟琰 2016）。我们的调查是在2019年，4年期间，使用率略有下降，总体来看，60%的使用率仍是非常让人欣慰的结果，但对比之后可以发现，年轻一代的使用率在逐步地下降。面临的挑战是什么呢？

从2019年的访谈信息来看，上海90后的被访者其实也感受到这些挑战和他们这一代人使用方言存在的问题。他们在访谈中表示，虽然自己在日常交流中能够用上海话比较流利或者能够进行简单交流，但总感觉自己的上海话有不足，不够地道，有些类似"洋泾浜上海话"，是上海话与普通话夹杂的混合产品。他们觉得与老一辈的上海话相比，一些非常"原汁原味"

的地道表达或者非常有特色的词汇已经在他们这一代逐渐消失,取而代之的是普通话中的词汇,只不过是用上海话的腔调表达出来。这种变化,在南京、扬州的访谈中也发现类似的表达,年轻一代的被访者普遍感觉自己的方言不够地道,主要觉得自己的方言中地道的传统词汇和表达越来越少,保留的只是方音,而且有些访谈者对自己的"方音"也表现出不自信的认知。比如南京、扬州的访谈者中,总有人强调自己的方言其实是"南普"("有南京话口音的普通话")或者"扬普"("有扬州话口音的普通话"),跟普通话的发音基本非常接近。这的确是未来方言维护与传承过程中面临的一个挑战(或者问题):越来越接近于普通话的方言,是不是我们传统意义理解的方言?以上海话为例,跟早几年的学者调查相比,比如 4 年前,俞玮奇、杨璟琰等访谈的年轻一代受访者,对自身方言的自信度偏高,因为多数人表示自己的上海话还可以,只是偶尔会有某些音或者某些词语不知道如何地道表达出来(俞玮奇、杨璟琰 2016);但我们的访谈对象中,大多数人对自己的方言很不自信,多次强调自己的方言不地道,如果我们需要地道的方言,应该去老城区寻找年长一辈的上海人。

3.2　语域与方言使用

根据表 3-1 中不同语域中普通话和方言的使用状况,可以发现方言维护与传承的另外一个挑战:方言的使用空间和范围越来越有限制。在"家庭、学校、朋友伙伴和公共场所"中,跟以往学者的研究结果相似,三个城市均是在家庭语境下,地区方言使用率最高;但随着城市规模和社会经济开放程度的递增,家庭领域中方言使用率呈现出逐渐递减的趋势。从城市规模和社会经济开放程度排序来看,排在首位的是上海,其次是南京,最后是扬州;而与之相对应的,三个城市家庭语域内,地区方言的使用率分别为:上海(36.7%)＜南京(53.6%)＜扬州(70.6%)。

与原有设想相反的结果是,三个城市 90 后一代在与同为本地出生并长大人的朋友伙伴(这些朋友伙伴也都会说方言)在一起时,使用方言的比率都很低。即使在城市规模较小、社会经济发展程度略低于南京和上海的扬州,使用方言与朋友伙伴交流的比率也只有 45.1%；而在上海和南京这两个城市比率更低，分别为 28.6% 和 20%。根据西方学者对继承语的研究结果，一般来说，继承语在家庭场所或者在与同一族裔的朋友伙伴交流的语境下，总体上比率均高于公共场所的使用率。是什么原因使得三个城市的方言使用率偏低？根据调查结果，90 后一代在与朋友伙伴交流的语境下，语言使用方式出现新变化。与朋友伙伴在一起时，他们使用比率最高的是普通话和地区方言混杂的方式。三个城市的使用比率均高于单独使用地区方言的比率，南京和扬州两个城市普通话＋方言的使用率分别为 42.8% 和 41.2%；而在上海，这种语言使用方式甚至达到了 56.7%。变化的主要原因与情感和认同的变化有关。以往学者的研究发现，会说同一种继承语或者会说同一种方言的朋友伙伴在一起时，会倾向于使用继承语或者方言，会拉近彼此的距离，情感上觉得很亲近。如果选择通用的交际语言或者选择我国通用语普通话，会觉得彼此之间有隔膜，情感上不能接受，不舒服。但这种不舒服、隔膜的感觉，在三个城市的 90 后一代中已经消失殆尽。他们表示，从小到大，无论是在校园还是在电视等环境下，说普通话的氛围非常普遍，在他们眼中说普通话已经成为生活的常态，因此朋友之间不会觉得情感上有隔膜，不舒服。从公共场所和学校语境下普通话和方言的使用率方面也能够验证他们的认知和感觉。从调查结果来看，三个城市的 90 后在公共场所和学校里只说方言的比率非常小。在上海，这两种语境下只说上海话的比率都是 0，南京和扬州虽然有说方言的，但比率均低于 5%。

这种趋势在公共场所中也存在。公共场所，三个城市的年轻一代，采用普通话＋方言混用方式的比率都偏高，上海、南京和扬州的比率均在 60% 以上，扬州和上海两个城市高达 70% 以上，三个城市远远超过公共场所中以普通话为主的交流比率。这与以往学者（黄立鹤、贺荔文 2013；赵婷婷 2015；王玲 2016；邹春燕 2019）的发现略有差异。他们的研究指出，当下年轻一代语言使用的特征是公共场所使用普通话，家庭场所以及与朋友等交流时倾向于使用方言。但我们的数据显示，现在的新趋势是，在公共场所、与朋友伙伴等交流时倾向于普通话和方言相结合的双言模式；单纯以普通话为主的状况仅限于学校语域。

虽然在公共场所和朋友伙伴这两种语境下出现了语言使用的新变化，但哪种语域与年轻一代方言能力的发展相关性高呢？从表 3-2 中 SPSS 统计的相关数据可以看出语域与方言能力发展的相关性。

表 3-2　方言能力与语域的相关性

城市	家庭		学校		朋友伙伴		公共场所	
	相关系数	P	相关系数	P	相关系数	P	相关系数	P
南京	.408	.002	.193	.124	.284	.013	.030	.808
扬州	.436	.004	−.047	.655	.121	.324	.371	.004
上海	.570	.000	−.086	.397	.231	.036	.085	.442

从统计结果看，三个城市中语言能力发展与家庭语境存在相关性（P 值均小于＜0.05）。这说明，家庭语域仍是当前最有利于方言能力发展的场所，也与一些学者（薛才德 2009；赵婷婷 2015）的研究相一致。另外，在南京与上海两个城市，与朋友伙伴交流的语境也同方言能力的发展相关，这与上文我们发现的新趋势相一致，也就是说，与朋友伙伴交流时使用的语言方式也是能够促进方言能力的发展的。

3.3　性别、年龄、受教育程度与方言能力的发展

性别、年龄和受教育程度是社会语言学研究中重要的社会变量，90 后方言能力发展过程中，这些因素是否和他们方言的学习与使用存在联系，值得关注（表 3-3）。

表 3-3　性别、年龄、受教育程度与方言能力统计

	性别			年龄			受教育程度		
	值	Sig	斯皮尔曼系数	值	Sig	斯皮尔曼系数	值	Sig	斯皮尔曼系数
南京	3.581	.050	.314	.000	1.000	−0.045	.000	1.000	−0.045
扬州	.757	.384	−.179	.564	.453	.164	.564	.453	.164
上海	.136[a]	.712	−.048	4.855[a]	.028	−.284	4.855[a]	.028	−.284

统计结果显示，三个城市中，只有在南京，性别与方言能力发展存在显

著性差异。这与访谈的结果相一致。南京的青年一代,受访的男性群体的方言能力要高于女性,所有受访者均能够流利地或比较流利地使用南京话进行交流,而有81％的女性可以较流利地使用南京话。男性与女性在对南京话的认知方面也存在差异。多数男性对南京话持积极性评价,觉得南京话在表达感情的时候非常爽,尤其是和伙伴朋友在一起时,"使用南京话特有的词汇来交流超级舒服,说普通话达不到这种效果"(样本31);"一般跟别人说一些特别好玩的事情,或者自己很生气的事情时,特别喜欢说南京话,感觉爽得一塌糊涂"(样本19)。相比之下,女性对南京话的评价偏低,尤其是消极性的评价偏多,主要觉得南京话不温柔,像吵架;而且有些词说起来感觉挺脏的,不文雅。性别在上海、扬州两个城市与方言能力的发展没有显著性相关。

年龄方面,在上海,数据统计的结果显示,年龄与方言的发展有显著相关。年龄越小,方言能力越弱;随着年龄的增加,方言的能力会逐步提升。有些访谈者表示,"年龄较小的时候,父母还有周围人经常使用的是普通话;长大之后,与同学朋友在一起,听方言的次数还有机会感觉反而多了,说的多了觉得方言水平好像也提高了一些"。不过,这些受访者也表示,"自己的方言水平是不稳定的,如果周围的人说得多,听得多,这样方言能力好像就比较强;但如果没有机会,也没有多少人说的话,感觉慢慢地(上海话)水平也在下降。"南京和扬州两地,年龄与方言能力发展没有显著性相关。

受教育程度方面,也只有上海这个城市,与方言能力的发展有相关性。不过结果与已有的结论存在差异。对方言使用情况的调查,一般均会发现,说方言比率最高的群体多是受教育程度偏低的群体(王玲 2010);但在上海,受教育程度高的群体反而方言能力较强,受访的硕士和硕士以上学历的人,上海话比较地道、说得比较流利的人数约占总数的87.5％;反之,受教育程度低的(比如大专及以下),方言能力发展略弱,会说上海话的比率为54.5％。这可能与他们成长的社会语言文化背景有关。硕士及以上学历的90后,所处年龄段为25—30岁之间;大专及以下的90后,年龄大多在21—22岁。虽然只有几岁的年龄差,但所面对语言文化背景和国家语言政策等状况却存在差异。家长访谈样本27谈到有些90后不会说上海话时,认为原因

与当时上海推广普通话有关:"上海有个几次推广普通话的热潮。好像 20
世纪 90 年代初期有一次,但慢慢就冷下来。然后,在 21 世纪初期的时候,
再次掀起过一次推广普通话的浪潮,学校和公共场所有很多标语,号召大家
说普通话。当时上海市想了很多办法,有的地方规定很严格,必须要说普通
话。有一阵,大家都觉得上海话很土,家长在家里都要求孩子说普通话,不
要说上海话。过了几年,好像松了一些了。"国家宏观的语言政策和上海这
个城市的语言文化状况影响了 90 后方言状况的发展。年龄在 21—22 岁的
90 后一代,正处于上海市推广普通话的热潮当中,从家庭到学校再到整个
上海社区,都在提倡说普通话。很多限制说方言的措施、规定也非常普遍,
在这样的背景下,这个年龄段的 90 后方言能力的发展就受到影响;而调查
中硕士以上的 90 后,他们学说方言的时间段,正是上海推普热潮逐渐消退
的时候。很多限制说方言的措施或规定有所放松,于是他们又有机会去说
和听上海话。另外,访谈显示,这些受教育程度高的 90 后,随着年龄增长,
受教育程度的提高,改变了对上海话的态度,觉得除了普通话,能说一口地
道的上海话挺好。毕竟上海人还是要会说上海话才好。可能由于这样的社
会语言背景,才出现了受教育程度偏高的 90 后说上海话的比率较高。这是
年龄与受教育程度共同作用的结果。

3.4　抚养人与方言能力发展

　　城市社区居民工作繁忙,许多祖父辈为了帮助自己的子女,缓解他们照
顾更年轻一代的压力,会参与进来帮助一起抚养;还有些家庭会请别的亲属
或者他人(比如保姆)来帮忙。不同抚养人抚养长大的子女,其家庭语言环
境会存在差异,对孩子语言的发展也会有不同的影响。西方学者的研究显
示,在有祖父母参与或者与祖父母一起居住的移民家庭,其下一代继承语发
展状况要比没有祖父母参与的家庭好。例如,关注中文继承语传承的学者
发现,早期移民英国或美国的华人家庭,由于受教育程度等方面的原因,祖
父母一代的英语水平较差,而且由于与主流社会交往机会少,即使在移民国
生活几十年,很多人的英语水平也没有任何的发展。在这种情况下,与祖父

母居住一起或者由祖父母一起养育子女的家庭里,子女会有较多机会接触到继承语。为了同祖父母交流与沟通,一些华人家庭的下一代不得不使用中文,这样就有较多的机会说继承语,在潜移默化之下,继承语中文得到强化与发展(Curdt-Christiansen 2013)。根据关键期理论,在自然环境下接触到某种语言,很容易掌握与学习这种语言。中文继承语传承的研究显示,在幼年时期有祖父母帮忙抚养子女的华人移民家庭,其下一代子女学习与掌握中文的比率高于普通的华人家庭。中国关注方言维持与传承的学者们也指出,和祖父母生活在一起,或者由祖父母帮助抚养子女的家庭环境下,子女很容易学会方言并且会以方言作为主要的交际工具。也因此,一般认为,有祖父母的家庭是最有利于方言传承的。在当下的上海、南京和扬州三个城市,是不是也符合这样的规律。不同抚养人带大的子女,其方言能力是否真的有明显差异。

表 3 - 4 　抚养方式与方言能力

| 抚养人 | 方言状况 | 上海 | 南京 | 扬州 |
		人/%	人/%	人/%
祖父母为主	不会说听不懂	0	0	0/0
	不会说听不懂	0	0	0/0
	能说简单的	9/31.0%	0	0
	能流利交谈	20/69.0%	16/100%	20/100%
父母为主	不会说听不懂	0	0	0
	不会说听得懂	4/12.5%	7/17.9%	1/3.2%
	能说简单的	11/34.4%	1/2.6%	5/16.1%
	能流利交谈	17/53.1%	31/79.5%	25/80.6%

　　从表 3 - 4 可见,与众多研究相似,抚养方式与 90 后一代方言能力发展关系密切。"以祖父母为主"和"以父母为主"两种方式成长起来的 90 后,方言能力差异明显。祖父母作为主要抚养人的家庭,不管是在南京、上海还是扬州,90 后一代的方言能力状况良好,几乎所有受访者都能够用方言流利地交谈。而父母作为主要抚养人的家庭,能流利地用方言交谈的子女比率下降,而且随着城市规模的变化,下降的比率也不同。城市规模越大、社会

经济发展越好,父母作为抚养人的家庭子女,能流利地说方言的比例越低。SPSS 统计结果显示,总体上抚养方式与方言发展之间有显著性(三个城市的 P 值均<0.05),也就是说,家庭抚养方式不同,下一代子女方言能力的发展确实存在差异。相关的访谈信息也进一步验证了这个发现。扬州访谈样本 4,女,21 岁,家里父母都是扬州本地人,本人会说扬州话,从小是爷爷奶奶带大。

　　例 1:"我的扬州话,我觉得还可以吧。我主要是跟我爷爷奶奶学会的。我小时候,爸爸妈妈工作特别忙,没有时间照顾我。还有,我爸爸妈妈工作的地方离我的学校特别远,来回折腾他们觉得很麻烦,后来就把我放到爷爷奶奶那里住,周末再接我回家。我爷爷奶奶都是地道的扬州人,他们以前是工厂里的工人,只会说扬州话,普通话他们不会的。所以他们是一直说扬州话的,我好像不知不觉就会说(扬州话)了,因为天天听。跟他们肯定都说扬州话的。后来小学五年级以后,我就主要跟爸爸妈妈住了。爸爸妈妈也说扬州话的,我妈妈跟我说的时候,有一点像扬普话。不过好像扬州话就忘不了了,虽然好些地道词不会,不过我觉得我扬州话挺好的,现在去爷爷奶奶家也是说扬州话的。"

　　根据访谈信息,这位受访者主要是由爷爷奶奶抚养长大,小时候经常处在扬州话的语言环境下,扬州话的能力发展状况很好。正因为父母的缺席,反而提供了一个较好的方言学习与发展的环境。另外,她的爷爷奶奶是工人,不会说普通话,基本就屏蔽了普通话对她方言能力的干扰或者影响。这是方言传承的最好环境。在中国当前的社会形势下,城市社区祖父母辈"隔代抚养"或者一起参与抚养的家庭是比较常见的。这与城市规模的大小、城市发达状况没有必然联系。即使在国际化大都市上海,也有很多祖父辈帮忙养大下一代的案例。这既是当前社会现实的需要(父母工作节奏快,时间紧,而且压力大),也是我国文化的特色(家庭的纽带关系)。在调查的 167 个家庭中,约有 39% 的家庭表示,子女是由祖父辈或者是其他人帮助抚养成人的。

例 2："我在幼儿园的时候,是住在爷爷奶奶那边的,他们方便接送我。我爷爷奶奶都是上海人,都会说上海话。我觉得我幼儿园那个时候,上海话说得最好,最地道。经常和爷爷奶奶说上海话。后来上了小学,学校里老师同学都是说普通话,而且我们那时候校园里都要求说普通话。我后来是和爸爸妈妈住了,我爸妈和我说话的时候,好像慢慢地就不太说上海话了。他们会大部分说普通话,上海味的普通话。现在我说得更少了,都在学校,同学多不说上海话的。感觉说得不太好了。不过说多了,好像又还好。"(访谈样本 12,男性,23 岁,上海)

例 3："是和爷爷奶奶学的,我小的时候,和爷爷奶奶接触多,有时候还和他们住在一起。我觉得我的上海话还可以。后来我们学校就要求都说普通话,有时候普通话说得不好,老师还帮忙纠正呢。有时候去看爷爷奶奶,一开始会说一点普通话,他们觉得不习惯,要求我说上海话。我就跟我爷爷奶奶说话的时候吧,大多会说上海话,让老人们舒服一些。跟爸爸妈妈,会普通话,还有上海话夹杂在一块儿。"(访谈样本 41,男,25 岁,上海)

例 4："我爸爸妈妈好像不是一个地方的。爸爸是外地过来的,他的南京话,基本不会,就偶尔说几个南京话的词吧。我妈妈是南京人,她说的南京话还挺地道的。小时候,我们家跟我婆婆公公住得很近,感觉小时候就是他们给带大的,幼儿园的时候开始,他们帮我爸妈接送,好像一直到小学毕业。跟婆婆公公说南京话,他们都是说南京话的,不会说普通话。"(访谈样本 11,女,24 岁,南京)

例 5："以前我们家不在这里住的,我家以前是在溧水的。小的时候,我爸爸妈妈在外面打工,经常不在家。我就跟爷爷奶奶一起住,他们说的是溧水话,跟南京话很像吧。小时候在溧水,说的是溧水话。爷爷奶奶一直都说溧水话。我一直在溧水上的小学,我的溧水话很好的。南京话,我觉得差不多吧,就有些发音不太一样。我觉得是跟爷爷奶奶住有关系。我还有一个弟弟,后来我爸妈来南京住了,我弟弟就是在他们身边长大的。我弟弟就不会说方言,溧水话也不会。"(访谈样本 29,女,23 岁,南京)

例 6:"我会扬州话,好像没有我外公外婆说得地道。他们是老扬州人,我五六岁前都是和外公外婆一起的。他们不会普通话的,都是扬州话。我普通话好像上了幼儿园开始学的。"(访谈样本 7,女,26 岁,扬州)

例 7:"我家不是地道的扬州人家庭。我妈妈是扬州出生长大的,我爸爸老家是南京的,他好像一直说南京话吧,好像不是扬州话。可我妈妈,在我小的时候好像也不太跟我说扬州话,好像一直跟我说都是普通话,偶尔说扬州话吧,不多。我就不会扬州话。不过我会说一些仪征话,我跟我外婆学的。我外婆是扬州仪征那边的,只会说仪征话。不过现在我也很少有机会说仪征话,家里我跟我爸妈基本普通话吧,扬普吧。之后回仪征老家的时候,可能说一下仪征话。"(访谈样本 32,女 23 岁,扬州)

上面的几个案例,都可以看出,抚养方式不同,最后的语言能力状况,尤其是方言发展的状况差异还是很明显的。上述案例中会说方言的受访者,基本上还是与抚养人有意或者无意创造的语言环境有关。大多数跟祖父母辈生活在一起或者由祖父母辈帮助抚养长大的 90 后,基本都学会了祖父母辈会说的方言。例如,例 7 中的受访者由于经常跟外婆接触,学会了外婆的方言仪征话,而没有学会母亲的扬州话或者父亲的南京话。当然,这个案例除了反映出抚养人的作用之外,还有其他的影响因素,以后再做详细论述。例 5 非常具有代表性。姐姐和爷爷奶奶住在一起学会了方言,而弟弟却因为失去接触方言的环境,什么方言都不会。可见,在幼儿时期,抚养人对下一代方言能力的发展的确有非常显著的影响力。

3.5　结婚模式与方言能力

家庭结婚模式,如前述,考虑的是根据父亲和母亲的出生地或者居住地来进行的分类。抚养人对 90 后一代的影响,是因为多数家庭会有祖父母辈或者其他人的参与,因此会形成不同的语言环境。但中国城市中也有很多核心家庭,即只有父亲、母亲和一个孩子组成的家庭。在这样的家庭里,父亲与母亲是哪里人,会对孩子方言能力的发展产生影响。在核心家庭里,孩子幼年时期的说话环境,更多取决于父母亲的语言文字能力状况以及他们对家庭用语的想法等因素。西方学者对多语社会继承语的研究发现,语言关键期之前,父母亲对子女的语言能力发展起到非常关键的作用。三个城市访谈的家庭中,结婚模式有三种:本地人和本地人、本地人和外地人以及外地人和外地人组成的家庭。不同的结婚模式下的家庭,子女的方言能力状况见表 3-5。

表 3-5　结婚模式与方言能力

结婚模式	方言能力	上海	南京	扬州
		人数/占比	人数/占比	人数/占比
本地人＋ 本地人	不会说听不懂	0	0	0
	不会说听不懂	1/2.4%	1/2.9%	0
	能说简单的	11/26.2%	0	1/3.2%
	能流利交谈	30/71.4%	33/97.1%	30/96.8%
本地人＋ 外地人	不会说听不懂	0	0	0
	不会说听不懂	1/10.0%	2/13.3%	1/6.3%
	能说简单的	6/60.0%	1/6.7%	2/12.5%
	能流利交谈	3/30.0%	12/80.0%	13/81.3%
外地人＋ 外地人	不会说听不懂	0	0	0
	不会说听不懂	2/22.2%	4/66.7%	1/25.0%
	能说简单的	3/33.3%	0	1/25.0%
	能流利交谈	4/44.4%	2/33.3%	2/50.0%

　　总体来看,核心家庭中,本地人与本地人结合的家庭内部,三个城市中子女的方言能力发展是最好的,其中南京和扬州两个城市,年轻一代几乎都会说方言,这种模式下的语言环境类似于祖父母辈抚养或者参与抚养下的语言环境,非常有利于方言能力的发展;与南京和扬州相比,上海的比率略低一些,当和其他结构模式的家庭相比,还是突显出这一类家庭有利于方言能力发展的优势条件。

　　不过，与原设想不一致的是外地人和外地人组建的家庭内部。在三个城市中，外地人与外地人组建的家庭中，从上海—南京—扬州，能够用地区方言流利交流的 90 后比率分别为 44.4％、33.3％和 50.0％。根据以往的经验，全部是外地人组建的家庭，必然缺少地区方言的输入，也缺少说地区方言的场合与机会，是最不利于地区方言发展的家庭环境。可本研究发现的新趋势，却给方言传承的研究带来新的思考：方言的学习与使用在脱离家庭环境的情况下，是否依然可以找到适合的环境，依然能够被学习和使用？为什么在外地人和外地人组建的家庭中，子女也能学会地区方言，其中的原因和深层动机是什么？在后文中我们会对这些问题做进一步讨论。

　　通过 SPSS 的数据分析，我们来验证结婚模式与方言能力发展是否确实存在显著性差异。根据统计结果，结婚模式与方言能力发展之间存在显著性差异（$P＜0.05$），也就是说，三类结婚模式组成的家庭对子女方言能力的发展是有影响的；数据显示，最有利于子女方言能力发展的家庭是本地人与本地人组建的家庭，其次是本地人与外地人，最后是外地人与外地人组成的家庭。

　　结婚模式的差异，其实最根本的是由于父母语言背景、语言能力包括语言习惯造成的差异。传统的家庭环境下，父母都是本地人，说的是同一种方言，因此家庭语言环境单一，而且没有任何的冲突，双方自然而然地形成一致的语言使用，成员之间的语言实践保持一致。子女的语言能力发展状况也顺理成章地与家庭语言环境保持一致。

　　早期我们对南京市区本地人家庭的调查发现，夫妻双方都是本地人的家庭里，说南京话基本成为大家的普遍选择。访谈显示，这些家庭成员表示，都是南京人，在家不说南京话，情感上无法适应，觉得不太舒服。而且南京话表达某些感情，特别有意思。有些情感和细节的东西，只有通过方言彼此才更能心领神会。受访者还给出一些具体的例子，比如在家聊天时，说"某某人很 sáo"，双方能够很快了解其中的复杂含义。如果使用普通话，很难找到非常确切的对应表达，而且觉得要表达的味道和感觉发生了变化。这应该是本地人与本地人家庭使用方言的最主要的影响因素。除外，还有对地区方言文化的认同等因素，也促使本地人与本地人组建的家庭更愿意使用方言作为家庭的主要用语。

例8："我爸妈都是老南京人，我的南京话不知道怎么学会的，好像就是跟家人一起会的。我觉得南京话挺好玩的，小时候看我爸妈有时候用南京话聊天、互怼，特别有意思。我爸妈能说一些普通话，就是南京普通话吧。南京话跟普通话挺像的。不过，我们南京话里好多有意思的说法呀，特别的口头禅之类的，普通话里就找不到。反正说南京话的时候，觉得特别随意、放松。"（访谈样本35，男，父母都是南京人，25岁，会说南京话）

例9："我们家因为我爸爸是外地人，他是从武汉那边来到南京工作，然后在南京成家。我爸爸在南京也待了几十年了，但是不太会说南京话。我妈妈是南京的，南京话会说，挺地道的，她生在这里长在这里的。我记得小时候，我家里是爸爸说普通话，不是特别标准的，但也不是南京话。妈妈一开始说的南京话多，我小时候受妈妈影响，会说南京话的。后来要上学了，爸爸就开始用普通话教我学字啊。上了学之后，我开始说普通话了，家里和爸爸也说。后来，我妈妈也学我们开始说普通话，南普话了。我就很少说南京话了。现在在家开玩笑的时候，会冒出一两句，不多，主要跟爸妈还是普通话，习惯了。他们也习惯了，没有什么反应。"（访谈样本44，男，26岁，父母一个是南京本地，一个外地人）

例10："我爸妈都不是上海本地的，他们是从外地过来上海的，好像是泰州。不过，来上海很久了，他们也学习了一些上海话。不过我们家里，好像他们不太说上海话，应该主要用他们泰州话，上海话毕竟不是他们的方言，家里说还是有些别扭的。所以我会说泰州话，反而上海话不太会。不过，我上海话可以听得懂，偶尔跟着上海的同学也能说一些。小时候，爸爸妈妈有些同事是上海本地的，一起玩的时候听他们会说上海话，耳朵边也听了一些。学校的时候，不说，同学也很少说，都是普通话。"（访谈样本21，男，27岁，父母都是外地人）

例 8—10 访谈信息都显示,方言的使用和维持的确需要环境,尤其家庭环境。第三个受访者,虽然父母都是外地人,但是也有一些方言的环境,不管是泰州话,还是上海话,都是在与周围环境中的人交流的时候,才逐渐发展出来的。尤其上海话,虽然父母在家庭环境中无法提供有利于学习上海话的条件,但与同一社区本地人的交往,也提供了方言发展的机会和场所。所以例 10 中的受访者能够听懂上海话,也可以说一些简单的上海话。而且从语言资源的角度来看,这个受访者掌握的语言资源较多,有普通话、泰州话和上海话,综合来看,这位受访者的语言能力较强。

城市化和频繁的社会流动对家庭用语带来的最大冲击就是,家庭的语言环境开始多元化、复杂化。尤其是家庭结婚模式出现多样化发展之后,家庭语境下使用哪一种语言或者方言,成员之间应该形成什么样的语言习惯都成为需要思考或者讨论的问题。

三个城市中,即使本地人与本地人组建的家庭,也不完全是风格一致的语言环境。我们在上海的访谈中就发现有个受访者,其一家三代都是上海人,爷爷奶奶和爸爸妈妈都会说上海话,虽然从小没有跟爷爷奶奶居住在一起,但爸爸妈妈在家里基本上都会说上海话。但这个受访者表示,自己听得懂上海话,但不会说上海话。因为小时候,上幼儿园开始,学校老师都要求说普通话,习惯了放学回家后也说普通话。他的父母没有刻意纠正他的语言习惯,而是尽量配合。于是家里的语言使用出现了分化,父母彼此之间说上海话,和他说普通话。最主要的,这位受访者表示,自己也没有强烈的说上海话欲望,反正说普通话大家都能听得懂。而且自己能听懂别人说上海话,别人说上海话,自己用普通话回应的时候,也没有任何困扰。另外一些例子,即,上文提及的外地人与外地人组建的家庭中,子女不是必然学不会方言。三个城市都有相当一部分比例的 90 后在没有使用地区方言的家庭语言环境下,学会了地区方言。在第三个访谈信息中,受访者的父母其实也是一个外地人学会当地方言的真实例子。在笔者早期的研究中发现,城市化过程中,城市居民的社会适应过程中,语言适应是很重要的组成部分。城市化改变了城市的语言环境,改变了不同语言或方言之间的关系与地位(王玲、刘艳秋 2013),不同的语境下选择合适的语言工具是城市居民适应过程中需要面对和解决的问题。访谈三中的父母为什么会说上海话,学习上海话的动机是什么,在从泰州迁入上海之后,这样的经历对他们语言文化知识方面认知有什么样的影响,他们认知的改变是否对他们家庭语境下的语言选择和使用有影响等等,诸如此类的问题,都可能会影响父母或者子女的语言意识、家庭内部的语言规划或者语言实践等等行为。接下来,我们将从家庭语言规划视角来考虑方言能力发展与传承问题。

参考文献

[1] Curdt-Christiansen Xiaolan. Implicit Learning and Imperceptible Influence: Syncretic Literacy of Multilingual Chinese Children[J]. *Journal of Early Childhood Literacy*,2013,13(3):78-85.

[2] 黄立鹤,贺蔼文.上海高校学生沪语使用情况调研及其保护传承略谈[J].语文学刊,2013(3):30-31.

[3] 王玲.农民工语言认同与语言使用的关系及机制分析[J].北华大学学报(社会科学版),2010(3):47-52.

[4] 王玲,刘艳秋.城市语言环境变化与城市语言冲突事件[J].安徽师范大学学报(人文社会科学版),2013(5):46-53.

[5] 王玲.语言意识与家庭语言规划[J].语言研究,2016(1):112-120.

[6] 薛才德.上海市民语言生活状况调查[J].语言文字应用,2009(2):74-83.

[7] 俞玮奇,杨璟琰.近十五年来上海青少年方言使用与能力的变化态势及影响因素[J].语言文字应用,2016(4):26-34.

[8] 赵婷婷.扬州方言在市区青少年中的现状调查[J].扬州教育学院学报,2015(3):12-16.

[9] 邹春燕.广州客家家庭方言代际传承研究[J].语言战略研究,2019(2):23-30.

第四章｜父母语言意识与语言管理

第三章的研究结果显示,城市化带来的社会流动,改变了城市社区的人口构成、家庭结婚模式、语言生活特征,也引起家庭的人员构成、子女抚养等方面的变化。根据调查结果来看,结婚模式、子女抚养方式等在某种程度上,尤其是在青年一代年幼时期会影响其语言能力(包括方言能力)的发展。但结婚模式、抚养方式变化等对语言发展的影响,只是可能发生作用的外部因素,这些外部因素能否真正推动变化,还需要结合其他方面的因素。事实证明,本地人和本地人组建的家庭、祖父母参与抚养青年一代的家庭,这些传统意义上不利于方言传承的家庭环境下,青年一代也有可能学会地区方言。这一结果就有可能与家庭语言规划中的语言意识,尤其是父母语言意识相关。

父母语言意识,又被称为"隐形语言规划"(invisible language planning),是家庭语言规划框架中不容忽视的一个部分。与国家层面的语言规划相比,父母语言意识大多是自发性的,是父母根据自身的语言文字基础、对国家相关语言政策知识以及其他背景知识等的了解,逐渐发展出来的与家庭内部语言选用、语言实践等相关的认知或者想法等。西方继承语的一系列研究表明,父母语言意识对下一代子女语言的发展有影响。Seloni & Sarfati(2013)的研究发现,西班牙土耳其裔家庭父母由于认为主流语言的学习和继承语土耳其语的发展存在冲突,因此不太支持子女土耳其语的习得;还有学者的研究发现,由于父母对双语或多语学习持有消极否定的态度,而阻碍子女学习继承语(Báez 2013;O' Rourke & Nandi 2019);此外,有些研究发现,父母语言意识与实际的语言选择存在冲突。比如,

Chatzidaki & Maligkoudi(2013)发现希腊阿尔巴尼亚裔的父母虽然很认同自己的母语阿尔巴尼亚语,但并未采取积极措施促进子女学习阿尔巴尼亚语,常用的语言主要是社会的主导语言希腊语。另外,同一族群间的父母语言意识也存在差异(King 2000),而且可以分为不同的类别(Berardi-Wiltshire 2017)。在中文作为继承语的研究中,对父母语言意识的研究内容有:父母对社会主导语言和中文的认知,比如,华裔父母对多语言文化能力认知与子女多语能力发展的关系研究(Curdt-Christiansen 2009;康晓娟2015);还有关于华裔父母语言态度与语言实践的关系研究。比如沈椿萱、文英(2017)对澳大利亚华裔父母的调查发现,华裔父母虽认同中文的重要性,但在为孩子提供中文学习的条件和态度方面却存在兴趣派和坚持派的差异。另外,有些研究还考察了影响父母语言意识的因素,比如父母的语言能力(Leung & Uchikoshi 2012)、受教育程度(Van Mol & De Valk 2018)、父母自身社会经历(Zhu & Li 2016),父母的身份认同(Catedral & Djuraeva 2018)、学校的多语教育政策(O'Rourke & Nandi 2019)等。有些学者还关注了父母语言意识的类别:有的根据需求层次理论将父母语言意识从低到高分为不同的层级(许静荣 2017),有的根据父母的语言态度对父母语言意识进行分类(李国芳、孙苗 2017;Berardi-Wiltshire 2017)等。这些研究深化了对父母语言意识的认识和研究。

不过,对家庭内部父母语言意识的研究仍有进一步思考的空间。比如,对同一族裔内部语言意识差异性的研究仍可以细化。以华裔家庭中文传承语的研究来看,多数学者关注的是华裔父母对社会主导语言与继承语态度的差异,但对中文作为继承语的认知分歧及其影响因素讨论较少。同时,当前对父母语言意识分类的研究也值得关注。比如,有学者将父母的语言期望等同为语言意识并进行分类(许静荣 2017);还有学者根据父母对不同语言重要性及用途的认识等对语言意识进行分类(李国芳、孙苗 2017)等。语言意识分类方面的分歧,说明学者们在语言意识构成等内容上存在差异,而这值得进一步的讨论。父母语言意识的差异,会影响家庭内部语言选用,进而影响继承语的传承。除外,已有研究关注父母对继承语价值认知的居多,如何为子女创造习得条件的认知研究较少。最后,已有研究未能说明是宏观因素还是微观因素对父母语言意识起到更重要的作用,也未能充分说明哪些因素在父母语言意识形成中发挥着更关键的作用。基于此,我们认为对父母语言意识的研究,可进一步思考诸如"父母语言意识是否直接影响语言管理、语言实践是否与父母语言意识完全一致"等问题。在本章我们首先以美国华裔家庭为例,来讨论两个问题:家庭内部父母语言意识的类型和影响因素。并以此研究为基础,再讨论国内上海、南京和扬州三个城市父母语言意识的类型等内容。

4.1　语言意识的理论

相关学者的研究显示,父母语言意识不是抽象的而是具体可察的。De Houwer(1999)的研究指出,可以通过考察父母的语言态度和父母语言信念来观察父母的语言意识。(1)父母语言态度指的是对某一特定语言的态度、对儿童双语(或多语)的态度以及对特定语言形式选择的态度。对某一特定语言的态度是指对一种特定语言本身的态度是积极还是消极;对儿童双语(或多语)的态度主要关注对儿童双语(或多语)能力发展是支持、中立还是反对等;对特定语言形式选择的态度是指对诸如语码混合或语码转换的态度。(2)父母语言信念(或影响信念),是指父母对儿童如何习得语言和父母自己在习得过程中的角色、作用的信念。父母语言信念是一个从强到弱的连续体。父母有影响信念是指父母认为自己对子女的语言习得可以产生影响。其中,强的语言信念包括父母认为自己有重要的示范作用,自己的语言使用对孩子将学会说某种语言有直接的影响;而且通过表扬、惩罚或提醒等方式能够影响子女对某种特定的语言形式的学习和掌握状况。弱的语言信念是指父母认为自己对子女习得某种语言的影响有限,子女从自然环境中能更好地学习和掌握语言。无影响信念指的是父母认为自己对孩子的语言不会有影响,无论他们说什么做什么都对孩子的语言学习没有影响,孩子是通过与父母无关的机制学会某种语言。综合 De Houwer(1999)对语言态度和父母语言信念的理论,我们将父母语言意识分为:(1)清晰积极类语言意识。它是指父母语言态度积极(比如对中文的作用认知清楚,对子女学中文态度上积极,能主动支持子女习得双语或多语以及支持子女对特定类型的语言选择和使用等),同时还具有很强的语言信念(相信自己的语言行为能对子女习得某种语言产生影响等)。(2)模糊被动类语言意识。语言态度方面,父母对中文持中立、矛盾或不明确的态度;语言信念方面,对子女习得中文的信念比较随意,父母没有一个清晰的中文习得的目的和方式的认知,认为子女一般会自然地从环境中学习语言。(3)否定消极类语言意识。它是指在语言态度方面,父母认为子女学中文对成长和未来发展没有作用;在影响信念方面,父母无影响信念,认为自己没有能力也没有必要影响孩子对中文的习得。

父母语言意识出现差异,是受到各种因素影响的结果。King等(2006)指出热点新闻、专家育儿建议、家庭背景、父母个人经验和语言学习状况等会影响父母的语言意识;李国芳、孙苗(2017)发现所在社区语言状况、学校教育语言政策等因素也会影响父母语言意识;Curdt-Christiansen(2009)将影响父母语言意识的因素分为外部宏观因素、家庭微观因素以及父母个人自身因素等几个方面;Schwartz(2010)研究发现,家庭结构(家庭成员的构成)和家庭关系(家庭凝聚力和情感联系)等也是父母语言意识形成的影响因素。综合上述学者的研究,对父母语言意识影响因素的考察从三个方面展开:宏观因素包括社会语言状况、政治状况、经济文化等;微观因素包括父母对子女的期望、家庭的语言文化氛围、社会关系网络、家庭成员的构成等;父母自身因素包括父母的教育程度、语言能力、父母经济收入、父母语言文字常识、多语言文化经历、在美居住时间等。

4.2 美国华裔家庭案例

4.2.1 美国华裔家庭父母语言意识的类型

调查发现,家庭内部父母语言意识分为三类。

第一类,清晰积极类语言意识。

清晰积极类语言意识,是指父母对中文的作用有清晰的认知,同时支持子女学习中文，并且会通过某种方式帮助子女习得中文等。访谈信息如下。

（1）中文有文化传承和身份认同的作用。语言是文化的重要组成部分，也是文化传承的重要载体（Van Mol & De Valk 2018）。美国华裔家庭中，很多父母对中文的作用认识清晰。

例1：“语言和文化密不可分，如果学会了中文，通过中文他能够更好地了解中国和中国的文化。”（父亲，40多岁，公司职员，来亚特兰大近20年，硕士学历）

例2：“主要觉得多说一种语言，就多了解一种文化。毕竟是中国人的后代，还是会说中文比较好。”（父亲，50多岁，硕士，牧师，来美国有30年了，英语熟练）

例3：“种族歧视的存在，也让中文很重要。中国人的孩子，还是要会说中文，不然说不过去，黄皮肤黑眼睛，不管怎么样还是Chinese-American。”（母亲，60岁左右，中文教师，本科学历，英语流利，在亚特兰大生活近30年）

对美国华裔家长而言，中文的重要性体现于，除了文化传承的功能，中文也是族群认同的重要工具，能使子女保持与中华文化的联系。

（2）中文是沟通交流、强化情感的纽带。

例4：“我觉得小孩子应该学中文。……我们住的地方每一个华裔家庭，小孩都会被送到中文学校学中文。”（母亲，50多岁，大学本科。医院护士，出生在美国）

例5：“我儿子有几个好朋友是来自中国的，跟他们玩，说中文方便。还有，我们的华人朋友大多数都把孩子送到中文学校了。会中文，他跟中国的朋友啊、以后去中国呀，都很方便融入。”（父亲，50多岁，硕士学历。政府工作人员，来美国42年）

上述访谈显示，社区的环境、交往的人群等也会对华裔父母的语言意识产生影响。父母所在社区或者自身的社会网络,如果主流趋势是认可中文的价值和作用,则会对华裔父母产生积极影响,有利于培养子女学习中文的氛围。在美国,很多中文周末学校是以社区为单位组织设立的,如果社区对中文学习表现积极的态度,也会带动父母对子女中文学习的积极性。

有些华裔家庭,祖父母一起居住,或者参与抚养下一代。很多老人不会英语或英语较差,在一定程度上为子女学习中文创造了有利条件。而且子女使用中文与祖父母沟通,可避免情感隔膜。

> 例6:"奶奶帮忙照顾两个孩子,奶奶不会英文,孩子必须要学会中文和她沟通,不然家人之间感情没有办法交流和沟通,这样感情更亲近。让孩子学中文主要是为了家人之间情感沟通,中文更有感觉。"(父亲,50岁左右,公司统计员;母亲,50岁左右,公司技术人员。来美国31年)

> 例7:"从小和她说中文,从小的时候也有老人陪伴,不会说英文,只会中文。为什么不说中文呢?不然怎么和家人、长辈沟通。中文听起来很亲切呀。"(母亲,60多岁,大学教师。在美国居住43年)

> 例8:"他是中国人的后代,学会中文以后跟同种族的人交流和沟通也更方便。"(父亲,40多岁,大学教师,在美国居住21年)

除了可以方便子女更好地与祖父母沟通,会中文也方便子女与其他说中文的人沟通。很多受访者表示,会说中文"可以和国内亲朋好友沟通"、"孩子可以更好地和来自大陆、台湾地区的中国朋友玩、交流"等。

(3)中文有助于提升竞争力,促进未来发展。

> 例9:"会说中文对孩子将来发展好,会增加竞争力和发展的空间。"(母亲,50岁以上,大学教授,博士学历。出生在美国)

> 例10:"中国经济越来越好,会说中文,多了一项技能,将来对找工作、个人发展都有好处。现在外国人学中文都很积极,为什么中国人的孩子不积极学习呢?"(母亲,60多岁,CDC员工,硕士学历。在美国生

活 37 年)

例 11:"自己经常来往中美,与中国有商业往来。如果孩子以后和中国人商业往来,也要用到中文。会说中文对孩子将来有好处。"(父亲,40 岁左右,公司员工,硕士学历,在美国居住 10 年以下)

例 12:"美国本身就是个多民族、多语言的国家,这个国家鼓励各民族的人学说自己民族的语言,他们认为这会使他们的国家更强大。美国有这种意识,我们生活在其中,当然应该让自己的孩子在学英语之外学好中文,就会多认识一种文化,也会比较强大,对自己只有好处没有坏处。"(父亲,50 多岁,本科,在亚特兰大生活 30 多年)

当今全球化的背景下,中国经济发展得越来越好,会说中文能成为子女未来发展潜在的有利资源。华裔父母看到了中文的潜在价值,因此积极鼓励支持子女学习中文。"随着中国经济的发展,中文变成非常重要的外语"、"中国日益强大,孩子学会中文对今后发展很有优势",也有父母表示,支持子女学习中文,主要原因是"以后多一个选择"、"今后可能会用到"、"多会一门语言能增加工作就业机会"。

(4) 学中文有助于认知能力发展,支持子女学中文并尽力创造条件。

一些华裔家长表示,学中文可以开发智力、开阔视野,促进子女认知能力发展。访谈中,一些华裔家长特别强调,学中文能"促进大脑发育,还多了一项技能";"学语言可以开发智力";"开阔视野,了解一个重要语言"。郭翔飞(2012)提出儿童语言的发展是其整体认知能力的一部分,语言发展能提高儿童其他认知能力。华裔父母重视子女的语言发展,与其对子女教育的关注密不可分。这一类华裔父母具有很强的语言信念,他们清楚意识到自己实际的语言使用可以起到示范作用,能直接影响子女的中文习得。"语言得多练才能学会";"语言需要使用"、"爸妈说,孩子跟着说,语言才能学好啊"、"家是练习巩固中文的重要场合,否则就没机会练习中文了"。

访谈信息显示,这类语言意识的形成是受到宏观、微观以及父母自身因素等多方面因素影响的结果。从宏观层面来看,中国国际地位的提高,社会经济的发展提升了中文的国际影响,这些变化让这一类父母深切认识到中文的潜在价值。从微观层面来看,家庭的成员构成,家庭的情感联系、成员间的社会关系网络等现实,也让父母了解到中文作为族群、朋友间交际沟通的工具,值得去学习和掌握。此外,父母自身的社会经历,在社会上感受到的语言歧视,依靠中文语言优势带来的商业或职业利益、对中文自身的了解等,也让这类父母强化了帮助子女学习和掌握中文的信念。比如,访谈样本11中的父亲,在和中国做生意的过程中,因为中文熟练,给自身的事业带来很多便利。基于自身的经历,这位父亲对子女学习中文持非常积极的态度。

第二类,模糊被动类语言意识。

这一类父母对中文的重要性和学习中文的必要性都有一些了解,但由于某些原因,在为子女学习中文提供的帮助、创造条件等方面态度随意,强调顺其自然。

例13:"老大刚出生,她妈妈带到5岁,主要用中文沟通,我们有比较多的时间陪孩子,所以老大会说中文。老二出生之后,我们都忙于工作挣钱。我们觉得孩子应该说中文,但不是最重要的事情,在美国说中文的机会比较少。而且在那个时间也没有精力和时间管理,所以就没有刻意留意孩子是否说中文。"(父亲,60岁左右,大学教授,在美国居住20年以上)

从上可知,此类家庭中的华裔父母,对子女说中文持中立态度,他们虽然认为孩子应该说中文,但对于子女学习中文,没有尽力创造学习条件,态度上也不是积极支持。由于工作繁忙,他们没有刻意留意子女的中文学习,对自己在子女学习中文过程中扮演的角色也没有清晰的认知。

这一类父母语言意识的形成,主要是受父母自身经历的影响。父母工作的现状,使其没有时间和精力注意子女中文学习情况。从宏观因素来看,美国语言生活的现状也对其语言意识产生影响。比如,说中文的场合较少这一现状,使得这类华裔父母对子女中文习得的态度不是很积极。

例14:"中文应该学的,可我们工作忙,没有时间照顾孩子,更没时间帮他学中文啦。主要有家里老人,爷爷奶奶、姥姥姥爷带大,老人不会英文只会中文,所以孩子只能用中文和他们交流,反而学会说中文。"

（母亲,60多岁,公司职员,本科,在美国居住20年以上）

这类父母并不否认学习中文的必要性,但因个人状况的限制,对于子女学中文并没有明确的支持态度,认为子女可以在语言环境中自然地习得中文。从访谈中可以发现,这类父母对中文的功能、作用等内容并没有太清楚的认知。关于父母自身在子女中文习得中应该做什么、发挥什么作用,并没有清楚的语言信念。

　　例15:"虽然我们说中文,但没有坚持与儿子说中文,也送儿子去中文学校,但儿子有抵触情绪时,没有过分逼迫,顺其自然。我们觉得很难坚持与孩子说中文,和他用中文交流不太顺畅的时候,我们就会和儿子用英文。这样家庭气氛会好很多,一直逼他的话,容易争吵。"（母亲,博士,大学老师,40多岁,在亚特兰大生活20多年）

　　例16:"我和我太太都觉得应该学中文,毕竟中国现在发展这么好,会说中文没坏处的……对,我们也会送他去中文学校,可是我儿子太忙了,要打橄榄球、击剑什么的。他实在没有时间,就算了,也不好逼他的。我们家里,有时候会说点中文,不过有时候就没有坚持了,小孩子还是英文比较舒服,我们也算了,不会特别逼他。"（父亲,博士,公司职员,50出头,在美国生活28年）

这类父母都认识到中文的作用,也支持子女学习中文,也有一些行动（比如,送子女去中文学校等）。但对子女学习中文,采取顺其自然的态度。在家庭语境下,这类父母并没有坚持与子女说中文,如果交流不畅会进行语码转换;也没有尽力采取特别措施帮助子女学习中文。总体来看,这类父母的语言信念较弱,对于影响子女中文的学习或使用没有很强的信心和决心。其他的访谈案例也验证了这类华裔父母的共同想法,"孩子以后如果需要中文时自然会去学","逼也用处不大,还得自己愿意配合才有效果",等等。

第三类,否定消极类语言意识。

这类父母对中文的作用以及中文可以用来做什么等持消极否定的态度,对子女学中文缺少必要的支持,也不会创造条件帮助子女学习中文。

> 例 17:"对于男孩会不会说中文无所谓,将来要想留在美国,发展顺利,还是得多跟白人交朋友,主要使用的还是英文,学好英文更重要。华人要被白人圈接纳不容易,学不学中文没有那么重要。"(母亲,音乐教师,47 岁,硕士,来亚特兰大 20 多年)

> 例 18:"她主要在美国发展,回中国看亲戚也能听懂,不会说无所谓,学不学中文是她的自由。"(父亲,大学教授,60 多岁,博士,来美国 30 多年)

> 例 19:"反正他们是美国孩子,将来会在美国长大、工作,不一定要知道中文,会不会中文影响不大。"(母亲,大学教授,60 多岁,博士,来亚特兰大 30 多年)

这类华裔父母的观点,表明他们没有语言信念,认为子女学中文不重要,也没有计划帮助或改变子女的语言学习现状和语言使用现状。这类父母更认同子女所在国的身份,也更认同所在国家主导语言的地位和价值;他们觉得主导语言更有助于子女的成长和未来的社会融入,因而否定了中文的作用和功能。这是宏观层面的社会文化背景因素影响的结果。在美国社会语境下,中文作为继承语从人数到使用空间,均不具备明显优势,这一现实就影响了这类华裔父母。"华人要被白人圈接纳不容易,学不学中文没有那么重要"、"他们是美国孩子……会不会中文影响不大"等是这类父母普遍的观点;另外,种族歧视、子女未来的发展和社会的融入等现实也是影响这类父母的社会因素,从而使这类父母否定中文的价值以及学习中文的必要性。

> 例 20:"我儿子小时候,我们的家庭医生说,小孩子学很多语言不好,会影响以后语言学习,所以我就不太管他们说中文。我孩子的朋友

也没有说中文的。我就不太管孩子们说什么语言,也不会要求他们学中文。"(母亲,50 多岁,全职太太,在美国居住 36 年)

由于受到家庭医生观点的影响,访谈例 20 中的华裔母亲对子女学习中文或其他外语持较为消极的态度,基本没有任何支持的行为。这类语言意识形成受到父母自身因素的影响,与父母自身对多语言能力的理解以及外界的干扰密不可分。另外有一些父母给出的原因包括"没有必要特意和子女说中文,语言只是沟通工具"、"中文和其他外语相比,好像用处不大"、"用英语就能沟通理解,不必强调说中文"等等。这类父母对中文价值的认知较低,对主导语言或其他外语价值的认知偏高;语言信念方面,这类父母不会创造条件去影响子女语言的学习,也不认为自己能影响子女语言的学习。

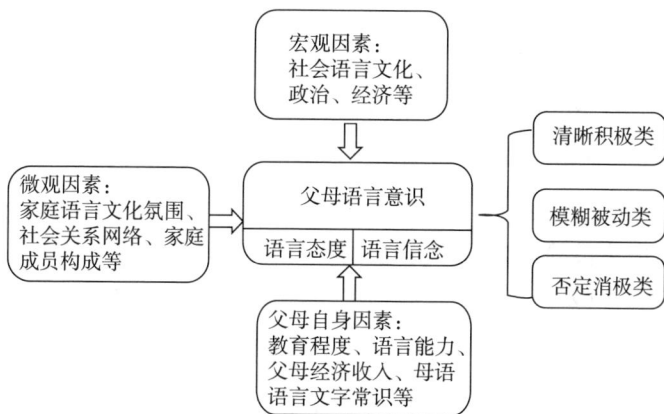

图 4.1 父母语言意识类别及影响因素

三类语言意识中,父母对语言或者方言的态度从肯定—中立—否定依次变化;父母语言信念方面,呈现出强—弱—无的递减特征(图 4.1)。整体上,有清晰积极语言意识的父母,了解语言或者方言的重要性和学习这些语言的必要性,同时也认为自己有能力也有责任为子女学习语言或者方言创造条件,并且应该尽力支持子女对这些语言或者方言的学习,而且这类父母也相信,自身的努力会对子女学中文的状况产生影响;有模糊被动语言意识的父母,虽然承认语言或者方言的作用,也认可学习的必要性,但不会主动积极地创造条件或者尽其所能地帮助子女学习语言或者方言,主要采取一种顺其自然、随意的态度,也因此,这类父母只有弱的语言信念,对通过自身努力影响子女学中文的信心不强;有否定消极语言意识的父母,更认同主导语言(如美国的英语)或国家通用语言(中国的普通话)或其他外语的作用以及重要性,支持子女掌握主导语言或其他外语,认同这些语言更有助于子女未来的发展,因此这类父母无语言信念,不会采取任何行动或创造任何条件为子女学习语言或者方言提供平台。不过,由于国家社会文化背景、父母自身素质的差异,占主导的父母语言意识会有不同。比如,在美国总体上,是清晰积极类语言意识为主流,华裔父母持积极语言态度、强语言信念的居多,认同自身努力会对子女学中文产生影响;但对上海、南京和扬州的调查显示,在中国当前的社会背景下,模糊的父母语言意识所占比例较高,多数父母对子女在家里说什么话,是采取顺其自然的态度,没有明确的对普通话、方言的认知或者信念。

这三类语言意识的形成是受到宏观、微观以及父母自身因素等多种因素影响的结果。以美国华裔父母为例,对中文价值和学习中文的益处等有清晰认知的父母,主要受到宏观层面国际形势的变化、中国社会经济的发展以及美国当前社会现实等因素的影响;微观层面主要受到对子女未来发展的设想、家庭成员的构成、家庭社会网络、情感沟通等因素的影响;父母自身的因素包括自己对汉语言文化知识的了解、多语言知识的掌握、受教育程度以及职业等因素的影响。在中国,认识到方言的社会文化价值和作用的父母,宏观方面会受社区相关部门方言政策的影响,或者同方言有关的宣传与活动的影响;在微观层面,也会受到父母自身的方言使用经历、与社区人群交往的经验等因素的影响。

已有的研究显示,父母语言意识一方面会影响语言管理和实践,塑造儿童语言发展的环境(Barkhuizen & Knoch 2005;王玲 2016);另一方面,由于社会因素的多元性和复杂性,使得父母语言意识形态、实践与管理之间的联系可能是间接的,甚至是相互冲突的(Schwartz 2008)。基于这些背景,细化地考察父母语言意识,可以为进一步讨论父母语言意识与家庭语言规划的实施等问题打好基础,也有助于深入讨论家庭语言规划中的关键影响因素,从而为继承语或者方言的传承提供建议。

4.3　中国城市家庭案例

以美国华裔家庭语言意识研究为参考,我们以父母语言意识的类型为基础,来分析上海、南京和扬州三城市家庭内部父母语言意识的类型。虽然社会环境和语言生活背景不同,但中文作为继承语的现状与我国方言的传承研究却有一些相似之处。对父母语言意识类型的比较分析中,有可能发现两者之间的相似点,从而可以从另一个视角思考和讨论我国方言的传承问题。与美国研究相似,语料的搜集同样是通过访谈法来完成,既包括传统的半结构式访谈,也有叙事转向访谈法,希望能够多层面搜集父母亲语言意识方面的信息和细节内容。主要通过询问他们对所在地区方言的地位、作用,还有他们对当前中国语言使用的状况,普通话和方言以及其他语言功能的看法和认知等内容,包括他们对子女学习某种语言或者方言的期望、打算或者安排,在家庭内部具体的语言实践行为,辅助或者督促学习的方法等。对美国华裔家庭父母语言意识的研究,让我们了解到父母语言意识的重要性。它会对家庭语言环境的形成、子女语言的发展等有具体的想法或者规定,而且会有较多可见的做法或者行动作为支撑。

整体上,对上海、南京和扬州家庭内部父母语言意识也是分为三种类型,但是与美国华裔父母语言意识的分类略有区别,主要根据前期的预调查做了一些细微的修改。三个城市父母语言意识被分成两大类:清晰的和模糊的语言意识。所谓清晰的语言意识,类似于美国华裔父母清晰积极类语言意识,指的是父母对地区方言、普通话等语言的作用、使用状况等有清晰的认知,同时对子女在某种场所使用某种语言等有明确的想法。清晰的语言意识,我们又分为普通话为主的语言意识、方言为主的语言意识以及普通话和方言并列的语言意识。模糊的语言意识与清晰的语言意识相反,对地区方言、普通话等语言资源的作用、关系等没有很清楚的认识或者想法,对子女说什么话,以后应该发展什么语言能力等缺少相关的知识储备与认知。具体的分析如下。

第一类，普通话为主的语言意识模式。

这种语言意识类型，是指父母清楚普通话的地位与价值，虽然也了解地区方言或者其他方言的社会文化价值，但潜意识里会主要倾向于掌握普通话资源，认为普通话对子女未来的发展有帮助(表4-1)。三个城市中，持有这种语言意识的父母较多，具体以三个访谈信息为例进行分析。

表4-1 普通话为主导的语言意识模式的受访者信息

样本	年龄/教育程度	职业	是否会讲当地话	父母是否本地人	父母年龄	父母是否会讲当地话	抚养人
宁样32	29/硕士	证券	是	是	55/52	是	父母
扬样28	25/博士	学生	是	是	57/52	是	父母
沪样7	20/本科	学生	是	是	58/55	是	父母

对具体访谈信息的分析，让我们看到他们对普通话和方言的看法。

例21："小时候教他说话认字都是普通话，小学之前家里都是讲普通话，小学之后他在学校里也讲普通话，我们不担心他普通话说不好，就在家里变回了南京话。因为普通话是大趋势，教普通话有利于之后的学习、发展，要打好基础。"(样本32,父亲,南京)

例22："都是讲普通话的，小时候教他说话，包括现在家里都是普通话，扬州话使用面太窄了，去了上海、苏南之类的城市还会被歧视，没什么说的必要。他以后也用不着，把普通话和英语学好。不说扬州话可以在家多说说英语。"(样本28,扬州,妈妈)

例23："小时候都是说普通话的，当时上海有要求，考虑到他之后的发展，还是在家里用普通话比较好。而且我是幼儿园老师，在学校就是对别的小朋友，回家对自己的孩子也是一样的，到现在都是。"(样本7,妈妈,上海)

可以看出，父母对普通话的声望、实际使用及能力要求都有很强的认知。出于对子女未来学习、社会发展的需要和自己在实际生活、工作中的体验，父母认同普通话作为通用语的地位，对普通话和方言，甚至英语之间的发展关系有很清楚的认识和区分。受这一意识影响，抚养者在家庭内部也有具体的语言管理，进而决定了家庭的语言使用。

例24："我们在家里一般不太跟孩子说普通话。就是在教孩子认字背诗的时候，会用普通话教。比如教他读'天''地'。其他的时候都还是南京话。总觉得，在教孩子识字的时候，还是要准确一些。南京话好些发音和普通话不一样的。如果不这样叫，将来他上学也会有麻烦的。而且有些词，南京话里是没有的，根本没有办法用南京话说出来，肯定普通话更方便的。好像南京话里有'磕地头'这个词，可普通话里不这样说，那教他的时候，就得教他'膝盖'，不然以后习惯了，总说'磕地头'也不好吧。基本上，我和孩子的爸爸，只要跟学习有关的，我们基本上都尽量用普通话来跟孩子解释，来教他。毕竟南京话的说法和普通话有些不一样的。我觉得区别开来，对孩子有好处的。"（样本40，母亲，南京）

这一类父母在对子女进行教育时会特意转为普通话，这里的教育包括所有的教育项目，如认字、算数、阅读等等，不仅仅是在个别字音有变化或难以表达的应急选择。这一方面是家长的有意识教学活动，另一方面也是一种客观需求，是教学准确性的要求。对于这一问题，我们也对子女进行了访问。

例25："小时候他们两种话都说。一般是用南京话，但是教某个字词或者题目的时候会用普通话……不算是一种有意识的选择吧，因为他们要教得准确。"（样本40家庭的子女，男孩，21岁）

父母和子女共同提供的信息进一步让我们看到抚养者语言意识对语言实践的影响。抚养者为了保证子女获得信息的准确性，特意在教育子女的时候选用普通话,是在清晰的语言意识指导下,有意为之的语言管理。虽然普通话和方言同时使用,但面对子女,特意分化出家庭"专用教育语言",这对青少年方言的使用和发展还是会产生一些阻碍作用。

抚养人为祖父母的也有同样的情况,特别是当祖父母非本地人的时候,对于使用普通话有更明确的要求。

例26:"我是爷爷奶奶带大的,小时候妈妈教普通话,其他长辈会说南普,尽量往普通话上靠。"(样本33,男孩,24岁,南京)

例27:"她的爷爷是北京人,京腔很地道,小时候要求我们全部用普通话跟她讲话。"(样本8,妈妈,扬州)

例28:"我跟妈妈和外婆一起生活,妈妈会说上海话,外婆不会,但也不教我说别的方言,就只说普通话。"(样本4,女儿,23岁,上海)

在非本地人为主的家庭里,如果父母或者祖父母辈形成普通话为主的意识,其语言管理非常明确清晰,语言实践也与自己的意识和管理相一致。一方面要求孩子使用普通话,另一方面会逼迫自己用不太标准的普通话适应孩子,形成说普通话的家庭环境。访谈的样本中,南京、上海和扬州三地以普通话为主导的语言意识模式家庭构成如下(表4-2)。

表4-2 普通话为主的家庭结婚模式

样本	本地人＋本地人	占当地此类型家庭比例	本地人＋外地人	占当地此类型家庭比例	外地人＋外地人	占当地此类型家庭比例
南京 ($n=17$)	9	52.9%	5	29.4%	3	17.7%
扬州 ($n=9$)	4	44.5%	3	33.3%	2	22.2%
上海 ($n=8$)	6	75.0%	1	12.5%	1	12.5%

南京具有普通话占主导的语言意识17户,扬州9户,上海8户。另外,南京、扬州以普通话为主导的模式,有些家庭是"一人多语",父母亲与其他家庭成员之间用方言交流共同,可在与子女说话或者教育帮助子女学习的

时候,会特意选用普通话。即家庭用语中专门分化出一种"教育语言"。这在南京、扬州的普通话管理中相对比较突出,各自占了管理的 41.2% 和 44.4%。上海的 8 户普通话管理家庭中,是"多人一语",家庭内部所有成员不分对象,全部使用普通话。普通话语言为主导的模式中,南京、扬州普通话的管理和实践主要针对子女,而上海的普通话管理和实践是针对全家所有人。南京所占比例最高,这与方言的地区声望相关。以南京的访谈为例,南京的一些父母对南京话认知常常是:"南京话很脏"(样本 2/3/28 等)、"南京话不好听,跟安徽话一样难听"(样本 24)、"南京话语气很急,听着像吵架"(样本 31/33)等。南京话在这些抚养者心中评价很低,对南京话的态度整体以中立(44.6%)和消极(16.1%)为主,对南京话的积极认同不高。加之南京话的一些特点,如"前后鼻音不分""平翘舌不分"等,一些父母认为会影响子女的学习和未来的发展,因此在数量上比较凸显。

第二类,方言为主的语言意识类型。

这种语言意识类型,父母很清楚普通话、地区方言和其他方言的现状、关系以及彼此的功能和作用。自己的认知中很肯定地区方言或者其他方言的社会文化价值,也对子女学习方言或者发展方言能力有自己清楚的想法。仍以访谈为例(表 4 - 3)。

表 4 - 3 方言为主的样本信息

样本	年龄/教育程度	职业	是否会讲当地话	父母是否本地人	父/母年龄	父母是否会讲当地话	抚养人
宁样 11	20/本科	学生	是	是	48/46	是	父母
沪样 1	28/博士	医生	是	是	59/53	是	父母

从访谈中我们可以看到,父母对方言有很高的认可度。在家庭生活中,他们认可方言的亲近感;在公共场所,他们认为方言是本地人的身份标志。

例 29:"教说话什么的已经没什么印象了,但是他上学回来后会在家讲一点普通话,这个我们很不适应,在家里就应该讲南京话,普通话一本正经的不舒服。他如果讲普通话我就会要求转回来。"(样本 11,母亲,南京)

例 30:"我们从小就只跟他说上海话,虽然他上学后会有一点在家讲普通话的习惯,但是我们不允许他这样。周围有很多小孩子从学校回来就不讲上海话了,但是你是上海人怎么能不会讲上海话呢,不会上海话还怎么说自己是上海人。"(样本 1,母亲,上海)

这一类父母很了解方言的社会价值,还有方言背后可能为子女带来的帮助以及对子女未来生活、发展的有益价值等等内容。基于这样的语言意识,在家庭内部这类父母会有一些具体的行动或者计划,来帮助子女学会方言,或者提高他们的方言能力;也会想办法创造说方言的机会等。在这些行为中,父母语言意识对子女学习方言以及提高方言能力的影响是正面的,可以说是非常好的有利于方言维护与传承的积极力量。在这样的家庭语境下,即使普通话已经成为主导的前提下,子女也有机会接触到方言或者有很多说方言的机会,进而能够掌握地区方言。不过整体看来,这类语言意识类型,在三个城市虽然存在,但数量偏少。在调查的 167 户家庭中,南京市有 3 户家庭,父母有这类语言意识;上海有 8 户家庭,扬州没有发现有父母拥有这种语言意识。三个城市中,作为大都市的上海具备方言为主语言意识的家庭最多,其次是城市规模次之的南京,城市规模和开放程度低于两个城市的扬州则为 0。这一结论其实与三个城市方言的实际使用状况相关。根据 90 后方言能力的调查数据,扬州的 90 后语言能力发展最好,会方言的 90 后的比率也是三个城市比率最高的。从城市的开放程度和社会外来人口等等一系列因素的综合条件来看,扬州的方言维护与传承效果良好,虽然也面临一些挑战,但在未来的一段时间内扬州话的传承没有很大的危机。但是上海作为开放程度高、社会人口构成复杂的大都市,自 20 世纪 90 年代以来,上海的学者、政府管理部门开始意识到上海话传承的危机。在完成国家推广普及普通话的任务之后,上海各界开始意识到上海话传承的重要性,社会各界互相配合开始宣传说上海话的重要性,并举行了一系列鼓励上海市民、青年一代说上海话的活动。这些外部政策的调整与宣传必然会影响生活在上海的居民,包括上海家庭里的父母亲。8 户以方言为主导的家庭中,其中有 5 个家庭属于核心家庭,父母是主要的抚养人。这些父母的共同特点是都很认可上海话的重要性和对孩子未来有可能产生的一些帮助。比如,他们认为"上海人就要会说上海话",认识到上海话身份认同的作用;还有些父母认识到上海话社区融入的功能,"会说上海话的话,将来工作的时候有上海同事,可以一起说说上海话,能够很快拉近彼此的距离,很快融入工作的环境"。基于这样的语言意识,在这 8 户家庭里,父母都会有一些机会或者采取一些具体的行动来督促和帮助孩子说上海话。比如,有些父母会经常在家里和孩子说上海话,有些要求家里人要在家里说上海话,还会带孩子与会说上海话的老一辈或者亲戚接触,让他们多听和多说上海话。父母这些行为的实施,主要出于对方言价值和作用的肯定,是在他们语言意识指导下发生的变化。在祖父母帮忙带大孩子的 3 个家庭中,父母也会对家庭内部用什么语言交流进行规定,其中有 2 户父母明确希望子女与祖父母辈说上海话。在这类家庭,虽然祖父母参与抚养,但家里起主要作用的还是父母,父母的要求也与自身的语言意识相关。也因此我们发现,隔代抚养的环境下,家庭的语言环境、语言实践等不一定由祖父母辈决定,这也可以解释有些祖父母养大的子女不会说方言的现象。访谈信息显示,以方言为主语言意识的形成,与父母对方言的积极认同和态度有关。以上海为例,具有方言为主语言意识的家庭里,父母对上海话的评价总体上很肯定、正面。提到上海话,这类语言意识的父母通常的评价是上海话是"吴侬软语",是"上海文化的标签",也是"近代文化的留存",等等。而且,这类父母还认识到上海话的功能与作用,明确表示上海话是上海身份重要体现工具。他们觉得"上海人不会说上海话实在说不过去"、"一群上海人,如果某个人不会说上海话很尴尬,也有可能被歧视",等等,这是他们基于自身的社会经历而得出的结论。

持有这类语言意识的家庭中,有 2 户,父母均为外地人,但在上海工作生活的经历让他们认识到会说上海话的重要性。他们在访谈中表示,"自己是在上海工作一段时间后,感觉到要会说些上海话比较好。比如,上海本地的同事有时候喜欢用上海话开开玩笑。可如果什么都听不懂,感觉很糟糕,有被排斥在外的感觉","而且在上海几十年了,如果不会说上海话,总有异乡人的感觉。觉得没有融入上海这个城市,也没有被这个城市接纳。上海话真的很重要,是重要的身份标志"。因此,他们非常支持子女学会上海话。由于不是本地人,他们在家庭里无法为孩子创造学说上海话的语境,但他们也采取了一些措施帮助孩子,比如鼓励孩子与会说上海话的同学聊天、与社区里的上海人交往,等等。在南京,除了认识到方言的身份认同功能之外,拥有方言为主意识的南京父母,更看重的是南京的情感功能。有一户家庭,父母都是南京本地人,他们希望孩子学说南京话的原因,主要是认可南京话的情感价值。他们表示,"南京话其实跟普通话很像,而且南京人不排外,会不会南京话其实影响不大。不过,南京话里有一些特别的表达和词汇,普通话里没有。有时候,和朋友同事用南京话聊天,感觉非常亲切","我们一家人在家里会说南京话,有时候孩子说普通话,我们会建议他多说南京话。总觉得在家里说普通话生硬",这是方言为主语言意识形成的另外一个促进因素。

第三类,普通话与方言并列的语言意识。

普通话与方言并列的语言意识,是指父母对普通话、方言的地位和功能都认可,但也认为两者不是互相冲突的关系,可以一起使用、同时发展等认知和看法。这种语言意识的形成不是一蹴而就的,随着不同阶段对普通话和方言关系认识的不同,而会出现调整;而且在不同场景下,普通话与方言的使用可能存在差异。另外,在不同阶段,这类父母对子女在家庭内部的语言使用或者语言实践可能有差异,会随着子女语言能力的发展而进行调整,家庭的语言环境和语言实践也会随之改变(表4-4)。

表4-4 普通话和方言并列语言意识的样本信息

样本	年龄/ 教育程度	职业	是否会讲 当地话	父母是否 本地人	父/母 年龄	父母是否会 讲当地话	抚养人
扬样8	25/硕士	学生	是	一方是	54/51	一方会	联合
沪样25	20/本科	学生	否	是	48/48	是	父母

例31:"小时候教她普通话,包括识字、日常交流都是普通话,这个首先是爷爷奶奶提出的。因为爷爷是北京人,一口京腔很地道,也这么要求我们。我感觉这个要求挺好的,说普通话确实比较方便,而且对她

以后上学有好处。但在她小学四五年级左右的时候我们发现她扬州话已经不太会讲了,日常也不讲,但是和她差不多大的孩子多少还是会讲一点,比如她的表哥表姐。我和她爸爸感觉这样不行,就要求她在家里,包括跟外婆这边的亲戚讲方言,现在家里的状态就是,我和她讲扬州话,她爸爸(籍贯北京)讲普通话。"(样本8,妈妈,扬州)

例32:"她上幼儿园之前我们都是讲上海话的,她也不会说普通话。幼儿园开始,有推广普通话的政策,我们就要求她必须讲普通话,包括在家也是,全家都用普通话交流,爷爷奶奶那个时候也配合我们。小学的时候,老人会夹杂讲,但她还是用普通话。到她上初中的时候,发现她上海话已经忘得差不多了,基本不会讲了,就改过来要求她在家里讲上海话,现在我们在家都讲上海话,她尽可能讲,但是长段的不行。"(样本25,妈妈,上海)

从访谈中我们可以看到,抚养者对子女在某一阶段重点掌握哪种语言、具体场景下使用什么样的语言都有明确的认识和态度。在此次访谈中,被访者语言意识有明显的变化性。在子女进入学校等公共环境之前,父母早期的语言意识多是自发的,与自己的生活经历、对语言的认知有关,除少数受访者外,大多数父母语言意识是模糊的。当子女进入幼儿园和小学后,受社会宏观政策和学校教育影响,其语言意识向普通话倾斜。随着子女年龄的增长、语言能力的发展,他们受子女语言能力现状的影响,语言意识会发生转变。整体来看,父母语言意识在变化性特征上表现为以普通话为主向以方言为主转变,对方言的关注具有一定的滞后性。这类家庭扬州有2户,上海5户,南京则没有。南京、上海和扬州,普通话和方言并列的家庭,上海较多;但与上两类语言类型相比,这一类型的家庭数量总体偏少。这与上海早期的强势推普和上海话的声望有关。在前文的分析中我们看到,上海早期的推普不仅存在于公共领域,如"说好普通话,迈进新时代",更集中在学校领域,如"我是中国娃,爱说普通话""学普通话,建新上海,迎世博会"。并配合了一系列推普活动,如"'普通话口语表达章'争章活动"。这一系列举措使推普通过学校教育从公共场所向家庭领域延伸。家庭内严格的普通话使用在上海绝非个例,并对青少年产生影响,通常延续到小学毕业,使其方言能力迅速退化。小学阶段内"不会说/说不好"等变化在上海青少年身上表现相对明显。后来推普成效显著之后,上海市又开始倡议"说沪语",举办"沪语比赛""沪语进课堂"等,这些举措又逐渐影响到家庭抚养者的语言意识,于是新的语言管理出现,家庭用语的使用也开始转向。

第四类,模糊语言意识模式。

模糊语言意识,是指父母对普通话、方言的功能作用等没有什么清晰的认识,也不清楚这些语言资源对子女的发展等等有什么影响。因此这类语言意识指导下的父母(表4-5),一般在家庭里说什么话没有具体的规定和要求,是很自然的、没有限制和要求的状态。

表4-5 模糊语言意识的样本信息

样本	年龄/教育程度	职业	是否会讲当地话	父母是否本地人	父/母年龄	父母是否会讲当地话	抚养人
宁样41	27/硕士	金融	是	一方是	56/56	是	父母
扬样15	22/本科	学士	是	是	48/47	是	父母
沪样46	23/本科	学士	是	是	51/58	是	父母

例33:"我不知道我说的是不是南京话,但是孩子是会说的。我说的感觉跟他说的差不多,可能是'南普'。他小时候我们也没有刻意教过他,家里日常对话就这么说,他潜移默化就学会了。"(样本41,父亲,南京)

例34:"小时候我跟她爸爸带着她在邢台,小学时候回来的扬州。她一直都会讲扬州话,没特别教过,在家里就一直都这么跟她讲话。她在邢台上幼儿园的时候还会说邢台话,感觉挺有意思,也没要求过也没纠正过。"(样本15,妈妈,扬州)

例35:"孩子上海话讲挺好的,我们没说要刻意教她学说什么话,上海大环境就是有普通话有上海话,那我们就怎么方便怎么来。教她说话认字也是这样,但是实在有对不上的,比如一句古诗上海话没有,那就说普通话的音。"(样本46,妈妈,上海)

根据例 33—35 的信息可知,这类持有模糊语言意识的父母对语言的使用场合、使用价值都没有特别清楚的认识,对于孩子的语言教育和语言能力发展也没有做过特别的设想和要求,只是根据自己和家人的语言习惯使用语言。对于孩子现有的方言能力,他们采取默认接受的态度。整体来看,受访者在整个青少年成长过程中,对他们的语言使用的能力变化没有认识,语言意识是模糊的。调查数据显示(表 4-6),三个城市里持有这类语言意识的家庭较多,上海—南京—扬州分别为 36 户、36 户和 40 户,是四类语言意识类型中的主要类型。

表 4-6　家庭结婚模式

城市	本地人＋本地人	占当地此类型家庭比例	本地人＋外地人	占当地此类型家庭比例	外地人＋外地人	占当地此类型家庭比例
南京	23	67.6%	10	62.5%	3	50%
扬州	26	83.9%	12	75%	2	50%
上海	25	59.5%	8	72.7%	3	42.9%

从家庭构成看,模糊语言意识模式主要出现在含有本地人的家庭中,本地人与本地人组合家庭占比较高。这主要与方言能力发展的特点有关。无论是我们的日常认知还是在访谈中所看到的,方言能力的发展是需要语境的。它不同于外语学习,更多是在本地方言环境下耳濡目染的一种自然获得。本地人家庭在没有外力干预的条件下青少年可以自然习得方言。本地人与外地人组合的家庭,家庭用语主要表现为方言与普通话混杂状态。这一环境能基本满足青少年的方言能力的发展,父母不需要外力特别干预,即可让青少年接收到普通话和方言的输入。如果父母没有清晰的语言意识,对普通话或方言没有明显的偏好,这种模糊的状态就不会发生变化。

4.4　父母语言意识的作用

从调查结果来看,南京、扬州和上海拥有清晰语言意识的家庭仅仅占受访群体的 32.9%,上海、南京、扬州三地的语言意识清晰度依次减弱。除上海外,南京、扬州方言主导的语言意识较少,普通话主导的语言意识居多。

不同语言意识模式下,其家庭内部的语言管理与语言实践也不同,这些对青少年方言能力发展会产生何种影响呢? 我们对语言意识类别和子女方言传承效果进行相关性检验。语言意识按照前文的定义划分为四类,青少年方言状况分为会和不会两类(不会包含"听不懂不会说"、"听懂不会说"和"只能简单交流"三类)。相关性检验显示,南京、扬州分别为 0.000 和 0.000<0.05,存在显著差异;上海为 0.388>0.05,不具有显著差异性。即在南京和扬州,不同类别的语言意识影响了青少年方言能力发展。普通话为主导的语言意识与青少年方言能力呈负相关,模糊的语言意识提供了方言传承的天然土壤,对青少年方言能力的发展是有利因素。可在上海,抚养者语言意识类别与青少年方言能力发展没有相关性。这一结果与我们的一般认知有偏差。我们对上海数据进行单因素方差检验。结果显示,普通话为主导的语言意识与方言为主导的语言意识对青少年方言能力的影响具有显著差异;双向语言意识和模糊语言意识与青少年方言能力发展不存在相关性。从访谈中我们找到一些原因。双向语言意识的核心是变化性,而且这种变化是受外在因素的影响才发生的,因此过程中间有一定的滞后性。例如:

> 例 36:"我是在她小学快毕业的时候发现这个问题的。她小时候推广普通话,老师让在家里也讲普通话,家里本来他爸爸是讲上海话的,后来就都不讲了。到快毕业的时候发现她一句都讲不出来了,爷爷奶奶和我们都感觉这样不好,就让她重新在家里讲上海话,但是到现在也没什么特别明显的长进,还是只能说一些简单的句子。"(样本 37,妈妈,上海)

受访者的孩子是 1999 年出生的,也就是 90 后中最小的一群人。在孩子小学毕业前,家长是普通话主导的语言意识,家庭用语是普通话。当慢慢形成方言主导意识时,子女已经是初中阶段。整个语言习得过程中,青少年以接收普通话为主,虽然后期有改变,但成效不大。20 世纪 60 年代伦内佰格(Lenneberg)提出了语言习得关键期假说(Critical Period Hypothesis),

人的大脑在两岁至青春期(10—12 岁)之前,由于受大脑中语言习得机制的影响,能够轻松自然地习得语言。青春期之后,大多数人的大脑发生了侧化,人脑已经发育成熟,神经系统不再有弹性,儿童的语言习得机制开始失去作用,语言学习也就越来越困难。过了关键期,语言的习得能力就受到一定程度的限制,语言学习的效率会大大降低。郑丽(2017),安拴军、王家齐(2018)等的调查发现,中小学生能够熟练掌握方言的时间多数在小学毕业之前。家庭语境下,方言主导的语言意识,其实际的效果会受语言使用时间影响。越早越主动的方言管理介入,越能够起到更好的效果。访谈案例中,扶养人语言意识由普通话到方言转向较迟,子女已经错过了最好的学习阶段,方言传承效果也随之弱化。

如前述,我们认为模糊语言意识由于有一定的方言输入,因此有利于青少年方言的发展。但为什么在上海会出现例外呢?这与推普政策在三个城市的执行力度有关。在不受外力等因素影响下,青少年可以在家庭中耳濡目染学会方言。但是当有外界因素干扰时,方言输入的数量和质量受到影响。在访谈中我们发现,虽然 90 年代普通话推广在全国掀起了高潮,但城市级别、城市化水平和对外开放程度不同,执行力度存在差异。上海、南京、扬州的执行力度依次减弱。

例 37:"上海有推广普通话的政策,孩子的学校明确写着'请讲普通话'这类宣传语,而且还要求孩子能够考普通话合格证书。我们家有一个亲戚,他们家,有非常明确的普通话管理,在孩子没有讲好普通话的前提下,不允许家里说上海话。我感觉她的方式挺好的。考虑到他(注:访谈者的儿子)之后的发展,肯定也是普通话优先。他小的时候,其中有一年我们没有时间照顾他,就把他送去这个亲戚家。这个亲戚也让我家儿子说普通话,挺好的。"(样本 28,妈妈,上海)

可以看到,上海家长对于普通话推广有积极回应。我们对每一位抚养者补充提问了"针对孩子现有语言能力和语言实践,在普通话和方言教育之间,您会选择哪一项作为优先项?"超过 75% 的家长选择普通话优先。访谈时,上海家长多次提及,那一阶段,学校对校内使用普通话有明确的要求和规定。而在扬州,1990 年之后,普通话推广力度出现了从中心城区向郊区依次减弱的趋势,1995 年后则有了较明显改善。扬州访谈者表示"学校好像提到过推广普通话,但没什么特别要求"、"周围人都说扬州话,你说普通话别人会奇怪"。

在上海,其校园普通话的执行力度大,效果明显,而且这种影响也辐射到家庭用语。作为青少年,学校及教师的权威高于家庭内部的扶养人。原本家庭语境下的方言环境有助于青少年方言的习得,但受学校环境和教师的影响,其方言能力没有得到强化。

家庭作为方言传承的重要场所,父母语言意识与青少年方言能力发展关系密切。受当前语言生活现状的影响,抚养者由于其背景信息的差异,家庭语境下,抚养者语言意识模式有四个主要的类别:普通话为主导、方言为主导、普通话—方言双向主导和模糊的语言意识。一方面,家庭抚养者的语言意识指导语言管理和实践,塑造儿童语言发展的环境;另一方面,社会因素的多元性和复杂性使得抚养者语言意识形态、语言实践与管理之间的联系是复杂的。

南京、扬州两地语言意识的不同模式与青少年方言能力的发展有显著相关,但在上海则没有相关性。上海的结果显示,多元化的大背景下,家庭语境下语言意识模式对语言实践的影响,还会受到社区相关政策执行力度、学校语境等多种因素的影响。家庭抚养者虽然是方言传承的有利支持者,但却不是影响方言能力发展的唯一因素。父母语言意识对青少年语言能力的影响,会在外界因素刺激下具有滞后性或可变性。

4.5 父母语言意识影响因素

根据 De Houwer(1999)的研究成果,父母语言意识是具体可察的,通过父母语言态度和语言信念可以进行观察。以此为基础,我们考察美国华裔家庭父母语言意识和南京、上海、扬州父母语言意识的类型。美国华裔父母语言意识的研究类型可以分为清晰积极类、模糊被动类和否定消极类等三类;中国三个城市父母语言意识的研究类型分为普通话为主的语言意识、方言为主的语言意识、普通话和方言并列的语言意识以及模糊的语言意识等四类。虽然两项研究中语言类型略有差异,但总体的类别是相似的。我们认为总体上,父母语言意识可以合并为三类,而且父母语言意识的形成,不管是在美国还是在中国,都会受到宏观因素与微观因素的影响。下面以上海、南京和扬州为例,并结合当前的国内语言生活特征,分析中国父母语言意识形成的影响因素。

第一,国家语言规划与政策的影响。自新中国成立以来,我国政府、语言文字管理部门出台一系列关于国家语言文字方面的政策或规划。宏观语言政策通常会对社区或者家庭语言规划或策略有较为重要的引导或者影响作用。1956 年,国务院发布《关于推广普通话的指示》,首次提出全国范围内推广普通话;为适应经济建设和经济发展需要,1986 年国家把推广使用普通话作为新时期语言文字发展的首要任务,并于 1992 年确立"大力推行、积极普及、逐步提高"的工作方针;2000 年 10 月 31 日,第九届全国人民代表大会常务委员会第十八次会议通过《中华人民共和国国家通用语言文字法》,明确提出,国家推广普通话,推行规范汉字,中国公民有学习和使用国家通用语言文字的权利,地方各级人民政府及有关部门也应当采取措施,推广普通话和推行规范汉字。截至 2020 年,我国全国范围内普通话普及率达到 80.72%,"三区三州"深度贫困地区普通话普及率达到 61.56%。不断深化的普通话推广政策和实际社会生活中普通话使用范围的日渐广泛,这一现实状况深刻影响并改变了人们的语言生活。国家在推广普通话中的各种宣传与举措,居民直接的语言经验等等,均有可能影响他们在家庭内部的语言实践状况。访谈信息证实了这种影响的存在。数据显示,拥有普通话主导意识的家长(父母或者祖父母)在访谈中,无一例外都提到了国家推普政策对他们的影响。直接的表现就是,在家庭内部,他们通常倾向于使用普通话,而且希望自己的子女或者年轻一代能说较为标准的普通话。这些想法或者认识,会影响他们家庭内部的语言管理、家庭内部成员间的语言使用。

例38："我的孩子在上幼儿园之前，主要是讲上海话的。后来，他上了幼儿园之后，被要求必须要讲普通话，他们的老师都会强制要求的。当时，街上啊，我们住的小区里，也有很多宣传，什么'讲好普通话，到哪里都不怕'……所以，从那以后，我们家大人们就开始有意识地，家里定了个要求，就是每个人尽量开始说普通话，不标准也没关系。"（样本10，妈妈，上海）

根据访谈内容可知，家庭对与国家推广普通话的政策法规是积极回应的，也可看出国家宏观语言政策对家庭内部成员的影响。当被问及"如果有机会让您选择，您更愿意让孩子学普通话还是方言"时，75%以上的受访父母首选普通话。三个城市不少受访者表示，现在2000年以后出生的新生代，不仅父母亲跟他们说普通话，而且很多参与抚养的祖父母辈也在努力使用带有口音或者不太标准的普通话与之交流。总体趋势看，中国每一个城市的团体、组织、家庭和个体在语言选用与实践方面，均或多或少受到国家宏观语言政策与规划的影响。不过，具体在每一个城市，影响的力度与层面存在差异。上海的家庭（从父母到子女）受国家推广普通话政策的影响较大。受访者回忆，上海曾经有三次推广普通话的热潮，最近的两次分别为20世纪90年代和21世纪初期。每一次推广普通话，上海执行的力度都较大，辐射面广，影响人群众多。推普期间，上海市从政府管理层面到社区学校层面再到家庭个体层面，每一层都有很多细致的推广细则，还会配合张贴各种形式的宣传语。这些深入人心的宣传语一度对上海话的维护与传承带来了一些消极的影响。很多受访者表示，在推广普通化的高潮时期，"学校都要求我们家长带头在家里说普通话，而且要随时注意纠正孩子发音等方面的错误，及时帮助纠错"。在同样的政策背景下，南京和扬州推广普通话的力度弱于上海。在扬州，"推普"力度从城市市区到郊区逐渐减弱，在1995年之后，随着"推普"效果的提升，推广普通话的热潮在全国范围内有所降温，因为大部分城市居民均已经会说普通话，不再需要大力宣传。以扬州为例，扬州受访者回忆，在20世纪90年代，推广普通话的任务还是挺艰巨的，因为当时即使在扬州市区，说普通话的人都较少。可当下，不仅市区，扬州郊区说普通话的人都越来越多。访谈者回忆"感觉现在不管在市区,还是郊区,已经没有人特意提醒去说普通话,校园、公共场所提醒大家说普通话的口号标语也较少了,主要现在大家都觉得,说普通话不用刻意宣传了,基本都会说了"。

第二,语言声望的影响。在上海、南京和扬州,地区方言的声望存在差异。语言声望是语言意识中非常重要的组成部分,它反映出人们对语言的地位作用的认知状况,认知内容包括语言可以用来做什么以及可以为使用者带来什么等等。而且研究发现,语言声望是动态变化的,带有主观价值判断的复杂组合体(苏金智 1992)。语言声望会影响某种语言或者方言的未来发展趋势和传承的总体状况。以英语为例,作为全世界公认的最重要的交流工具,英语具有很高的语言声望,在多数国家和地区,英语的地位居高不下,根本原因是高声望语言能够帮助语言使用者带来很多经济利益或者有利于个人或团体发展的有利条件。对国内而言,普通话作为通用语在当前达到了 80% 以上的普及率,实现了基本的交流无碍,在全国范围内,已经成为具有高声望的全民交际用语。多数人的共识是,能够说一口流利标准的普通话,说明这个语言使用者具有相对较高的个人素质。这是长久以来,学校、社区等在配合宣传推广普通话过程中,提炼并突显出的"普通话"的社会价值在人们心中形成的社会共识。但同时方言作为地区内的通用语言,其本身也具有一定的社会标签,比如地方身份认同的工具等。由于具有特定的社会标签,一些具有高声望的方言,通常能更好地引起人们的使用和传承意识。对南京话、上海话和扬州话声望地位的调查显示,三者存在差异。

南京话在南京的声望并不高,对南京话的总体评价,持中立态度的居民较多,总体认为它无所谓好听或者不好听,只是在南京使用的方言而已;也有一小部分南京人,对南京话持有消极否定的评价,比如"南京话不好听、不温柔,而且南京话,好多词语很脏,像骂人"等等。值得注意的一点评价是,不少南京居民认为南京话"跟普通话差不多,不会说南京话对在南京工作、生活的人影响不大,在南京,会说普通话就会一切顺利"。这些评价对南京居民、南京家庭均会产生影响。一些受访的南京家庭,认同南京话的社会文化价值,但由于上述提及的对南京话总体的评价较低,南京话的实际使用率受到影响。这些使得南京话在南京处于低声望状态。

例39："对南京话的态度中立吧,感觉在外面公众交流用普通话更好。你说南京话别人如果听不懂就会感觉你素质不够高。而且一般像孩子们出去受过高等教育都说普通话。话语使用虽然不完全反映教育程度,但也是表现之一……这么看,说好普通话其实也就够了,南京话没什么学的必要。"(样本34,爸爸,南京)

访谈信息显示,在南京公共场所,说普通话还是说南京话,成为与个人素质相联系的一种行为。"说普通话"显得"个人素质高",而"如果说南京话,让人听不懂",则显得"个人素质低"。被受访者把"语言使用"当作评判个人综合素养的重要指标,也可以从中看出普通话在南京的高声望地位。普通话除了能够让人听得懂话,更是能够给人形成"受过较高教育、有良好素质"的积极印象。这种"普通话"的社会价值,很显然是个人的主观设定,但这样的认同在南京并不罕见,基本成为很多人的共识,这些语言使用带来的隐形价值,是普通话高声望地位、南京话较低声望地位形成的深层原因。普通话在多数人心中已经不仅仅是便于交流沟通的交际工具,而是可以提升个人形象与地位重要标签之一,这与英语在全球的高声望地位有一定的相似之处。因此,高声望的语言或方言非常受人追捧和欢迎。相比之下,声望逐渐降低的方言,其使用的人数与空间必然会受到限制。如果家庭里父母或年轻一代的其他抚养人,均持有与受访者类似的想法,必然会影响家庭内部语言的选用,对青少年语言资源的掌握或者方言能力的发展也会产生或多或少的影响。如前文所述,在南京,父母持有普通话为主的语言意识在三个调查城市中,比率最高。这一结果的形成,与南京家庭、南京居民的语言意识密切相关,与他们对普通话和南京话地位、价值等信息内容的理解与认知有关。同样的调查,在上海,却有不同的回应。

与南京话相比,上海话在上海的声望地位较高。很多上海居民认为,上海话仍是重要的地方身份认同工具,"上海人还是需要会说上海话"这样的意识仍然深入人心;而且对上海话的积极评价"好听、有意思、吴侬软语"等仍居于主流趋势。一位来自金山的被访者就这样表示："市区上海话很好听，发音都往上翘翘的，听起来很文雅，也很温柔；可我们说的金山话，感觉有些像北方方言，声音很重，不够柔和，太利落"。其他受访者也在访谈中表达出类似的看法。

> 例 40："上海话挺好的，代表上海文化，上海人都应该会说上海话……你这么问我肯定说好听，这个毫无疑问，这是我自己的方言，是母语，而且吴侬软语也是好听的。但是上海话就是一个交流工具。好不好听是外地人的评价，对上海本地人来说是一种习惯，是对自己从小生活地方的情感，不会因为别人感觉它好不好听就说或者不说。对我们而言，听到上海话时就会很亲切，这是一种恋乡情结……对上海本地人来说，一定要学上海话的。对外地人，交流上没有必要，我现在跟你说话也就是说的普通话，你可以听懂。但是要想扎根在这个城市，还是要学的……不是排外，这是对上海人的偏见。就像你们在家说自己的方言一样，我们也是自己的表达习惯。但上海话确实是上海和上海人的身份标签，你会说就证明你融入并在这座城市扎根了，这说出来很好。"（样本 24，妈妈，上海）

这些不同受访者的态度可以看出，即使城市化带来了上海市区人员构成的变化，上海话仍被很多人认可，其地区强势方言的地位仍是无可撼动。作为最开放、社会经济发展状况较好的大都市，上海话仍是很多"新上海人"或者上海新移民快速融入社区的最好工具。访谈中很多受访者表示，以往认为的上海人排外的想法其实是不符合当前的社会现实的。不过虽然上海人不再排外，但如果会说或者能听懂上海话仍然会带来一些便利，最重要的，上海话仍是很重要的情感维系纽带。有时候通过上海话传达出的亲密情感是普通话无法代替的。也因此，很多上海新移民非常看重上海话能力的培养，在语言能力提高之后，还有可能创造更多发展的机会，从而在经济或者个人发展等方面受益。基于这样的前提，就很容易理解为什么上海一些家庭持有普通话为主的语言意识较少（仅 8 户，占总调查数的 13.3%），而普通话—方言并列的语言意识却较多(25%),不同语言意识反映出的是语言或者方言的社会地位、功能与社会认可价值。

第三,抚养人语言生活经历的影响。抚养人语言生活经历与语言期望在不同抚养人身上有不同的表现。对本地抚养者来说,这种经历与期望可能同自己在城市的各个生活体验有关,具有一定的复杂性。抚养者受某些经历的刺激衍生出强烈的语言意识,并根据子女的语言能力发展做出适当的管理或调整。

> 例41:"没有遇到过一定要会讲上海话的情况,年轻人现在都会讲普通话,交流没问题。但是会讲一些还是好的……我妈说她年轻的时候曾经在路上碰到过一次小混混,然后她就用上海话吼了几句,估计是听出她是本地人吧,他们就走了……她没特别说过这件事有什么影响,但是让我一定要会讲,碰见一些情况还要主动讲。可能要是我不会的话,那就会有要求吧。"(样本46,女儿,上海)

受访者母亲的访谈信息也验证了她女儿的说法。受访者母亲表示,自己语言生活的经历让她认识到学习上海话的重要性与必要性。在这种语言意识之下,她对女儿的语言使用和方言(上海话)能力均有要求,而且有监管。她表示,如果女儿不说上海话或者说得不够好,她会提醒女儿,并且要求女儿一定要努力说好上海话。

> 例42:"我之前不会讲上海话,刚来的时候就被嘲笑过,后来自己学会了。我是很希望我女儿学的,也会刻意教她,但是她们恰好推普又好像不用学了,现在我出去说普通话也没人歧视我,那她不想学我就不强求了。"(上海样4,外来入沪,妈妈)

这个访谈案例中,这位受访者根据自己的社会生活经历,重新认识了上海的社会现状以及上海话的功能地位。当"多年前由于上海话带来的歧视"消失之后,她对子女学习或者使用某种方言或语言采取了开放包容的态度。

这种语言意识的形成来源于对外界语言生活环境变化的及时更新与认知。可以看出，父母语言意识的形成其实更多受大的社会文化语境的经历、感受以及与他人交往中的经验等因素影响而成，而且这些经验和经历很多是在公共空间与他人交往的过程中获得的。这显示，在语言或方言的传承过程中社区环境、社会网络的重要性。

在南京、扬州的访谈信息，也有类似的情况。家庭内部语言使用普通话还是方言，很多父母或者祖父母往往根据自身的经历来进行选择。

例43："我们有一次去上海玩，师傅听我老公说方言就问我们是不是安徽的，说我们口音像安徽人。我自己感觉安徽话不是很好听，那这样的话，可能人家感觉南京话也不好听，我希望我儿子出去以后不要给人这个印象。"（样44母亲，南京）

例44："扬州话还是要会说的，特别是在瘦西湖那边，旅游景区，要是不会说别人会把你当外地人，有一次朋友打车就被绕路了，他就要他的孩子要会一点扬州话。"（样16母亲，扬州）

例43、44中，被访者自身在语言使用方面的经历或者感觉，会影响或者改变他们的语言意识，从而对某些语言、方言重新认识与定位。例43中的受访者认知中，对南京话、安徽话均带有一些负面的认识，上海的经历，让她认识到说什么话，原来是可以给个人形象或者其他方面带来增值的行为。带着这样的认知，对子女语言能力，这位受访者必然会有一些不同于以前的想法或者做法。例44中，扬州话作为有特色的地区方言，正好与扬州旅游城市的定位相得益彰，扬州话带来的其他社会文化价值使得受访者对扬州话极为肯定，而这样的语言意识无疑是有利于扬州话的使用与传承的。

第四，方言与普通话的互懂度影响。语言或方言可懂度（互懂度）是衡量语言或方言亲疏关系的重要指标之一（林素娥、苏宪萍2007）。语言或方言互懂度的测量方法，多数是通过统计共时条件下语言或方言的不同要素，得出方言间的相关率，了解不同语言间的亲属关系，最终测算语言之间的互懂程度。陈海伦（1996）指出，相关度是从总体数量上反映不同语言间的相关程度,测量共有要素与总要素之间的比值。王华、崔荣昌(2007)以《汉语方言词汇》为基础,对 20 个方言点进行了词汇调查,考察方言与普通话的亲疏关系。王华、崔荣昌的调查中包括了合肥话、扬州话、苏州话,它们与普通话的相同词汇率分别为 51.46％和 38.21％。虽然考察的方言中没有南京话和上海话,但由于合肥话与南京话相似,而苏州话与上海话相似,因此,可以大概判断出南京话、扬州话与上海话的互懂度。一般认为,与普通话相同词汇率高的方言较容易被学会、听懂,相同词汇率低则较难被听懂或者被学会。

从三地方言来看,南京话、扬州话同属于江淮官话区,与普通话的相同词汇率要高于作为吴语区典型代表的上海话,这两种方言与普通话的互懂高较高。上海话与普通话的相同词汇率较低,如果在上海大家只说上海话,则会给外来人群造成很大的交际障碍,会影响工作或生活的质量。这在某一方面可以解释,为什么上海外来人口组成的家庭,仍有一些家庭的年轻一代学会说上海话,有可能为了融入上海的工作或生活,这些家庭会有一定的语言管理意识,比如制造机会与上海人学说上海话、在某些场合学说上海话,等等。此外,从语言互懂度角度,还可以解释,为什么外地人组成的家庭内部,尤其在上海,持有当地方言管理意识的家庭较少。因为上海话与普通话差异过大,难懂难学,因此外来人的家庭内部很难形成说上海话的氛围,在语言使用方面,只好说普通话。

上海、南京和扬州的调查显示,家庭环境下,父母对子女学习上海话的管理措施或行为方面,有语言管理行为的比率,上海约有 25％的家庭存在语言管理,高于扬州和南京。问及进行管理的原因,三个城市的受访者表示,是一种自然而然的行为。比如,扬州的受访者表示"扬州话是我们自己的方言,听着亲切,在家里一定要讲的,不然感觉很生硬"。这种看似自然而然发生的语言管理行为,其实也与父母语言意识密切相关。这位扬州的受访者对说不说方言,有非常清楚的认知,其实就是对方言的作用和功能有很清楚的认识。比如这位受访者认识到扬州话"让人感觉亲切,让家人之间关系自然不生硬",这其实是方言带来的情感纽带价值。只不过有些父母对方言或者语言的功能既了解清楚,而且也能客观清晰地表述出方言或者语言的价值。以上海的受访者为例,当被问及"为什么要求子女在家里说上海话时",这位受访者的语言意识特别清晰明确。

　　　例45:"主要是她小学的时候我们发现她上海话不太会讲了。因为小时候她主要跟着爷爷奶奶,我们也就没注意过。四五年级的时候发现她一般只说普通话,让她讲上海话的时候磕磕绊绊说不出来,现在弟弟更是,因为弟弟是我带的,基本都用普通话。我想这样不行,就在家里提出了这个要求。"

　　而且这位受访者有明确的语言管理规定或者方法。"一个(方法)就是家里讲(上海话);有一段时间不讲上海话就惩罚洗碗。另一个就是纠正她,不要讲得洋泾浜。"

　　可以看出,孩子不会说方言的现状激发了家长的语言意识,并转化为家庭中的语言管理实践。这种我们可以称之为被动的方言管理。家长方言管理的原因在于上海话与普通话差异大。作为吴语地区的典型方言,它蕴涵着吴语地区的文化和历史。对于没能顺利在幼儿时期掌握方言的青少年而言,学习难度高,使得孩子无法仅凭个人听说学会地道的方言表达,需要家长的指导和纠正。上海话、普通话之间的亲疏关系是影响、激发家长语言意识的因素。

　　另外,三个城市中,外地人＋外地人组成的家庭数量,南京为 5 户,扬州 3 户,上海 7 户。其中,来自与当前所在城市不同方言区的,南京 1 户,扬州 1 户,上海 2 户,这 4 户中,在家庭内部,都没有让子女学习当地方言的语言管理行为,主要使用的均为普通话。主要的原因不是因为对当地方言的消极认同或者评价,而是因为当地方言太难懂、太难学。这正是由于普通话、方言间亲疏关系(或互懂度)影响父母的语言意识和家庭内部的语言管理与语言实践。

　　总体来看,在南京、上海和扬州,父母的语言意识状况存在差异。这种差异的形成与国家宏观语言政策、语言声望、与普通话互懂度、父母自身语言生活经历(或经验)等多种因素有关。父母语言意识不同,造成家庭内部语言管理、语言实践行为的差异,进而影响了年轻一代方言能力的发展以及方言的传承状况。

首先,家庭内部,父母语言行为的开展与其语言意识密切相关。以南京的情况为例。父母先根据各种途径构建自己的语言意识和态度。在当前的社会环境下,为中国父母熟悉的有三种语码:普通话、方言和英语。南京的调查显示,多数父母很清楚地理解和认识到这三种语码的功能和差异。81%的父母对普通话和英语持非常积极的认同态度,明确表示希望孩子可以优先掌握这两种语言。

其次,这种语言意识和态度影响了父母在家庭内部语言的选择和实践。调查显示,在家庭内部分化出一种专门对孩子使用的家庭教育语言。以普通话的使用情况为例,多数家庭为了让孩子更好地掌握普通话,会有意进行语码转换。也就是说,父母语言使用因交际对象的不同而出现差异。比如,南京本地人为主的家庭内部,配偶之间普通话使用率较低,60%左右的夫妻之间使用南京话交流;外地人为主的家庭内部,其普通话的使用率虽然略有提高,但仍有50%左右的配偶使用方言交流;可不管是本地父母还是外地父母,在与孩子交流的时候,其普通话使用率均大幅提高。父母若为南京人,配偶交谈时普通话的使用率为29.6%,但交谈对象变为孩子时,普通话比率上升为57.7%,愿意用南京话和孩子交流的只有38.1%;父亲和母亲同为外地人的话,其用普通话与孩子交谈的比率更高,分别为72.1%和63.1%,父亲、母亲愿意使用自己的母语(即外地方言)和孩子交谈的比率非常低,分别只有19.8%和18.5%。

最后,我们看到父母的语言实践对孩子最终语言习得的影响。对小学、初中和高中学生的调查显示,普通话成为大多数学生的主要交际语言,78.4%的小学生即使在家庭内部也主要使用普通话,初中生和高中生中普通话的使用率略有下降,但普通话的使用率也分别达到46.5%和40.1%。如果按照这一趋势发展,可以预测在不久的将来,除了普通话,所有的方言都会处于一种濒危的状态。但对青少年的调查表明,父母语言意识对儿童语言使用状况的影响在儿童社会化程度增高的过程中逐步削弱,儿童自身的语言意识会逐渐增强并促使他们调整自己在特定语境中使用某种语码的比率。比如,对南京中小学生的调查显示,随着其年龄的增加,其南京话的使用也在逐渐增加。而出现这一变化的主要原因是青少年自身语言意识的形成和发展;虽然不少人对南京话的情感认同度不高,但他们逐渐认识到南京话的地方认同功能、娱乐功能等,这一意识的形成促使他们努力去学习并掌握南京话。

家庭作为方言传承的重要场所,父母语言意识对青少年方言能力影响显著,但并不是绝对影响。南京、扬州抚养者的语言意识与方言传承效果有一定关联,而上海则关联较弱,没有起到直接突出的效果。虽然方言的使用领域逐渐向家庭内收拢,青少年公共语言交际的普通话倾向成为主流,伴随对话者的方言转换更多是一种被动选择,但是家庭并不仅仅是影响方言学习的唯一场所。在南京,即使以普通话为主导意识的家庭,其子女的方言能力仍然得到发展;在上海,保护沪语的宣传、活动等举措在一定程度上促进了上海话的传承。

参考文献

[1] Annick De Houwer. *Environmental Factors in Early Bilingual Development*: *The Role of Parental Beliefs and Attitudes*: *Bilingualism and Migration*[M]. Berlin:Mouton de Gruyter,1999.

[2] Arianna Berardi Wiltshire. Parental Ideologies and Family Language Policies Among Spanish-speaking Migrants to New Zealand[J]. *Journal of Iberian and Latin American Research*,2017,23(3):54-65.

[3] Bernadette Rourke,Anik Nandi. New Speaker Parents as Grassroots Policy Makers in Contemporary Galicia:Ideologies, Management and Practices[J]. *Language Policy*,2019,18(4):98-107.

[4] Chatzidaki Maligkoudi. Family Language Policies Among Albanian Immigrants in Greece[J]. *International Journal of Bilingual Education and Bilingualism*,2013,16(6):38-49.

[5] Christof Van Mol, Helga A. G. de Valk. European Movers' Language Use Patterns at Home: A Case Study of European Binational Fami-

lies in the Netherlands[J]. *European Societies*,2018,20(4):79 - 87.

[6] Curdt-Christiansen Xiaolan. Invisible and Visible Language Planning: Ideological Factors in the Family Language Policy of Chinese Immigrant Families in Quebec[J]. *Language Policy*,2009,8(4):32 - 39.

[7] Gabriela Pérez Báez. Family Language Policy, Transnationalism, and the Diaspora Community of San Lucas Quiaviní of Oaxaca,Mexico[J]. *Language Policy*,2013,12(1):27 - 39.

[8] Gary Barkhuizen, Ute Knoch. Missing Afrikaans: Linguistic Longing Among Afrikaans-Speaking Immigrants in New Zealand[J]. *Journal of Multilingual and Multicultural Development*,2005,26(3): 216 - 232.

[9] Genevieve Leung,Yuuko Uchikoshi. Relationships Among Language Ideologies, Family Language Policies, and Children's Language Achievement: A Look at Cantonese-English Bilinguals in the U.S[J]. *Bilingual Research Journal*,2012,35(3):67 - 78.

[10] Kendall King. Language Ideologies and Heritage Language Education [J]. *International Journal of Bilingual Education and Bilingualism*,2000,3(3):17 - 28.

[11] Kendall King, Lyn Fogle. Bilingual Parenting as Good Parenting: Parents' Perspectives on Family Language Policy for Additive Bilingualism[J]. *International Journal of Bilingual Education and Bilingualism*,2006,9(6).

[12] Lisya Seloni, Yusuf Sarfati. (Trans) national Language Ideologies and Family Language Practices: A Life History Inquiry of Judeo-Spanish in Turkey[J]. *Language Policy*,2013,12(1):56 - 67.

[13] Lydia Catedral, Madina Djuraeva. Language Ideologies and (Im) moral Images of Personhood in Multilingual Family Language Planning [J]. *Language Policy*,2018,17(4):37 - 49.

[14] Mila Schwartz. Exploring the Relationship Between Family Lan-

guage Policy and Heritage Language Knowledge Among Second Generation Russian Jewish Immigrants in Israel[J].*Journal of Multilingual and Multicultural Development*,2008,29(5):37 - 48.

[15] Mila Schwartz. Family Language Policy:Core Issues of an Emerging Field[J].*Applied Linguistics Review*,2010(1):13 - 23.

[16] Zhu Hua，Li Wei. Transnational Experience，Aspiration and Family Language Policy[J]. *Journal of Multilingual and Multicultural Development*,2016,37(7):27 - 38.

[17] 安拴军,王家齐.论方言文化在中小学教育中的价值及角色定位[J].风景名胜,2017(11):249 - 251.

[18] 陈海伦.论方言相关度、相似度、沟通度指标问题[J].中国语文,1996(5):361 - 368.

[19] 郭翔飞.儿童语言习得与儿童一般认知发展规律[J].外语学刊,2012(4):131 - 134.

[20] 康晓娟.海外华裔儿童华语学习、使用及其家庭语言规划调查研究——以马来西亚 3—6 岁华裔儿童家庭为例[J].语言文字应用,2015(2):101 - 108.

[21] 李国芳,孙苗.加拿大华人家庭语言政策类型及成因[J].语言战略研究,2017,2(6):46 - 56.

[22] 林素娥,苏宪萍.方言可懂度计量研究刍议[J].甘肃联合大学学报(社会科学版),2007(1):58 - 60.

[23] 沈椿萱,姜文英.儿童的汉语保持水平与父母的角色——基于布里斯班五个华人移民家庭的个案研究[J].海外华文教育,2017(1):51 - 59.

[24] 苏金智.语言的声望计划[J].语文建设,1992(7):41 - 42.

[25] 王华,崔荣昌.从基本词汇看普通话与汉语诸方言的亲疏关系[J].语文知识,2007(2):44 - 47.

[26] 王玲.语言意识与家庭语言规划[J].语言研究,2016（1）:112 - 120.

[27] 许静荣.家庭语言政策与儿童语言发展[J].语言战略研究,2017,

2(6):15-24.

　　[28] 郑丽.福州高中生方言使用状况调查[J].北方工业大学学报,2017,29(6):120-125.

　　[29] 中华人民共和国中央人民政府网.中华人民共和国国家通用语言文[EB/OL].http://www.gov.cn/ziliao/flfg/200508/31/content_27920.htm.

　　[30] 中华人民共和国中央人民政府网.全国推普周开幕:我国普通话普及率超过80%[EB/OL].http://www.gov.cn/xinwen/202009/14/content_5543334.htm.

第五章│子女语言意识与语言管理

第四章对父母语言意识的分析可知，家庭内部父母不同语言意识类型对青少年方言能力发展具有不可忽视的影响。然而这并不是影响青少年方言能力发展的唯一因素。对上海相关数据的统计结果显示，呈现不显著差异。这表明，家庭内部，除了父母语言意识类型的影响之外，还有其他因素同样对青少年方言能力的发展有重要影响。

再次审视家庭内部语言（比如方言）使用者，可以发现，语言使用主体可以分为语言资源的传输者和语言资源的传承方或传承对象。语言资源的传输者，在青少年年幼时期，通常是指青少年的抚养者。作为掌握方言资源的人，他们决定着语言资源（比如方言）代际传承的可能；青少年一代，通常被看作语言资源的接收者和再传承者。但研究表明，接受语言资源的青少年一代，在传承过程中，不是永远被动承受的主体，随着年龄的增长，他们对于是否使用某种语言资源、是否继续承继某种语言资源会形成自己的认知与决定，甚至有时还会对父母及其他抚养者产生影响。Shulamit(2010)、Palviainen & Boyd(2013)等指出儿童对家庭语言政策的执行和转变具有导向性作用，孩子进行积极的角色扮演，并把社会主流语言带入家庭，从而影响了父母的语言使用。西方学者在继承语的研究中对儿童的关注为我们的探究提供了思路。李德鹏(2018)指出孩子也是家庭语言规划的主体，有自主决定权。语言的选择与使用既是家庭内的一种约定俗成，某些时候也是家庭成员之间一种隐形的竞争。随着青少年的成长，当90后一代进入青春期后，他们的自主意识逐渐强化，他们原有的顺从心理会发生改变，开始有自己关于语言资源或者语言选用的认知与思考，而认知与想法的改变可能会带来自身语言行为的变化。李丽芳(2013)指出自主意识,指的是个体根据自身意愿调节个人生活、学习等思想和行动的趋向,以及由此形成的与他人之间的界限感和自我感。在青少年自主意识逐渐形成的过程中,面对的他人,也包括自己的父母、祖父母长辈或者其他对自己有重要影响的人。本研究中,在家庭环境下,重要他人主要指以父母为代表的能够影响、指导、管理青少年生活的抚养者。自主意识体现在行为自主、认知自主和情绪自主三个方面,能够形成自己独立的认知并能够调节、控制自身的行为。语言使用作为青少年生活日常的组成部分,其背后也伴随着青少年带有自主性的语言意识的调节。如前所述,在外地人与外地人组建的家庭中,虽然缺少听或说当地方言的环境,但仍有一部分青少年学会了当地方言;而在本地人与本地人组建的家庭中,并非所有的青少年,均如设想的一样全部会说当地方言,有一小部分青少年,在所有的家庭成员均使用当地方言的背景下,仍没有学会说当地方言。这种看似不合常理状况的存在,说明家庭语境、父母语言意识等等对青少年一代方言能力的影响不是绝对的,随着青少年自身的成长,自主意识的发展,这些也会影响他们在语言选择、使用等方面的变化。

5.1　90后语言意识及语言管理

采用访谈法,我们对90后语言意识状况进行了解。主要通过一些问题,比如"小时候,你在家里说什么话,是什么原因让你在家里说这种话"、"你长大一些后,在家里或者与人交往时,说的话有没有变化? 如果有变化,是什么原因让你变化的? 如果没有变化,又是什么原因",等等。通过比较90后一代的想法与认知,来寻找其语言意识形成以及变化的状况。

与父母语言意识的类别划分相似,对90后语言意识类型也进行了划分。首先,根据他们的访谈信息,将90后语言意识类型分为两大类:模糊类语言意识和清晰类语言意识。清晰类语言意识指的是在语言实践中,青少年的语言选择不完全是被动的或只被动服从家庭抚养者安排,而是有自己的自主选择。在语言选用和使用过程中,90后一代如果持有明确而清晰的语言意识,这种语言意识会让他们自主决定选用哪种语言并付诸实践。模糊类语言意识,指的是对语言资源的价值与功用没有清晰的认识与了解,也从未思考过选用或者使用什么样的语言资源,自身的语言实践行为主要是顺应家庭、社会等外在的要求或者安排而形成的,整体呈无意识状态。这类语言意识类型下,自身没有特殊的语言习得偏好、语言需求,而且在语言实践过程中,主要表现为被动接受与不断调整自己适应对方的需求。根据90后语言意识类型中主导语言资源的差异,对清晰类语言意识类型进行细化,具体再分为普通话为主导的语言意识与自我语言管理、方言为主导的语言意识与自我语言管理、普通话—方言双言为主导的语言意识与自我语言管理以及隐性语言意识与自我管理。

5.1.1 普通话为主导的语言意识与语言管理

普通话为主导的语言意识与自我语言管理,指的是青少年对普通话的地位、作用等有比较清楚的认识与了解,使用普通话也是很多场合的选择,而且很多时候均倾向于使用普通话;对选用普通话、使用普通话有特别积极的认同与肯定。访谈信息如下。

例1:"我会讲南京话,小时候在家里也是讲的,但是后来慢慢长大,感觉南京话不好听,很急,脏话还多,就开始有意识地少讲……现在家里爸妈说南京话,我自己就说普通话,我爸妈也随我,我们都习惯了,没感觉别扭。"(样26,南京,男,20岁)

例2:"扬州话我能简单说一些,比较日常的,大段的说起来比较尴。我一直都讲普通话,在外面或者在宿舍有同学讲,挺能带动人的,他们就一起讲,其实我能插上扬州话,但是我不讲,不太喜欢……扬州话会说就是无意中学到的,没想过要学,会不会都无所谓,反倒普通话标准对我来说比较重要。"(样27,扬州,女,19岁)

例3:"我会讲上海话,但是从来不讲,偶尔有一两个语气词可能会说上海话。……我感觉我是会说的,需要我说什么,上海话的音、词、调都会在我脑子里,我能说出来,但就是不说。……滁州话(父母滁州人,人才引进来上海)我也会讲,但是我也从来不讲。……没想过用方言拉近关系,在上海,你说普通话,都听懂就行了。在滁州,我会刻意一定说普通话来把关系拉远,不然感觉每次碰到亲戚问来问去很吵。"(样3,上海,男,21岁)

例1—3中,受访者对普通话有着很明确的认知与认同,并且会有意识地提醒自己在什么样的场合说普通话,说普通话、不说方言,在三个案例中,都是说话人有意控制或者管理的结果。在例3,受访者甚至有意识地强化说普通话的意识,利用普通话作为工具来拉远与某些人群的社会距离。三个案例中的受访人,对普通话的作用、功能,以及普通话的社会功用等都有清晰的了解,而且对普通话持有特别积极、正面的认同。反观对方言的认知与评价,三个案例受访者更多是持一种否定的态度,例1认为南京话"不好听、急、脏话多";例2主要是在说扬州话时,"感觉有些尬、不太喜欢"。三个受访者其实都会说当地方言,但多数场合,他们比较抗拒说当地方言,就像例3说的"能说,却不想说"。

三个案例中的青年一代,均有自己的语言意识,而且语言意识清晰明确。在调查的总样本中,家庭中持普通话为主导语言意识类型的90后,南京有4人,这4人的家庭类型主要是本地人与本地人、本地人与外地人组建的家庭;扬州3人,家庭类型与南京相同;上海5人,本地人与本地人、本地人与外地人和外地人与外地人等三类家庭均有。从总数来看,上海90后持有普通话为主导意识的比率高于南京、扬州。我们认为,可能同三个城市普通话推广力度与社区语言环境、语言使用状况有关。如前述,每一个阶段,上海在推广普通话的过程中,其推普力度、执行力度均大于国内多数城市,包括南京和扬州。在第四章的分析中可知,上海的推普影响力从学校、政府部门逐渐向家庭扩散。这些90后成长的时期,正是上海推普的另一个热潮时期,他们中的大多数在小学或初中求学阶段。这一时期,上海大、中、小学的校园都有很多督促大家说普通话的标语口号,还有很多配合普通话推广而举办的活动、比赛或者其他督促行为。一般而言,较之于其他组织或者社团,学校的相关政策或活动对家长、在校学生的影响较大。大多数家庭即使有一些不同的语言规划或者语言使用行为,逐渐也被学校的相关语言规定或政策同化或者影响。因此,这一时期,学校大力推广普通话的相关举措,对青少年的影响力,在某种程度上,有可能远远超过父母;这一时期,在校青少年对学校相关政策的反应灵敏度、配合度是远远高于其他群体的反应。由此可以推导出,学校一系列普通话的推广宣传与措施,一定会影响或者强化这一时期在校学习的 90 后一代。除外,这一时期的上海大环境也在发生变化。伴随着推普的影响,城市外来人口数量的增加,上海这个大都市,公共场所普通话使用频率逐渐提高,普通话的社会声望也逐渐升高。老一辈上海人持有的"不会说上海话不是上海人"的想法,90 后一代不再认同。很多 90 后,就如例 3 受访者一样,不再认同方言的地域身份认同的功能,很多 90 后可能"没想过用方言拉近关系";90 后较多感受的是普通话带来的便利,正如例 3 受访者说的"在上海,你说普通话,都听懂就行了"。90 后一代对父母辈因会说"上海话"带来的"地域优越感"缺乏感同身受,中国全国范围内普通话强势地位的确立,让他们坚信的是普通话的主导地位与其带来的社会文化功用。访谈中,上海的一些 90 后也表达出对传统上曾经存在的方言歧视现象的否定,比如,有些受访者表示"我很讨厌他们用一种带着地域歧视的态度让我说上海话"。根据访谈数据,上海 90 后持有类似想法的人较多,他们认为这样凭借方言而生的地域歧视应该摒弃,否则会与上海的国际大都市地位不相匹配。基于这样的语言意识,他们认同普通话,并逐步形成以普通话为主导的语言意识,这种语言意识也逐渐对他们的语言选用与实际的语言使用产生影响。从家庭内部构成上来看,由外地人组成的家庭(包括本地人与外地人、外地人与外地人组建的两类家庭),家庭用语选用普通话的概率较高,这些都会对青少年时期的 90 后产生影响。

5.1.2 方言为主导的语言意识与语言管理

这一类型的语言意识类型与父母语言意识类型相似。主要指的是 90 后一代清楚了解方言的功能与使用空间等知识,自身在语言选用与语言实践方面也更倾向于使用方言。而且由于形成了以方言为主导的语言意识,这些 90 后可能会改变或修正以往的语言使用。

例4："我妈不让说南京话,经常跟我说'你能不讲南京话吗',但是我自己还挺喜欢的,感觉南京话说起来很有味道……他们没教过我,还没我说得好,我的南京话就是自己学的。"(样28,南京,女,22岁)

例5："在扬州,只要对方不明确表示自己听不懂,我一般都说扬州话,包括在学校,课上课下都说……老师要求过说普通话,但有一次发现老师自己也在课下说方言,我们为什么一定要说普通话,我就改回来了。"(样2,扬州,男,20岁)

例6："爸妈小时候都不在上海长大,爸爸会讲,妈妈不会,家里一般都是讲普通话,我也就习惯了讲普通话……后来出去,发现作为上海人却不会讲上海话很尴尬。我外公是上海人,家庭聚会都是上海话,我不会也很奇怪,就会有意识跟着他们学,多讲一点,提高一下自己的上海话能力。"(样13,上海,男,24岁)

例4中的受访者,父母在家庭内部其实有很清楚的语言管理要求,比如"你能不讲南京话吗"。在这个受访者年幼的时候,应该主要是服从与被动接受,主要以普通话为主。但长大之后,这位受访者对方言(南京话)有了自己的认知,而且这种认知事实上是与其主要抚养人(在此案例中,主要与母亲)产生矛盾的。但由于年龄增长,自主意识的形成,家庭里的主要抚养人(母亲)已经无法控制其自身的语言使用,这位90后根据自己的语言意识调整了自己的语言使用。例5中的受访者当下特别想说方言的原因并未清晰阐释,但是能够看到这位受访者语言意识的变化。在这个意识形成之前,这位受访者应该主要是以普通话为主,主要原因是"老师要求过说普通话"。如前述,这些90后成长的时期,地方城市管理部门、学校均会配合国家宏观的语言政策,号召社区、家庭、在校学生多说普通话。在这位受访者年幼时,家庭、学校应该一直强调说普通话,自己也是顺从、服从的。可随着这位受访者自主意识的形成,他通过自己的观察和身边语言使用的实例,比如老师要求他们说普通话,可根据自己的观察,发现"老师自己也在课下说方言";而且他意识到不一定任何时候都要说普通话。这个时候,他认识到方言也有自己的存在价值和空间,于是在这种语言意识的主导下,开始有意识改变自己的语言使用,比如,对能听懂的人开始说扬州话、在学校开始说扬州话,等等。这种语言意识的出现,让我们看到未来方言传承的可能与新方式的形成。随着普通话的普及,当普通话能力的培养不存在较大障碍之后,如果持有方言为主导的年轻一代人数增多,那他们就会想方设法重新学习方言,而不仅仅局限在家庭语境,也就会为方言的传承提供更多的机会与可能性。比如,例 6 中的受访者,他小时候的家庭环境是不利于说上海话的,虽然外公是上海人,但外公并未参与抚养,因此这位受访者小时候的家庭环境更多是以普通话为主导。在这位受访者小的时候,可能认为不会说上海话是理所当然的事情,因为爸爸妈妈均说普通话,自己说普通话也是很自然的事情。但长大之后,他自身的语言意识,让他看到上海话的功用,比如与家庭聚会时,发觉外公他们在说上海话,而自己虽然也是上海人,却不会说上海话。这种比较与认识,让他产生了"尴尬"的感觉,也让他开始重新思考与认识说不说上海话的意义。正是在这种语言意识指导下,这位受访者开始改变,开始自主地学说上海话。这已经与自己的家庭环境、与父母的语言意识无关,而完全是自身语言意识指导下的自主行为。而这种自主学习的态度,对于语言的学习是最为有利的。想说之后,再学就有了更多的积极性与主动性,语言能力的提高也会较快。

访谈案例中,三个城市中具有这种语言意识类型的 90 后,南京有 8 人,扬州 11 人,上海 17 人。总体上,上海 90 后具有方言为主导语言意识和自我语言管理的数量最多,扬州、南京依次减少。这同样与推普政策和青少年的自我意识发展有关。早期的强势推普,儿童时期,以教师为榜样的模仿力度,均会在一定程度上影响青少年方言能力的发展。上海 90 后较小的时期,上海市区推广普通话的热度仍比较大。但当 90 后十几岁的时候,上海推普成效已经十分显著。逐渐地,上海话在青年一代(当时的 90 后)中传承较差、使用率较低的状况开始引起关注。于是,上海各界开始行动起来,制定了一系列保护沪语的政策,同一时期,号召大家说上海话的宣传与活动也大量出现。这种方向的变化,自然会对 90 后的家庭以及 90 后本身产生影响。而且 90 后十几岁之后开始形成自主思考的意识和能力,社会背景的变化必然也会对他们有所触动,会逐步改变他们对上海话的认知,进而影响他们对上海话的使用。相比之下,南京、扬州以方言为主导的语言意识则更多表现在使用上,就是更多的 90 后开始增加说方言的频率,不再排斥说方言,有些受访者表示,形成方言主导的语言意识之后,有时候,甚至觉得说方言很酷,是有个性的标志。

从家庭通婚结构看,三种通婚结构下,都有 90 后形成方言主导的语言意识和语言管理。有意思的是,本地人与本地人组建的家庭中,有方言主导语言意识和语言管理的 90 后数量反而偏少。从访谈信息来看,这类家庭内部,说方言更像是一种自然而然的行为,因为所有家庭成员均为当地人,说方言的氛围很浓;此外,经常熏陶在方言环境中,不会着重思考方言的价值与意义。相比之下,外地人与外地人、外地人与本地人组建的两类家庭中,有方言主导语言意识与语言管理的 90 后数量较多。首先,这两类家庭面对的语言资源要多于本地人与本地人组建的家庭,他们需要比较普通话与方言这两类语言资源,随着自主意识的形成,他们也会强烈感知到两类语言资源的差异,进而形成自己的判断。还有,自身的语言经历,也会有意识地让他们根据自己身边的环境和话语使用状况,进行再选择。

上海、南京和扬州三个城市中,外地人与外地人组建的家庭中,长大之后的 90 后有 50% 的人最终形成了以方言为主导的语言意识和语言管理。在这一意识引导下,这 50% 的 90 后,在方言学习上,非常有积极性和主动性。不过,数据也显示,外地人组建的家庭,即使 90 后形成以方言为主导的语言意识和语言管理,愿意主动学习方言,但由于家庭语言环境的缺失,无法在家里听到或使用方言,其方言能力的提高还是有一定的限制。父母均为本地人的 90 后中,虽然有些人对自己的当地方言认同度不高,但受家庭环境的影响,他们的方言能力整体上仍然发展良好。

5.1.3　普通话—方言双言主导的语言意识与语言管理

这种语言意识类型,指的是语言使用者对普通话和方言这两种语言资源的地位、功能等均有较为清晰的认识与了解,对两种语言资源的使用场所也各有界定与区分,在两种语言资源的使用方面具有自主意识。这一类型的语言意识,是对普通话、方言均有认识,对两者的功用也都肯定、认同。一般而言,这一类型的语言意识也是一个动态变化的过程,两种意识或先后、或交替影响语言的选用与实际使用。

例 7:"会讲扬州话,但小时候推广普通话,感觉不讲扬州话很好,就不讲。慢慢扬州话就不太会讲了。后来高年级感觉要多讲,要讲标准,因为方言说出来有些人听不懂,在某些场合感觉保护隐私,是必要的,而且和亲戚在一起讲方言更亲切。"(样 9,扬州)

例 8:"当时学校里在推广普通话,老师也提出了要求,就感觉一定要听老师的。家里跟我说上海话,我就会说'不要跟我讲,我不要学上海话',后来家里也配合我说普通话,慢慢就不会讲了。小学一直都是这样的,到了初中的时候,因为考虑到之后还要回上海(中考前在南京梅山),怕我不会讲受歧视,爸爸就问我要不要学上海话。我那个时候感觉自己完全不会方言好像少了点什么,就让家里跟我说上海话,我也会有意识地跟他们学。"(样 26,上海)

从上述两个例子可以看出,受访者的语言意识受社会语言环境、宏观语言政策、个人生活经历、个人语言能力等影响。这些影响在不同阶段有不同的表现,比如,对普通话和方言的认识在同一时间内是不对等的,某一个时期是有一定的倾向性。这类语言意识,对青少年语言使用的影响是有阶段性的,某一阶段可能更认同普通话,但实际使用中,可能普通话、方言同时使用,只不过这时的语言意识对普通话的态度更为积极,但对方言并不排斥;在另一个阶段,可能同时认识到普通话、方言的重要性,会有意平衡语言的使用或者交替使用两种语言资源。

调查数据显示,有普通话—方言双言意识的 90 后人数较少,扬州 2 人,上海 5 人,南京为 0。三个城市中,上海 90 后持有普通话、方言双言主导的语言意识较多。这一类 90 后,早期的语言意识,与以普通话为主导语言意识类型的 90 后相似;在逐渐长大的过程中,由于自身的经历或者环境的变化,在认同普通话的前提下,又进一步增强了对地区方言的认识与了解,也就是说,在他们的语言意识中,不是方言意识替代了普通话意识,或者反之,而是两个同时并存的关系。也因此,我们称之为普通话—方言双言主导的语言意识类型。这一语言意识类型对青少年语言能力的影响是正面的也是积极的,也就说,一般而言,持有这类语言意识类型的 90 后,基本均可以说普通话和地区方言。但城市之间存在差异,在扬州,持有这一语言意识类型的 2 人,均可以流利地使用普通话和扬州话;上海 5 位持有这一语言意识的 90 后中,有 1 位可以流利地在公共场所、家庭等场所中流利切换使用普通话或上海话,其他 4 位普通话能力很强,但上海话能力则较弱;这 4 位,在小学阶段只会说很简单的上海话,后来认识到上海话和普通话同样重要之后,也努力和会说上海话的朋友或者其他伙伴学习,提升说上海话的能力;但由于家庭环境,这 4 位 90 后的家庭为外地人+外地人或外地人+本地人组建的家庭,上海话的输入信息有限,所以目前这 4 位 90 后,虽然与小学阶段相比,说上海话的能力有了一些提升,不过与第 1 位 90 后相比还存在差距(第 1 位上海 90 后,父母均为上海人),他们只能用短句简单交流,无法做到非常流利的交谈。从这里可以看出,青少年语言意识对自身语言能力的发展是有一定促进作用的,但是这种作用还是有限。需要与其他因素,比如家庭结构类型、父母语言实践等相结合,共同作用才能大幅度影响语言能力。但值得肯定的是,青少年自主意识的形成,对其自身语言能力的提升是有利的。仍以上海 4 位 90 后为例,他们当下的上海话能力虽然不是很流利,但与小学阶段相比仍是进步了。正是由于普通话—方言语言意识的引导,才使得他们在说普通话的时候,没有放弃对方言使用的管理,才有后来上海话能力的提高,正是这种双言的语言意识,促进目前他们普通话—双言能力的形成。而且,这 4 位 90 后表示,对上海话的使用与提升仍会继续。他们表示,因为是上海人,未来希望在上海工作,如果工作场合有较多人说上海话,他们坚信自己的上海话就会突飞猛进,因为既有语言环境又有了动力(工作场所需要)。

5.1.4　模糊类语言意识与语言管理

模糊类语言意识与语言管理,指的是在语言习得和使用的过程中单纯顺应环境,说话人没有做出过特别的语言习得努力或者没有特别明确的语言实践要求。虽然自身可能有某种语言使用倾向,但是乐于并主动根据环境随时变化。

例9:"我在学校就说普通话,因为我上幼儿园很早,属于接触社会比较早的,很快就适应了普通话的环境,也不用老师特别纠正。而且后来推广普通话,我正好还比较适应。但是如果同学跟我说南京话,我就回他南京话,而且一般能说南京话的,都证明是关系很近或者很铁的,包括在家里、周围邻居之类的只要知道他们是说南京话的,我就都说南京话,不认识的就看对方说什么了……没什么特别的想法,随着别人变化就行。"(样56,南京)

例10:"我除了在家里,一般都是讲普通话的,因为学校里的同学大家都习惯了。但是在公共场合或者工作中,比如遇到客户是扬州人,他说扬州话,那我就跟着他变,保持话语一致。"(样13,扬州)

例11:"说什么话对我来说没什么特别倾向,别人说上海话那我就说上海话,感觉亲近;别人如果说普通话,那可能他听不懂上海话,我就用普通话。我不会因为别人跟我说什么有特别的感觉或者偏见,交流顺利就行。"(样40,上海)

例9—11三例中的受访者均能够自如运用方言和普通话,在学习和使用上没有特别的倾向,更多是根据环境的一种随时切换。在切换时,说话人有一个切换的意识,但是由于这个过程很短暂,甚至不需要经过特别思考,更像是一种条件反射式的无意识状态。整体看,这类青少年的语言意识是模糊的。拥有这类语言意识类型的,南京44人,扬州35人,上海33人。从家庭通婚结构看主要集中在本地人与本地人家庭。这类家庭的青少年通常能在自然状态下熟练掌握并流利使用普通话和当地方言,在交流中能正常实现两种语言的自然切换,因此他们除了对语言自身的评价可能会影响个人的语言使用偏好外,在方言能力发展上通常不需要特别的努力。

对90后语言意识与语言管理的调查结果显示,三个城市90后中不同语言意识类型的数量是存在差异的。上海受访的90后中,持有清晰语言意识类型的人数最多,27 人(占受访者总数的 45％);其次是扬州,有 16 人(占 31.4％),数量最少的是南京,12 人(占 21.4％)。

此外,南京、上海和扬州三个城市中,持方言为主导语言意识类型的比率,南京 90 后最低。为什么 90 后南京受访者中,持有方言主导的语言意识类型最低呢? 可能与城市开放程度、对待各自方言的态度评价有关。

从宏观社会经济文化因素看,三个城市的社会开放程度依次为上海>南京>扬州。许多研究显示,开放程度越高,外来人口在城市中所占的比例也越高,在城市化进程中语言生活受的冲击也就更加明显。根据学者研究,1978 年上海市流动人口数量约为 5.7 万人,占常住人口比重为 0.52％。截至 2019 年,上海市常住人口[①]为 2428 万人,其中户籍人口 1446 万人,流动人口数量增加至 982 万人,占常住人口比重为 40.6％。与 1978 年相比,上海市流动人口规模增加了 100 多倍(沙勇 2016;李萌、张力 2020)。根据南京市人民政府网站提供的数据,截至 2019 年,南京市常住人口 850 万,户籍人口 709.82 万人。在扬州市,其常住人口由 2010 年的 446.01 万人增长到 2017 年的 450.82 万人,增长了 4.81 万人,年均增长率为 1.17‰。户籍人口由 2010 年的 459.12 万人增加到 2017 年的 459.98 万人,增长了 0.86 万人,年均增长率为 0.92‰。可以看到,上海作为超大规模的大都市,城市人口规模增长迅速,其主要原因在于过去的几十年,上海吸引了大量的流动人口,这些流动人口为上海的社会经济发展作出很大贡献。但与此同时,持续增加的流动人口也给城市语言生活环境、语言使用等带来影响。除外,可以发现,由于经济发达、就业机会多,流入上海市的外来人口数量多,这使得上海的常住人口增加,但上海市户籍人口数仅占到常住人口的 50％左右,其他均为外来人口。从常住人口数量看,南京、扬州远远低于上海,扬州市区常住人口最少。从户籍人口在常住人口的占比来看,南京和扬州两个城市的外来人口较少,户籍人口数量较多。这从另一方面表明,南京和扬州的城市开放程度、人口流动频率均远远低于上海。根据这一标准比较南京和扬州,扬州的城市规模、社会开放程度、人口流动频率等又远远低于南京,从扬州

---

① 常住人口包括长期生活在城市的户籍人口以及居住生活超过 6 个月以上的流动人口。

市常住人口 2010—2017 年间的变化来看,扬州市外来流动人口的数量增加较少。外来人口多的城市,对城市语言生活的影响较大。以上海为例,结合访谈信息发现,上海大量涌入的外来人口激发了上海本地人对上海话传承的危机感,同时也强化了他们对自己当地方言的强烈认同感。某些上海本地的受访者表示,"如果我们(本地人)都不会说上海话,以后还会有谁说上海话"、"如果我们都不会说上海话,那还凭什么说自己是土生土长的上海人",有很多本地人和本地人组成的家庭都持有这种看法。从访谈者层面来看,这些观点的存在,并不表明这些本地人具有地域歧视性,只是在外来人口大量涌入的背景下,他们认识到了本地方言传承与使用方面存在危机,很多受访者表示,希望自己的当地方言(上海话)和采用上海话呈现的地方文化能够在城市发展过程中得到保存,而不是逐渐消失。扬州市区,如前述,近年来,城市的社会流动不太频繁,城区居住的很多都是扬州本地人。即使作为江苏重要的旅游城市,扬州话在扬州城区的使用率仍很高,本地人尚未深刻感觉到扬州话以及相关社会文化传承的危机。也因此,扬州话,在扬州地区仍有较高的实用价值。比如,有些扬州本地的受访者表示,在某些场合说扬州话,还是会带来一些便利,如果在扬州打车说扬州话,就能彰显自己扬州本地人的身份,不会被绕远路或者不会被宰等。也就是说,扬州话在扬州仍是地区身份认同的重要工具,是区分本地人与外地人的重要依据。扬州人主要以扬州市区和周边郊县的当地人为主,扬州话在扬州占有很重要的地位,老城区内的方言使用保持了原有特征,这就使得扬州人对自己的方言具有很强的认同感但又不受外来冲击。南京则恰好处于中间地位,外来人口的涌入,虽然也让普通话的主导地位越来越鲜明,但在南京市区,说南京话的人仍较多。受访的很多南京 90 后,既会说普通话也会说方言,只不过他们明确清楚两种语言资源的使用需要区分说话的语境、交际对象等。

相关访谈信息显示,三个城市的受访者对自己当地方言(南京话、扬州话和上海话)的特色与状况了解清晰。南京受访者心中,对南京话的认知状况可以概括为:南京话跟普通话差不多,接近安徽话,易懂;语音语调夸张,具有表演性,语速快,语气急,直爽,但听着很有趣。脏话非常多。扬州受访者对扬州的认知为:扬州话,新派扬州话跟普通话比较接近,语速快,尾音上翘,说快了会有一点娘的感觉,但整体很有趣;其中也有一部分脏话听着不舒服。上海受访者对上海话的认知为:它是吴语代表,"十里洋场"的语言表现,语速快,语调偏软,吴侬软语,有温柔感,中老年人说快了有骂人之嫌。三个城市受访者对自己当地方言的概括与归纳,体现出他们对三种方言的语言特征、社会文化特色、作用和价值等的认知状况。综合起来不难发现,按照正面认可度排序的话,应该是上海话、扬州话、南京话。三个城市 90 后对本社区方言的态度评价率,持中立或消极否定评价的比率,分别是南京话48.3%、扬州话 43.1%、上海话 20%。可见,上海受访者对上海话的消极否定评价较少,最多是中立的评价,这一结果基本与上文受访者对自己当地方言的主观判断接近一致。

90 后对自己当地方言的评价态度也会一定程度上影响对方言的使用。由于对本地方言的认可不足,因此在语言使用中或由原有状态转向普通话,或在原有状态下保持语言习得的定式,只根据场景和对话者的变化而改变。另外,南京话在三者中是与普通话最接近的,以"白局"为代表的老南京话已经极少出现在交流场合,新南京话与普通话,主要体现为语调差别。这种变化,一方面使得南京话十分易学,就像某些受访者所说,"跟一个南京人在一起两天就能学会南普";另一方面表明,新南京话一般不会造成交流障碍,交流双方,即使一个说南京话,一个说普通话,也可以实现交际的目的。虽然有些扬州受访者认为,扬州话与普通话差别不大,但具体分析,扬州话与普通话的差异仍然较为明显,除了语调之外,词汇的差异也较多;另外,与南京受访者相比,扬州受访者对扬州话的肯定较多,扬州 90 后受访者有方言主导语言意识的人数多于南京。上海话与普通话的差别最大,地域认可度最高,这就使得一方面它难学,说一口流利的上海话,仅仅靠听是不行的,需要长期有意识模仿、交流才能学会;另一方面,对上海话的高认同率也使在这里生活的人愿意为学习上海话付出努力,两方面因素共同促进了上海 90 后方言主导语言意识的发展。

5.2 90后语言意识类型及其方言发展

房娜(2010)通过对上海市小学生的调查发现学生的语言选择主要取决于环境,自主意识相对较弱,但已经不再以父母为模仿对象,老师和同伴的影响大大提高。而在我们的访谈中看到,90后部分青少年具有清晰明确的语言意识,他们对自己的语言能力发展和日常的语言使用有一定的倾向性,这些倾向性对他们自身的语言实践也会有影响。即使很大数量的青少年语言意识模糊,但在实际语言实践中,仍有一些青少年会逐渐形成比较清楚的语言意识,能够明确不同语言资源的使用场合。

为便于统计,我们将90后语言意识区分为两大类进行统计:一类是清晰类语言意识与语言管理,另一类是模糊或隐性类语言意识与语言管理。第一类语言意识,能够指导并作用于实践行动,设定90后语言意识能影响其语言习得和语言实践行为;结合实际观察与访谈信息发现,模糊或隐形类语言意识对90后的语言使用产生的影响较小,故不再进行统计。主要关注的是三个城市中有清晰类语言意识的90后与其方言能力发展的关系。SPSS统计结果显示,南京、上海和扬州三个城市中,上海 $P=0.029<0.05$,表明清晰类语言意识类型与90后方言能力发展有显著相关;南京、扬州分别为 $P=0.51/0.758>0.05$,表明语言意识类型与其方言能力发展没有显著相关。为什么三个城市只有上海存在显著相关呢?

如前述,在对青少年自主性的发展进行叙述时,我们提到过青少年的自主意识是随着年龄的增长而逐步形成并发展起来的。一般来说,青少年自主意识的形成,开始于他们进入青春期之后。青少年语言意识因为体现着青少年对语言的态度、看法,其通常也是伴随着自主意识的发展不断显露的,并非自始至终贯穿。通过访谈我们看到,在没有外界因素的刺激下,大多数90后语言意识是从初中才开始显现,呈非线性螺旋式上升。那么90后语言意识对自身语言使用的影响也是较后时期才会出现。在扬州和南京两个城市,受90后个人语言生活经历的影响,有清晰语言意识的90后比例极小(8.9%/15.6%),很多90后没有形成自己的语言意识或者是以模糊语言意识为主,表现为隐性自我语言管理。这类青少年对自己语言能力是一种放任状态,语言资源的选用、使用场合的变化以及日常环境中的语言习得是无意识的。这样背景下,90后方言能力的发展,更多受家庭抚养者、父母或其他家庭成员的影响而发展。同时,在有清晰语言意识的90后家庭内部,他们的父母对家庭内部语言的使用多呈现无管理状态,南京和扬州无父母管理的家庭为66.7%和75%,这些家庭,90后方言能力的发展完全需要依靠自身的力量,方言能力发展必然受限制。而且,如前述,当90后清晰的语言意识逐步形成的时候,他们中很多人已经上了初中或者高中,已经错过了语言习得的关键期,即使90后对学习方言感兴趣,但这个时候语言意识对语言使用的影响也有限。语言能力的发展除了受到语言意识支配外,仍然需要必要的语言环境,包括语言学习者自身的学习潜能。

上海90后中,有清晰语言意识的比例整体较高(45%),近半数的青少年对于自己的语言习得和使用有着明确而清晰的态度。受宏观政策宣传力度和学校教育影响,上海青少年的语言意识的形成从小学阶段即已开始。学校、社区等环境一系列的推普举措,让他们对"说普通话是一件正确而且必要的事(沪样23等)"这一态度有了比较早的、清晰的自我认知,这一认知在受到父母决策和语言使用的强化之后,就会更加清晰。51.8%的上海90后父母表示,他们对孩子这一转向持默认态度,并会在家庭中配合孩子使用普通话。因此,在较小的时候,上海90后的语言意识已经形成,并且在语言习得关键期内,其语言的使用得到引导,进而影响了他们语言能力的发展。同样由于地方政府、社区以及学校等部分的推动,上海90后对上海话的态度、学说上海话的意义等内容的认知逐渐被强化,于是部分上海90后开始形成以方言(上海话)为主导的语言意识,认识到"自己作为上海人却讲不好上海话"这一现象需要得到修正。因此,从初中开始,早期具有普通话意识的上海90后中,有55.6%的人语言意识出现变化,从以普通话为主导的语言意识转变为以方言为主导的语言意识;同一时期,一些90后的父母或祖父母辈也开始从普通话为主导或无管理转变为方言为主导的语言意识和语言管理类型。父母滞后的语言管理与90后方言主导的语言意识这一时期叠加起来,一起成为推动青少年方言能力发展的积极力量。在外部因素的刺激下,90后对自己的方言能力提出新要求,并开始推动自己的主动学习。语言使用的增多在很大程度上给方言能力带来积极变化,因而,与没有语言意识的90后在方言能力发展上,差异日益明显,而且这一影响是持续的。虽然不能说,有清晰类语言意识的90后,其方言能力就一定发展较好,但总体上可以说,清晰类语言意识对90后自身方言能力的发展是有一定的正向刺激作用。相对比父母的外在管理,90后自身的主动性在更长时间内会影响他们语言资源的选择与语言能力的发展。而且,90后中自主意识形成越早的人,语言意识对其自身语言习得与语言使用的影响越大。正由于有清晰的语言意识,一些来自外地人与外地人组成家庭的90后,靠自己的主动性与积极性,也能够学会当地方言。以上海为例,持有方言为主导语言意识,而且来自外地人与外地人组成家庭的90后中,学会说上海话的比率为87.5%。这让我们看到方言未来传承的希望与新途径,也就是说,即使没有传统学说方言的家庭语境,在某些情况下,靠自身的积极主动性,同样也是有可能学会方言的。

5.3 90后语言意识类型影响因素

90后语言意识的形成和发展会受到个人、家庭、社会等多方面因素影响。从90后个体因素看,性别与扬州、上海90后青少年的语言意识存在显著差异,具有一定的相关性,而在南京则不相关。这一点主要与青少年的语言态度有关。在前文中我们讨论过南京90后对南京话的整体评价偏低,不论男性、女性,均更倾向于说普通话,有些90后甚至在家里也会说普通话,不说南京话。而且由于很多南京的90后认为新南京话与普通话非常相似,觉得在南京说南京话和说普通话,效果差不多。对于南京话的传承,很多南京90后并不关心,他们觉得不说南京话,全部说普通话对工作、生活影响不大。这可能是性别对南京90后语言能力发展影响不突出的原因。扬州、上海则呈现出不同的状态。两个城市的90后,对扬州话和上海话的积极评价较高,而且两个城市的90后,均认同自己的方言(扬州话、上海话)的学习难度较大。两个城市的女性,相比男性,更认同方言的情感维系价值,同时也认同方言在某种程度上可以拉开交往距离。上海和扬州的 90 后女性中,均有人表明这样的想法,"如果不想让外地人听懂我们说什么,可以说我们的方言,很多外地人还是听不懂的"。但两个城市的男性明确表示有这类想法的较少,可能因此在两个城市形成了性别差异。年龄、受教育程度、通婚结构、家庭结构和抚养模式在三个城市中,均与 90 后语言意识类型的形成不具有显著差异,不存在相关性。

访谈显示,宏观语言政策对语言意识是存在影响的。不管是对 90 后的父母,还是对 90 后,宏观语言政策对语言意识的影响明显。宏观语言政策,主要指的是我国的普通话推广政策。而且,普通话推广政策在学校领域的影响最大。90 后早期的公共环境接触中,校园是接触最大且对他们影响最大的环境。90 年代,我国各地普通话推广思路是以校园为基础,以各个城市的党政机关为龙头,以广播电视等新闻媒体为媒介,以公共服务行业为窗口;而且各地都强调普通话推广要从城市逐步向广大农村地区拓展。根据国家语言文字法的规定,普通话是学校的教育语言,除了倡导在课堂上使用普通话之外,校园里还推出各种宣传口号,号召大家课上、课下全部使用普通话。为配合普通话推广的政策,教师们还会对学生的语言使用提出明确的要求,家长也会在某种程度上配合学校的工作。Spolsky(2003)指出,公立教育常会造成家庭继承语与国家通用语言或社会主导语之间的冲突。

国家推广使用普通话,主要是为了解决社会交际障碍的问题。但随着普通话强势主导地位的确立,对方言的传承与使用还是产生了不小的冲击。90 后年幼的时期,在学校、教师乃至家长的要求之下,会积极主动地使用普通话,普通话的高频率使用,必然会导致方言使用的减少。另外,对 90 后一代来说,推普的强势阶段集中在他们的幼儿园和小学阶段。在这一阶段,90 后还不具备完全独立的思考能力,在思想意识和行动上具有很强的模仿性。特别是教师,在幼儿园及小学生的成长中扮演着重要角色,教师的一言一行都在时时刻刻影响幼、小学生,这一影响在很大层面上超过了家长。

例 12:"小学的是学校里都会贴标语,'请讲普通话',(初中之后就没有了)基本上每个教室都有,老师会跟我们说'你讲普通话是对别人

的尊重'。小孩子都是最听老师话的,我们就这样照做了,一直到小学毕业。"(样 27,扬州)

例 13:"当时学校里面有着很明显的标语'请讲普通话,请写规范字',我记得我们学校一进门就是一个大红标语,然后楼道里面也都是,就是每个人每天都能看到。老师也会不断地跟我们强调'讲普通话'。当时我还是我们学校的推普员,就感觉说普通话是一件规范而且正确的事,大家都应该这么做,甚至我会跟我父母说不要讲上海话,要求他们在家里发生改变。"(样 23,上海)

从例 12、13 可见,受访者年幼时期,语言意识深受学校推广普通话措施的影响,特别肯定普通话的地位,对普通话使用场所、价值等也有非常清楚的认知,比如"讲普通话是对别人的尊重"、"说普通话是规范而正确的事"等等。这些认知在受访者年幼的时期,是被动接收的信息。这一时期,他们的自主意识尚未形成,更多是一种顺从与接受。而且,可以看出,求学期间,学校、教师的引导(强调说普通话等)对 90 后语言使用的影响显著,这种影响在这一阶段已经超过了父母对他们的影响。因为受访者甚至用学校的语言政策和举措来要求或者影响自己父母的语言使用,比如"我会跟我父母说不要讲上海话,要求他们在家里发生改变"等。另外,这一阶段的 90 后基本是顺应学校的要求,基本会形成相对一致的语言使用,即与学校政策保持一致,坚持说普通话,不说方言,这一认知在较长时间内保持不变。即使有个别 90 后会在校园说一些方言,但总体上,说普通话是校园里的常态。

例 14:"我们从进学校就是普通话,小学在玄武区,周围同学大多数是本地人,但是没人讲。"(样 35,南京)

例 15:"同学都是本地人,会讲上海话,但是不好意思讲。现在也想不清楚当时为什么,但就是像默认的一样,只要有同学在场,无论跟谁都不讲上海话。到现在很多时候也是这样,学校认识的就是普通话。"(样 45,上海)

　　上述两个例子中的受访者,均为本地人,上学期间的同学也都是本地人,每个人都会说当地方言,但没人讲方言,或者由于"不好意思",或者由于同侪压力"周围同学大多数是本地人,但是没人讲",或者出于从众心理"现在也想不清楚当时为什么,但就是像默认的一样,只要有同学在场,无论跟谁都不讲上海话"。不管什么原因,可以看出,学校这一时期对国家推广普通话政策的执行力度较大,普通话是当时校园的主导语言。不管什么时期,宏观语言政策的推行或者变化,都会或多或少影响 90 后语言意识。以上海为例。90 后的年幼时期(小学阶段),上海推广普通话的力度较大,如前述,很多 90 后在当时是顺应服从学校、社区等各种推广普通话的举措或者活动。但在 21 世纪初期,随着推广普通话任务的基本完成,上海的民众开始认识到在学习好普通话之后,上海话的使用和传承呈现出一些危机,尤其他们发现一些年轻的上海人(包括 90 后)不会或者基本不说上海话。因此,自 2005 年起,上海开始提出"沪语保护",并连续多年举行多种多样的鼓励大家"说沪语"活动。比如用沪语报站名、推广沪剧、举办说沪语比赛等,但由于"沪语保护"活动开始的时候,90 后一代已经逐渐长大,语言能力相对固定,这些措施对 90 后学方言帮助有限,具体效果尚不显著。但是宏观政策的调整加上青少年的学习和成长,以及其对方言认知的变化,90 后一代对方言的地位和意义等的认知有改变,有些 90 后在逐步了解的过程中,开始形成以方言为主导的语言意识。

　　90 后在成长过程中,其对语言资源作用、地位等知识的认知,不可避免地会受到父母或者其他成人的语言意识的影响。随着 90 后一代的成长,他们会对家长的语言管理进行反思,再结合自己语言文字的背景、语言使用的经历等,逐步产生自主的语言意识。自主语言意识的产生不是凭空的,它是 90 后们对家长语言管理及其结果的反馈。

　　例 16:"我问过他们(受访者父母),他们跟我说你用不到方言,不用学。当时在学校一直都说普通话,感觉好像确实用不到。有时候听到同学说扬州话,反正我也能听懂,不影响交流。而且扬州有一个节目《今日生活》,之前跟家里看的时候也学到过一些感觉就够用了……对我的

下一代应该还是跟我爸妈一样,会对英语提更多要求吧。"(样 28,扬州)

访谈案例中的受访者,之所以不会说方言,其实是父母特意进行语言管理的结果。受访者的父母会明确要求受访者不用学习方言,因为用不到。在这种语言管理之下,受访者对普通话与方言这两种语言资源的认知发生了变化。虽然当前方言保护成为社会热点,大家对方言的文化传承意义有了更加清晰的认识。但是从语言使用的便利性来看,普通话作为通用语更加便于社会成员的交际沟通,方言使用空间的压缩,使得一些即使不会说当地方言的人在工作和生活方面所受到的影响越来越小。90 后一代在父母语言意识和语言管理的影响下,对方言资源的掌握较差,方言能力发展较弱,而且对方言资源的地位、作用和价值的认识也不足,说方言或者不说方言在 90 后的认知中不是特别重要的事情。在这些社会文化因素的影响下,以 90 后为代表的青年一代倾向于说普通话。但同时,由于 90 后自主意识形成的时间节点与父母语言管理的节点重合,很多 90 后的语言意识其实是父母语言意识的一种反映,同时也是父母语言管理结果在 90 后语言意识里的呈现,即,90 后对父母语言管理结果进行反思,并对自己未来的语言使用进行改进或者完善要求。

> 例 17:"我妈在家是不允许我说南京话的,嫌南京话脏,但是在学校大家都会说一些,那我不说不合适,就会自己跟他们学一些,而且我感觉用着挺爽的。"(样 2,南京)
> 例 18:"我爸妈在家一定要我说上海话,说'不说不是上海人'之类的,就很歧视的那种,我后来不太能接受,而且也一直在外面上学,渐渐就不说了。"(样 1,上海)

从这两段访谈中我们可以看到,受父母语言意识和语言管理的影响,90后进入校园之后,结合自己的观察和校园周围的语言使用状况,开始对父母的语言意识与语言管理行为进行反思。由于逐步形成自己的语言意识,90后不再无条件地接受和服从父母、教师乃至学校的某些语言要求或管理;对于方言、普通话等语言资源的价值与地位开始进行自己的思考,并形成自己的选择或语言使用方面的倾向。有些 90 后,在自主语言意识逐步形成之后,会全盘否定从父母语言意识中获得的想法或者语言使用的倾向,最终会有一些语言使用方面的新改变。不过,90 后语言意识最初形成的起点,仍然是来源于父母、学校或者教师等最初表达出的语言意识或者语言管理的想法。如果没有父母、学校等关于语言使用方面的要求,90 后不可能逐步形成清晰、明确的对某种语言资源态度和想法。无论是顺从接受还是逆向反对,90 后语言意识的发展都与父母或家庭抚养者语言意识有密不可分的关系。从南京、上海和扬州三个城市的访谈数据看,父母如果具备较为清晰的语言意识,那么随着时间的推移,这个家庭的 90 后也很有可能逐步形成自己的语言意识和语言管理;反之,父母没有清晰语言意识或者只有比较模糊语言意识的家庭,90 后也不太可能发展出清晰的语言意识,如前述,这类家庭内部对语言的选用和实际使用,基本是一种随意、自然状态,家庭成员包括 90 后甚少有机会或者有意识思考关于语言资源价值与功用方面的问题。

根据 Mila(2008)、Tannenbaum & Howie(2012)、Graziela & Gillian (2019)等学者的研究,家庭成员之间的情感沟通与联系也会对青年一代语言能力的发展产生影响。他们发现,青年一代感知到的家庭凝聚力、家庭成员间的亲密关系和信任感是与语言资源的传承呈显著的正相关性;在日常的语言使用和交际过程中,与较大家庭成员间的情感关系也是语言维护意识形成的关键影响因素。除外,如果家庭成员中的成年人与幼童之间使用不同的语言,则会对家庭成员之间的关系产生负面影响(Wong 2000)。家庭情感关系对青年一代语言意识的影响与语言使用语域有关。Fogle (2012)指出家庭语言管理是一个动态的过程,它不是抚养者"自上而下"简单地对子女语言使用的监管,更是抚养者与子女在语言实践过程中不断对话循环体的过程。语言实践过程中,家庭成员间语言使用方面的变化会影响彼此的语言选择。家庭语境下,语言实践过程中,使用多种语言资源的成员越多,青少年越能够在这一过程中建立自己的语言使用规则,强化自主语言意识。家庭情感和家庭成员的聚集无疑对这一循环体的建立产生影响。

基于我国隔辈养育的特殊国情和家族内部的亲密关系,家庭情感主要考察与祖辈及父母双方亲友的关系。

伴随着普通话推广,方言的使用语域越来越被压缩,目前主要集中在家庭语域,公共场所的方言使用越来越少。这就意味着对方言习得而言,家庭的作用越来越突出。在家庭场景下,作为年轻的一代,90后父母甚至祖辈通常在家庭中占据更权威的地位,同时90后父母与祖父辈一般也是方言的使用者。语言使用的一致性能够促进对话并且使得双方的情感关系更加亲近。特别是对于父母及以上的长辈而言,方言相比普通话更倾向于是他们的母语,顺畅的方言表达能够增强交流双方的亲近关系。在这样一种家庭状态下,同样是方言掌握不足的青少年,受温馨的家庭环境和家族成员往来频繁、关系亲近的影响,更容易产生方言自主意识,提升自己的方言能力。

例18:"妈妈提醒过后虽然有讲的想法了,但刚开始还变不过来。后来因为经常有家庭聚会,都是外公外婆这边的亲戚,他们都是讲扬州话的,包括跟我同龄的表哥表姐,那只有我一个人不讲是很奇怪的,感觉和大家之间有距离。家庭聚会本身是一个轻松愉快的场景,所以我就逼着自己也多讲一些。"(样8,扬州)

例19:"因为外公这边的亲戚都是上海人,大家吃饭聊天的时候都是用上海话,我不讲就感觉没融进去。现在会有意识地重复模仿他们说话,尽量多讲一些,虽然还是蹩脚的。"(样15,上海)

受访者因为方言家庭氛围而强化了方言自主意识。反之,由于家庭情感关系相对疏远,青少年的方言意识很难激发,甚至会起到反向效果,比如在前文中我们所提及的上海受访者(沪样3),因为自己和父母常年居住在上海,与滁州亲友往来甚少,加之自己本身的以普通话为主导的语言意识,在与亲友的沟通中会因为想要逃离不熟悉不自在的亲友关系而选择说普通话拉开彼此社会距离。但是整体来看,三个城市中家庭情感关系对语言意识中有关方言能力发展的影响是积极和正向的。在家族关系亲密的家庭中,青少年更愿意为保持亲友间交流的顺利、自然而主动使用方言或提高说方言的能力。

知识储备与内部动机也会对 90 后语言意识形成产生作用与影响。90 后知识储备通常与年龄、学校教育存在关系。随着青少年与社会的接触、受教育时间的增长、受教育内容的丰富和深化,其个人知识、能力也在不断提升和发展,对事物的看法也会发生改变。原有的对父母和老师的依赖可能因个人经历和知识储备而发生改变,产生自主独特的看法。从语言习得看,对方言有更多认识的文史哲学生在成长的过程中能够更加清晰地认识到其社会价值和交际价值,能够更好地调动自身的知识储备来明确自己对这一语言现象的态度,并用以指导自己的语言实践。有关受访者在高中阶段才对说方言产生兴趣,在访谈中他阐述了自己的原因。

例 20:"因为我是历史专业,从高二高三开始对这方面有兴趣。那个时候对方言的发展演变有了一些了解,觉得这是一种文化,需要自己这一代去传承,而不是像父母说的'你不会讲别人会把你当外地人歧视你',因为对我们这一代来说,心里是很排斥这种想法的,甚至会感觉是父母比较狭隘。但有了这个认识之后,自己就会有主动学习的兴趣,比如有意识在 10 分钟内用上海话,父母就会纠正。例如他们会告诉我上海话里没有'消防局'这个词,而是用'救火湾',之后的几天都会反复询问我那个词怎么说,这样印象深刻而且也学得快。有了这个意识之后我感觉自己上海话讲得比以前好了,因为小学的时候几乎不会讲。"(样本 26,上海)

例 20 中受访者,因为个人的兴趣和专业让他有机会对方言这一语言资源有更加深刻的认识,也对父母的语言管理有了更加清晰的态度。对"你不会讲别人会把你当外地人歧视你"这种传统的上海人思维,受访者有着明确而清晰的否定态度,当然在我们的访谈过程中发现这种否定歧视观点的态度并非个案。新一代 90 后对于方言背后的地域歧视色彩都表示了否定甚至抵触,相对比父母对方言的社会性肯定,他们更倾向于肯定方言的文化价值。同时他们更倾向于用一种变化的观点看问题,更认同方言是对变化中的文化现实的反映,认同老派方言中词汇、特殊表达背后的底蕴,但也接受新派方言,"要适应现实生活,要不断接纳新的东西进来,要保留我们90后这一代的生活印记"。对于之后的语言管理上,他们也会有更清晰的做法,比如:

> 例21:"我会更倾向于一种教学的方式,主动去教,以一种历史的思维教,会更加体系化,就像学习英语上课一样,而不是单纯地讲要说。当然我也会教普通话,因为是通用语。对于这两者之间的关系那就要跟孩子讲清楚,设立清楚目标,什么时候讲普通话,什么时候讲上海话,讲多少,有一个场合和量的区别,而且这种教学和要求是从小就会说的。就像80后教小孩学英语,他们在教小孩子的时候会亲身投入,甚至有些教育理念比较好的,他们会跟孩子直接用英语交流,比如在家要说多少英语,说了多少给多少奖励之类的。那我可能也会借鉴。"(样8,上海)

例21的受访者,其自主语言意识不仅会影响自己的语言选择与语言使用,更会影响这位受访者未来下一代的语言能力发展。相对比父母辈,90后在语言意识和语言管理上会更加清晰。他们有可能在未来自己子女年幼时期就建立明确的语言管理要求与细则,并会采取一系列具体的活动巩固与强化自己的语言意识与要求。但不是所有的90后都会形成清晰明确的语言意识和语言管理想法。南京、上海和扬州167位受访的90后中,有明确的方言为主导语言意识的仅15位(占受访者8.9%)。这些90后大多为在校学生,专业集中在中文、历史和英语专业等人文科学领域。这15位90后的方言能力也较好,均能够流利地与当地人交流。有位中文专业的90后表示,"我知道我的方言(南京话)保留了入声,是古汉语的遗留"等,专业背景让这位受访者对语言资源有非常专业的了解,而这种自身的知识储备对其自主语言意识的影响也很显著。学者们用"内在动机"概念来解释自主意识产生的内因。所谓内在动机,指的是学习者自身学习的动机,它来源于学习者的兴趣，能够提高学习者本人的学习效果和学习的主动性（Sarah 2013）。访谈中的受访者，让我们看到，这种由自身知识储备带来的兴趣，是部分90后方言能力发展的内在动机。

社区语言环境与社会身份建构也是90后自主语言意识形成过程中不可忽视的影响因素之一。朱玲（2013）针对"双言时代"的特征，分析了语码转换的三种原因：语言现实、社会公约和心理动机，提出"假性词汇空缺"和"真性词汇空缺"的语码转换客观性同社会公约中明确的语码倾向对语码转换的影响。作者指出，交际者的身份建构是语码转换的心理动机，但她缺乏对方言建构意义的具体分析。事实上，选用某种语言资源进行话语交际的过程也是信息传递的过程。在交际中，交际双方可以通过使用的语言资源、副语言资源和语境资源等传达一些包括情绪、身份、内容等多种信息（陈新仁 2004）。在这一过程中，身份作为一种可变信息，影响着话语交际双方的态度。社会建构论指出身份是在对话中实现的自我判定，具有可变性（袁周敏、方宗祥 2008）。作为独立个体，每个人都具有一系列的身份标签，包括亲属性的、职业性的、职务性的等，这些标签构成了个体社会身份的综合体。在语言交际过程中，语言使用者为达到交际目的，会有意识根据对方需求和自我交际目的选择恰当的身份建构，语言的接受者也会通过某种媒介进行信息回应等影响说话人的身份定位选择。在某些语境下，方言资源的使用，也可以传达出某些社会身份的信息。比如，方言资源的使用，常常凸显交际双方地域身份特点，引起交际双方对"同乡"身份的回应，成为一种附属性的临时身份建构，这一身份建构对语用距离产生拉近效果。在访谈中不少受访者都提到在公共场所或是某些工作场景下为与对方拉近距离而使用方言，这时说话人的使用或学习是有意识的。

例22："我说上海话最多的时候就是我前两年在工作的时候，那个时候我做销售，为了跟客户拉近关系，只要对方是说上海话的，那我肯定会说上海话。有时候对方可能不说，但是他普通话里带着上海口音，能让我有感觉他是会说上海话的上海人，那我大概能感觉到上海话对

他来说可能更舒服。这个时候为了拉近关系,我会刻意地调整成上海话。"(样22,上海)

例23:"工作后,因为我们单位(电网)的师傅们都是扬州本地人,他们都是说扬州话的,为了跟他们交流方便,大家感觉亲切一点,就是不会那么生硬,我就开始学着说一些扬州话。大家都说,所以就学得比较快。"(样14,扬州)

例24:"工作之前在国企实习,同事还是上海本地人多,大家会说上海话。尤其是我们部门的领导很习惯讲上海话,有的时候甚至开会的时候也是,那我跟领导肯定是讲上海话,配合他。"(样46,上海)

李秀锦、刘媛媛(2016)指出家庭语言管理是一种语言投资行为,语言具有工具性和对未来生活的融入性。在访谈中我们看到,语言不仅仅是一种交流工具,语言的合理使用也影响着语言使用者的社会融入。在工作中,与工作伙伴或客户的语言交流在很大程度上影响着人际关系和工作的达成效果,话语一致通常达到一种符合双方心理预期的语用平衡。在当前普通话为主导且人口流动频繁的社会环境下,相比普通话语言资源带来的标准、客观冷静等话语特征,方言资源的情感纽带特征、方言维系起来的"同乡"标签则在原有的社会身份上产生了同向叠加,交际双方在"你"和"我"的区别中,强化了"我们"("我们是同乡")的认知。在这种交际效果下,来自同一地区的交际双方,选择使用方言资源,传递出自己在这一语境下的顺应性努力。这种顺应在话语交际中最易被识别并实现"同乡"身份凸显,拉近了双方的心理距离,彼此互相信任,增加亲切感。基于这样的认知,交际双方均会调整自己的语言使用,与对方搭建起一种新式社会身份关系。也因此,某些方言能力发展较弱的人会在外部因素的刺激下形成方言自主意识,在这种意识的引导下,自主选择学习或使用方言。有时,为了避免使用方言资源带来的"同乡"身份特征,说话人也会刻意在交际过程中,选择另一种语言资源,拉开距离,打破交际的平衡过程。比如,此前上海的一位90后,为躲开亲戚之间的交流有意识使用普通话,来隔断交际过程,拉开彼此距离。

通过对 90 语言意识的分析,可以发现 90 后一代在方言资源的使用与学习方面是发展变化的,不是一成不变延续家庭语言管理与语言使用状态。父母的语言管理和语言使用是 90 方言习得的基础,可在与社会的接触、自身知识储备增加的过程中,他们对各种语言资源的使用语境和使用场合形成自己的评判;并结合自身语言使用的习惯、现有语言能力状况与所处社会环境的实际需求等因素,逐步形成个人语言意识。除个人兴趣爱好外,90后语言意识也会受到父母或其他成人语言意识和语言管理的影响,某些 90后语言意识形成,其实是父母语言管理结果的沉淀与反映,并在长大之后占据主导地位,从而影响 90 后自身语言能力的发展与变化。从南京、扬州、上海三地看,上海市区有明确语言意识的 90 后数量,明显高于另外两地。这与上海这座城市的规模、社会开放程度、社会流动频率、上海话的特点、90后对自身方言能力的认知和对上海话的认同等多种因素密不可分。整体看,持有方言为主导的 90 后,其方言能力的发展较好;90 后语言意识对其自身语言能力的影响是长久的、动态发展的。此外,自主语言意识也是来自外地人与外地人组建家庭的 90 后能够学会当地方言的内在动因,同时也是未来地区方言传承的新可能或新途径。

参考文献

[1] Graziela Dekeyser, Gillian Stevens. Maintaining One Language While Learning Another: Moroccan Children in Belgium[J]. *Journal of Multilingual and Multicultural Development*,2019,40(2):17-26.

[2] Lily Wong Fillmore. Loss of Family Languages:Should Educators BeConcerned? [J]. *Theory into Practice*,2000,39(4):70-83.

[3] Lyn Folge. *Second Language Socialization and Learner Agency: Talk in Three Adoptive Families*[M]. Clevedon,UK:Multilingual Matters,2012.

[4] Michal Tannenbaum. Family Language Policy as a Form of Coping or Defence Mechanism[J]. *Journal of Multilingual and Multicul-*

tural Development,2012,33(1):67-78.

［5］Mila Schwartz. Exploring the Relationship Between Family Language Policy and Heritage Language Knowledge Among Second Generation Russian-Jewish Immigrants in Israel［J］. *Journal of Multilingual and Multicultural Development*,2008,29(5):37-48.

［6］Palviainen Asa，Sally Boyd. *Unity in Discourse，Diversity in Practice：The One Person One Language Policy in Bilingual Families*［M］. Berlin：Springer Netherlands,2013.

［7］Sarah J. Shin. Transforming Culture and Identity：Transnational Adoptive Families and Heritage Language Learning［J］. *Language，Culture and Curriculum*,2013,26(2):161-178.

［8］Shulamit Kopeliovich. Family Language Policy：A Case Study of a Russian Hebrew Bilingual Family：Toward a Theoretical Framework［J］. *Diaspora，Indigenous，and Minority Education*,2010,4(3):67-78.

［9］Spolsky Bernard. *Language Policy*［M］. Cambridge，UK：Cambridge University Press,2003.

［10］陈新仁.论语用平衡［J］.外语学刊,2004(6):42-47.

［11］房娜.上海市小学生上海话和普通话语言态度研究［J］.上海青年管理干部学院学报,2010(2):50-52.

［12］李德鹏.我国家庭语言规划的基本要素分析［J］.云南师范大学学报(哲学社会科学版),2018,50(6):32-38.

［13］李丽芳.国外家庭语言政策研究现状分析［J］.云南农业大学学报(社会科学版),2013,7(5):87-90.

［14］李萌,张力.城市基础设施投资对城市人口规模增长的影响:基于上海市的实证［J］.统计与决策,2020,36(7):108-112.

［15］李秀锦,刘媛媛.家庭语言政策与儿童文化认同建构——两例民族志研究个案报告［J］.语言政策与语言教育,2017(2):13-22.

［16］沙勇.超大城市人口规模增长影响因素及人口对策研究［J］.南京

社会科学,2016(10):57-62.

[17] 扬州市人民政府网.扬州市人口基本情况简析[EB/OL].http://www.yangzhou.gov.cn/xxgk_info/yz_xxgk/new_xxgk_descxxs.jsp?manuscriptid=7d7c49451ea048b4afb97e09741560f9.

[18] 袁周敏,方宗祥.言语交际中的身份建构及其理据研究[J].南京邮电大学学报(社会科学版),2008(3):56-59.

[19] 朱玲.浅探上海话与普通话之间的语码转换现象[J].文学教育,2013(4):152-154.

第六章 | 城市社区汉族青年一代方言能力比较

本章仍以上海、南京和扬州三个城市中 90 后为研究对象,比较这些青年一代方言能力的差异。如前述,90 后语言意识类型的差异主要是不同社会因素影响下的结果,而语言意识方面的差异又会使得上海、南京和扬州三个城市 90 后的方言掌握程度、方言使用和方言能力发展状况存在差异。

6.1 城市 90 后方言能力差异

在方言使用和方言能力发展状况方面,上海地区 90 后普遍低于南京和扬州地区。虽然南京、上海和扬州会说方言的 90 后(包括"简单交流"和"流利交流")比例差异不大,但是方言能力发展状况却有所不同。在上海能流利用方言与人交谈的 90 后比率从高到低依次为扬州(88.2%)、南京(85.5%)和上海(60.7%)。SPSS 统计的数据显示,扬州 90 后方言能力最高,南京次之,上海 90 后方言能力较弱。最大的影响因素在上一章节提到与上海市区整体的语言环境和学校推广普通话的相关措施行动有关。很多 90 后从幼儿园到小学阶段,都一直在学校普通话氛围包围之下,而且学校和老师还会从各个方面督促普通话的提升,因此上海大多数 90 后的方言能力开始退化。另外,有些工作之后的 90 后,其工作的社区、合作的伙伴本地人较少,平时接触上海话的机会减少,缺少说练方言的机会,方言能力逐渐地越来越弱化。

例1："我小学前在外公外婆家长大的,他们虽然没有刻意教过我上海话,但是天天说,所以我小的时候应该会讲上海话。后来学校里推广普通话,小学里特别要求推广普通话,我们有推普员严格监督说普通话,后来就没有习惯讲上海话了,虽然还能讲,但是就比较差了,就像学英语长时间不说会退化一样。"(样本9,上海)

例2："上海从小学到高中都会划片区,我父母是交大老师,所以我周围的同学朋友基本都是交大子弟,很多人父母都是外地的,他们不会说上海话,自己一个人说上海话肯定很奇怪,所以平时和他们交流都说普通话。……我们学校的老师很多都是外地过来的,都不怎么讲上海话。……我家住在大学旁边,周围说上海话的很少,没人说所以我也没必要说。其实现在我们没什么说上海话的机会。"(样本20,上海)

例1中的受访者在成长的过程中,由于家庭抚养方式是祖父母辈参与的方式,在早期,上海话能力较强,能够流利地与外公外婆交流。可入学后受到学校强制推广普通话的影响,方言能力降低。南京和扬州虽然也进行推普,但是推普执行力度弱于上海,类似的案例数也少于上海。南京和扬州两地受访者并没有提到"推普员"、"推普角"等推普形式,也有受访者表示虽然校园里要求说普通话,或者张贴"请说普通话"的标语,但是在学校仍会偶尔使用方言,并且在校外或者公共场甚至会大量使用方言。整体来看三地方言社会化中,上海地区90后受普通话影响最大,方言使用频率最低,方言能力也最弱。

例2中的受访者,由于老师、朋友、邻居都以外地人为主,所以语言使用主要为普通话。受到社会网络中普通话环境影响,为了适应和融入社会,受访者在自主性方言社会化中选择使用普通话。南京和扬州的部分90后,其社会网络虽然也以外地人为主,但是上海地区外地流动人口的数量远高于南京和扬州两个城市,因此例2中的现象,在上海较为普遍。2019年《中国城市流动人口社会融合评估报告》显示,上海常住流动人口数量为972.69万人,居全国首位,常住人口中外来人口比例为40.22%,接近半数。上海地区相较于南京和扬州地区外来人口最多,所以上海地区的语言接触和语言使用更复杂。上海地区的90后家庭中父母是外地人的可能性高于南京和扬州,同学、老师、公共场所以及工作中的外来人口也多于南京和扬州,所以在方言社会化过程中使用方言的机会较少,方言使用频率较低。

可见,上海、南京和扬州三地的90后在成长的过程中,方言能力和方言使用状况随着城市规模的递减呈现阶梯式变化。由于外来人口较多、城市化进程较快等客观原因,上海地区推广普通话执行力度较强,社会网络中普通话需求更高,所以90后受推广普通话活动的冲击较大,方言能力和方言使用频率较低。而扬州地区外来人口较少,公共场所使用普通话并不是必须要求,扬州话在公共场所的使用率仍较高而且使用语境较多,所以扬州地区90后方言能力和方言使用频率最高。在方言的学习方面,上海与南京和扬州相比,较为典型的情况是上海地区90后在社会交往中意识到自身方言能力薄弱时,会在形成自主语言意识之后进行调整,并寻找机会学习方言。城市如上海,规模越大,开放程度越高,方言传承状况越差,熟练会说方言的比率也越低。本研究发现的新变化是,上海90后群体中靠自身努力重新学会方言的人多于南京和扬州两地。

例3:"我上幼儿园前是只会讲上海话的,幼儿园后被强行改成讲普通话,老师都会强制要求的,家里也开始讲普通话。到了初中之后我的上海话其实就忘得差不多了。和我一起长大的发小很喜欢说上海话,她经常吐槽我上海话讲得不好,所以和她聊天的时候我就会尝试多讲一下,简单的句子就开始用上海话回答,讲得好一些了。上大学以后,和市区的同学在一起玩,他们喜欢讲上海话,我也会有意识跟着讲,尤其是开玩笑的时候讲得更多,现在感觉比以前讲得流利一些了。"(样本10,上海)

与以上访谈相类似的情况在上海地区非常多。很多上海本地的受访者,其家庭语言环境原本都以上海话为主,但是在上学后受到严格推普的影响,说上海话的频率和场合减少,很多在初高中阶段都只能说几句上海话或只能进行简单对话。但是当上海地区的孩子在新的社会网络中有新社会交际需求时,如果发现自己方言水平弱化,就会发挥主观能动性有意重新学习上海话,上海话能力也在学习中有所提升。但是在南京和扬州两地,虽然受访者在自主性社会化过程中也会习得方言,但是像上海受访者这样有意识地、主动地、刻意地习得方言的情况比较少见。究其原因,笔者认为这和上海在社会网络中构建的多样社会身份密切相关。

6.2　90后方言能力差异的影响因素

由于上海、南京和扬州的经济发展状况、人口迁移流向、宏观语言政策、社会网络等环境不同,90后方言能力存在显著差异。上海地区推普执行力度最强,这对90后方言能力的发展产生极大影响。另外,上海地区经济最发达,所以外来人口最多,这不仅使得家庭通婚结构中"外地人＋外地人"比例升高,也会导致多样社会网络中语言转换频率增加,进而影响90后的方言习得和方言使用。具体来看,推普力度、人口流向、社会网络中的身份构建等是造成上海、南京和扬州90后方言能力差异的重要因素。

6.2.1　普通话推广力度差异

我国宏观语言规划下的普通话推广政策与方言社会化密切相关,尤其在被动性方言社会化阶段影响显著。访谈信息显示,虽然推普政策在三地同时实施,但是三个地区推广普通话的力度却有所不同。上海推广普通话的力度比南京和扬州两地要强,从学校到教师贯彻得更为彻底。根据调查结果,上海地区课下说"普通话"的比例占88.5％,远高于南京的52.7％和扬州的51％,上海地区只有11.5％的受访者课下语言使用模式为普通话和方言混合。对三个城市访谈信息比较之后发现,只有上海在校园推广普通话时实施了特别的"推普员"政策。在同学里选拔推普员,不仅有利于执行推普政策,也加深了学生普通话学习的观念。很多上海的受访者在幼儿园或小学担任过推普员,他们在校园中要以身作则用普通话交流并监督其他小朋友使用普通话。由于校园中完全不允许讲方言,回到家后很多小孩也渐渐开始用普通话交流替代方言交流。而这一措施在南京和扬州的学校里并没发现,南京、扬州地区的一些受访者仅表示老师要求讲普通话,但是在访谈中可以看到要求力度远低于上海。可见,南京和扬州两地学校里的推普政策贯彻执行力度略低于上海。这和各地政府对于推普工作的具体执行及实施情况密切相关,上海地区的推普措施更全面、更彻底,上海有"推普员"、"推普角"、"推普标语",但是扬州和南京两地与之相比,推普措施相对较弱。俞玮奇(2016)认为普通话普及与地区快速的经济发展、城市化进程以及大规模的人口流入紧密相关,而经济发展相对缓慢、青壮年人口大规模流出,会影响该地区普通话普及。上海、南京和扬州分属超大城市、特大城市和大城市,三地经济发展水平有差异,经济发展水平越高,方言能力越弱,这也与俞玮奇的研究一致。上海作为三地经济发展水平最高的城市,人口流动频繁,普通话普及度较高,所以学校和老师对普通话的认同度相对也高,更有利于普通话普及。另外,有很多受访者表示"我老师很多都是外地人,也有一些是'新上海人',他们不会说上海话",正是由于经济发达,外来人口较多,所以外地教师数量也会增多。外地教师不会说方言,所以不会对学生造成方言习得的积极输出,另外,他们对当地方言认同度相较本地人较低,所以更有利于推普。

从语言社会化角度来看,推广普通话力度越大,90后方言能力越弱,特别在90后年幼时期该因素最为突出,因为推普作为显性语言社会化方式,对自主意识薄弱的学生语言使用情况影响最大。虽然推广普通话主要发生在90后年龄较小的阶段,但是讲普通话的观念以及普通话使用习惯可能会随着年龄增长一直持续到他们长大成人,长期影响90后的语言使用。上海地区还有一个有趣的现象值得探讨,虽然上海的推普力度最强,但是目前上海也是保护方言最有力的城市。尤其是从2011年开始,一系列沪语保护措施,如"沪语课程"、"沪语教材"、"公交沪语报站"、"大学沪语社团"等逐渐实行。2016年的《上海市语言文字事业改革和发展"十三五"规划》、《2018年上海市语言文字工作要点》都强调在大力推广和规范使用国家通用语言文字的同时,要科学保护上海地方语言文化。为什么会出现这样的矛盾呢?原因是虽然保护沪语逐渐受到重视,但是大力推广沪语是从2011年以后开始的。对于 90 后群体来说,推广沪语的时间在他们 12 岁之后,此时"被动性方言社会化"阶段已接近尾声,所以对于 90 后群体来说沪语推广效果就会减弱。笔者认为 90 后方言水平减弱主要是因为推广普通话和保护方言的语言政策未有效衔接,导致出现政策空窗期。90 后一代在他们初中之前受到极强的推普政策影响,普通话水平提高,方言水平减弱。初中后就算开始提倡大力保护方言也收效甚微,因为对于自主意识增强的青少年来说,此时的显性语言社会化的作用会明显减弱。

6.2.2 人口迁移流向差异

人口迁移一般是指人口在两个地区之间的空间移动,上海、南京和扬州三地的人口迁移流向有所不同。根据上海市、南京市及扬州市统计局发布的《2016 年国民经济和社会发展统计公报》提供的数据,以 2016 年为例,上海常住人口总数为 2419.7 万人,其中外来人口总数为 980.2 万人,占比 40.5%;南京常住人口总数为 826.99 万人,其中外来人口总数为 164.2 万人,占比 19.85%;扬州常住人口总数为 449.14 万人,户籍人口为 461.67 万人,户籍人口数大于常住人口数,呈现外流人口数量大于外地人口数量的形势。三地的外来流动人口数量差异较大,上海外来人口比例最高,南京次之,扬州最低。通过数据可见,上海在三地是最大的人口净流入地区,而扬州则是人口净流出地区。雷红波(2008)认为城市化、人口流动等因素导致了地域间的融合与地域方言特点的消失,大众传播媒体的发展使地域方言逐渐弱化。上海比南京和扬州有着更多的外来人口和迁移家庭,人口迁移流向对于 90 后方言能力发展有何影响?

首先,大量的人口流动会影响家庭通婚结构。如前述,家庭通婚结构会影响孩子的方言能力。如果家庭中父母来自外地,家庭语言环境是当地方言的可能性就会降低,在年幼时期,90 后接受到当地方言熏陶的可能性也随之降低。其次,普通话作为交流工具,大量的人口流动会使得其工具性意义更加突出。张璟玮、徐大明(2008)研究表明,人口流动与普通话普及具有较强的相关性。由于人口流动造成的语言接触使城市语言呈现出多语共存的局面,在多语言环境下,普通话成为人们主要交际工具。本地人为了方便交流,适应大量涌入的外地人口,会选择使用普通话。访谈中有受访者提到"我同学里外地人比例很高,和他们在一起的时候就会说普通话"。而外地人为了尽快适应迁入地的社会环境,也有可能放弃迁出地的方言,选择使用共同语普通话。例如,一位受访者的父亲提到"我是 20 多岁从绍兴到上海的,之前讲绍兴话,来上海之后就开始学说普通话了,也试着学了上海话,但是用得很少就没学会",人口流动使普通话使用范围越来越广,进而影响到90 后方言的使用。

随着城市化和全球化的深入,社会经济呈开放式发展,人口资源的流动也日益频繁,而这种人口移动在经济发达的大城市尤为突出。三地之中,上海地区是人口迁入最多的城市。因此,首先在家庭通婚结构方面,上海的"外＋外"和"本＋外"的比例会受到人口流入影响。另外,在访谈中,上海地区很多受访者表示由于上海外地人口太多,不确定对方是否会说上海话,所以在选择语言时更多会考虑对方的语言使用,选择普通话比较稳妥。可见外来人口大量迁入对上海地区的方言环境会产生一定冲击。游汝杰(2006)指出,在上海地区,当人们要郑重其事地表达自己的观点的时候,多数人选择普通话,普通话在上海具有高声望特征。对于上海外来人口来说,他们可能由于长时间居住在上海从而学会上海话,但是也避免不了方言和普通话之间的语码转换,那么如果他们没有学会上海话,对外交流的方式只能是普通话,所以外来人口数量的增加一定会导致语言环境中普通话比重提升。综上,上海地区整体的语言氛围会由于外来人口的增加受到影响,进而影响年轻一代方言能力的发展。

而扬州地区与上海恰恰相反,扬州是旅游城市,就业机会相对较少,因此流出人口较多,流入人口比例较低,所以扬州本地人和本地人组成的家庭结构较为普遍,而且整体方言环境受到普通话的影响会小于上海。因此从城市整体考量,扬州地区方言的发展趋势会更乐观。在人口的接触和流动中,语言的变化是不可避免的,这也是语言自身进化和发展的正常历程,但需要思考的是人口流动性较强的社会化背景下,方言的传承如何继续。

6.2.3　社会身份复杂性差异

较强的普通话推广力度和大量外来人口流入等客观因素都不断冲击着上海地区的方言发展。但是上海的方言传承并没有因此止步,在逐渐发展出自己的语言意识之后,上海 90 后为了融入和适应各类社会网络而选择重新开始有意识学习方言。90 后会在多样社交网络中进行交流沟通,通过学习或使用语言从而成为"特定成员"。究其本质,这其实是构建多重社会身份以及进行社会身份选择的过程。Namei(2010)认为,身份是个体与世界构建关系时体现的认知行为。在逐渐成长的过程中,自身的语言意识让 90 后意识到,学习和使用某一种方言在某种程度上是实现某种身份需求最重要的方式之一。在社会网络中,为了实现广泛的联系,找寻自己的定位,90 后需要构建不同的社会身份,如伙伴身份、朋友身份、同事身份、邻里身份等,在多种身份的需求下,他们会在各个社会网络中学习和使用当地方言。Sheldon(1990)认为身份是一种从未完成的、始终进行的、代表内部构成的产品。正因为身份构建具有持续性特点,所以在语言意识形成过程中,90 后会在社会交际领域和社会文化领域中依据不同的实践活动作出不同的选择,从而不断转变社会身份。从社会身份角度可以更好地解读华人移民家庭子女学习中文继承语的动机,在多语社会,拥有多一种语言资源(比如中文)有时候可在不同语境下实现不同身份的转化(Sarah 2013)。社会身份对于语言学习有重要作用,在不同的语境中,学习者身份不断重塑和转换,是语言习得和完成语言社会化的个体内化过程。因为社会身份复杂程度不同,所以上海、南京和扬州地区方言习得情况也有所不同。上海和南京、扬州相比,迁入人口数量最大且城镇化进程最快,社会结构和社会情况也相对最为复杂,所以个体学习和使用方言的过程也较为复杂。上海地区 90 后在复杂的社会环境中面对多元的社会场合和社会网络,需要构建个体多样的社会身份。不同群体和环境下的社会角色对文化、观念以及语言的认同有着不同的看法,最终形成不同的语言表达。当 90 后面对有方言需要的社会网络时,就会根据社会身份选择是否学习当地方言。

例4："我之前上海话讲得一般，可是身边一起玩的朋友平时大多讲的是上海话，我觉得作为他们中的一员，也为了和他们更好相处，有必要学习上海话并跟他们自如交流。"（样本5，上海）

例5："在大学身边很多外地同学，所以平时交流主要使用普通话，不太说方言了。但是工作后，我发现单位还是有很多同事和领导是上海本地人，说方言能够很快融入当地人的圈子，对我的工作发展很有帮助，我也开始有意识地在工作场合和同事用方言交流。"（样本11，上海）

例6："其实在公共场合使用普通话还是方言都是因人而异的。比如和认识的当地熟人交流我习惯使用方言，大型超市、卖场这种场合，我一般使用普通话。不同的场合，个人和面对的对象不同，身份也就不太一样，所以使用什么语言是随时变化的。"（样本24，上海）

例4—6表明，在不同的社会网络中，个体想实现交际互动的前提是社会身份的构建。在同伴社会网络中，受访者构建了同伴朋友的身份，与同伴使用方言交流；在工作网络中，受访者构建了同事身份、下属身份或客户身份，为了更好地融入社会网络因而使用方言进行交流；在社区中，受访者构建了亲密的邻里身份或普通的消费者身份，不同的身份决定了不同社交关系中的语言使用。受访者会根据不同的场合、不同的社会需要，构建不同社会身份，从而进行语言调整和语言学习。南京和扬州地区社会网络中人员组成没有上海多元、复杂，因此其社会身份会相对单一。90后不会因为人与人之间流动的社会身份而频繁切换语言甚至学习新的方言，他们会结合社交关系需要，形成个人的意向和偏好，更习惯长时间使用方言或者普通话。因为社会身份复杂程度不同，所以上海和南京以及扬州地区方言习得情况也有所不同。通过以上分析也可以发现，正是由于上海地区多元复杂的身份构建需求，90后才会在不同社会网络和社交中重新学习方言，使得方言在特定的社会网络和身份构建中仍然有其使用的必要性和强大的生命力。

6.3 90后方言能力发展的特征

6.3.1 方言习得的持续性

方言习得的持续性是指方言习得不是只存在于某一个固定阶段,而是存在于人生各个阶段,是一个终身持续习得的过程。有的受访者在家庭、校园、工作、社区中因为社交需求方言水平有所提升,有的受访者在日常交流互动中习得不同的方言表达或词句,有的受访者完全不会说方言但在各种方言环境中习得了丰富的方言文化,这些其实都属于成长过程中语言习得的持续性变化。90后在自身语言形成过程中,会经常从与他人社交接触的过程中捕捉到关于语言或方言的信息。随着时间的推移,这些信息会改变他们对方言的看法或者对不同语言带来身份需求的渴望。随着社会交往的深入,人们需要在不同社会环境中通过使用不同的语言资源为自己构建新的身份。有些学者指出,语言习得并不是在掌握了语言结构之后就大功告成了,真正有效的习得体现在对于交际能力的掌握(张卉 2012)。作为社会成员,为了适应社会,在社交网络中就需要交际,也需要不同的语言资源的转换。方言也是如此,扬州、南京、上海三地从宏观上看都处于方言社区和方言环境中,在个体进行社会交际的过程中,语言意识的调整与变化一直伴随着社区的每一个人,发生在成长的各个阶段,具有持续性特征。家庭是孩子的第一所学校,它的重要性不可忽略。在语言社会学和双语发展方面的研究表明,如果没有家庭作为强有力的支撑,就无法实现双语开发和维护。学者们发现,家庭语言实践对母语习得有重要作用,是预测一种语言能否在代际间得到维持的关键因素(De Houwe 2007;Cassie 2014)。儿童在家庭中完成了初期的语言选择和语言使用,家庭的结构、抚养方式、父母的语言政策等都会影响语言习得的结果,家庭内的语言环境对子女语言能力发展影响很大。走出家庭,进入学校,个体进入第二个语言学习的场所,在这里受到学校推普和老师的影响,较多人转而习得并大量使用普通话。同时,受到学校本地同伴的影响,部分90后新生代有机会获得第二次习得方言的机会,并在同伴网络的交流互动中频繁使用。进入社会后,90后会接触到不同的社区环境。在复杂的社区网络中,90后拥有多种社会身份,因此会有多样的语言选择。在不同社区文化影响下,他们对自己的语言习惯做出适当的调整,从而实现社会化目标,这些都有可能为他们方言的习得和使用提供机会和平台。

在访谈调查中,我们发现尤其对于父母是外地迁入并且家庭语言为普通话或外地方言的孩子来说,普通话或外地方言是他们的母语,而当地方言对他们来说其实相当于第二语言。但是在访谈中,我们发现仍有很多受访者熟练习得了当地方言。对于这部分孩子,虽然他们缺乏家庭方言环境,但却可以习得方言,说明除了出生时的家庭学习阶段,入学前、小学阶段、初中阶段、高中阶段、大学阶段甚至是工作阶段都可以为他们习得方言提供机会。不管是在扬州、南京还是上海,我们可以看到他们的方言社会化都不是静止的,而是在社会网络互动中不断习得方言,实现方言社会化目标。随着环境体验和社会交际的进行,个体社会化和方言社会化也在持续进行。因为方言社会化不会停止,所以方言的传承与维护也不会停止,这让我们看到了方言传承的希望。

6.3.2　方言能力的变化性

个体语言意识不是固定静止且一成不变的,而是由被动性接受向自主性语言意识形成逐渐过渡转变。在个体语言意识形成的过程中,最突出的表现是方言能力随之波动变化。有的人在被动性接受学习语言阶段,受到家庭环境的影响,入学前方言说得很好,但是受到推普政策等社区语言环境影响之后,方言能力减弱。有的人在家庭语言环境中没有学会方言,但是在自主性语言意识形成之后,对方言文化有了更直观的接触后逐渐学会方言,而且方言能力不断增强。调查显示,很多受访者的方言能力都不是稳定单一的,而是发展变化的。方言能力变化趋势主要表现为:方言能力逐步提升;方言能力逐步弱化;方言能力先增后减或先减后增。

例7:"我会说,但是水平一般。因为我爸妈都是外地人,工作之后才到了扬州,他们都不会说扬州话,我们家里三个人交流完全是南通话。"

"小时候周围邻居什么的讲扬州话的很多,我经常听到买菜的讲,后来就可以听懂了,能讲出来完全是同学带起来的。我的学校因为比较好,所以还是很规范的,上课课堂上都是普通话。课下也是以普通话为主,但是大家也会讲扬州话。比如大家聊一些生活的事情或者说一些吃饭呀、玩耍之类的事情就会用扬州话,还有比如一些只能用方言表达的或者骂人的话会用扬州话,我觉得很有趣就会去跟着他们学。"

"刚开始上学的时候我只能听不能说的,如果听到大家都讲扬州话,想融入进去我就会用扬州话回应试试,开始只会说一两句,如果完整用扬州话聊天就会遇到很多词不会说,所以和同学们用扬州话的时候有时候会卡壳的,如果卡住了我就随时切换成普通话。"

"后来上高中,有个关系很铁的朋友是纯扬州人,他平时说扬州话非常多,一起的时候他都习惯讲扬州话。和他在一起嘛,也没什么包袱,虽然讲得不好也所谓,也会顺着他一起讲扬州话,觉得这样更亲近,慢慢讲得越来越好了,从认识他以后我现在日常交流没什么问题了。"

(样本 2,男,26 岁,扬州,父母均为外地人,会说方言)

例 7 中,受访者年幼时,受到被动性方言社会化中家庭因素影响,在家中只说外地方言不会说扬州话,后来在居住环境的影响下可以听懂扬州话。当受访者自主意识形成后,在自主性方言社会化过程中为了融入同学社交圈,慢慢开始学会说扬州话,同学和亲密的伙伴对于他方言能力的增强有极大帮助。总体来看,受访者在其方言社会化中,方言能力呈现逐渐提升的趋势,由完全不会到可以熟练交流,属于方言能力变化中的第一种。

例 8:"小时候在家父母和爷爷奶奶一起把我带大的,从小跟着他们学会了扬州话,跟他们交流使用的也是方言。"

"因为我小学就开始上寄宿学校,一直到高中毕业,慢慢就不会说特别正宗的扬州话了,说话的时候有点口齿不清了。有时候和爸妈说话说得说得就讲成普通话了,因为说得不好所以现在也不想说了。"

"主要是学校里都规定我们说普通话,所以没怎么说过扬州话,感觉好像扬州话会慢慢忘记。而且因为寄宿,所以我回家的机会也很少,只是有的周末会回去待一两天就又回学校了。慢慢感觉扬州话就(说得)不流畅了。"

"等到上大学以后和扬州的同学还是讲普通话,自己不会刻意切换成扬州话,因为说扬州话还需要转换,换成扬州话反而会绕自己。"(样本14,男,21岁,扬州,父母均为本地人,会说方言)

例8中的受访者最初的家庭语言为方言,扬州话说得很好。由于上学后就开始寄宿,一直接触的校园语言环境都是以普通话为主,而且回家的机会很少,所以在被动性方言社会化中方言能力减弱。后来自主性方言社会化时,由于社会网络中缺乏扬州话的使用机会,在不同社会身份中也都使用普通话表达,所以受访者没有学习和使用扬州话的意识,扬州话水平不断减弱,从小时候在家里的流利交谈到现在因为"口齿不清"很少讲扬州话了。可见受访者的方言水平呈逐渐减弱的变化趋势,属于方言能力变化中的第二种。

例9:"上幼儿园前我和爷爷奶奶一起住,当时会说上海话。后来正赶上幼儿园推广普通话之后,我回家就开始说普通话。还有一点可能有影响,小时候我家住在老房子里,周围都是上海人,都说上海话,后来小学就搬到公寓了,周围人会说的少了,联系的也少了,估计这个也和说不好有一定关系。当时也没注意,但是后来慢慢发现自己的上海话说得不好了。"

"记得上高中我们参加过一个小学同学聚会,里面只有两个女同学会讲上海话,爸妈知道后就告诉我希望我也多讲上海话。有了这种想法之后我开始尝试讲。爸妈也会帮我纠正。例如他们会告诉我上海话里没有'消防局'这个词,而是用'救火湾',之后的几天都会反复询问我那个词怎么说,这样印象深刻而且也学得快。有了这个意识之后我感

觉自己上海话讲得比以前好了,因为小学的时候几乎不会讲。"(样本26,女,27岁,上海,父母均为本地人,会说方言)

例9的受访者上学前熟练掌握上海话,上学后受到推普的影响以及社区环境的影响方言能力变差,在被动性方言社会化中语言能力呈现下降趋势。长大后自己和家人都意识到方言说得不好,自主性方言社会化中有了学习方言的意识后,开始重新学习方言。她的方言能力变化呈现先减弱再增强的变化趋势,属于方言能力变化中的第三种。事实上,方言能力变化的第一种情况"受访者方言能力逐步提升"现象,不管在南京、上海还是扬州都具有类似的特征,变化明显的案例都是小时候不会方言,通过后期习得方言水平逐步提升。

方言能力变化的第二种情况是"方言水平持续减弱",这种情况在上海地区最为普遍,扬州次之,南京几乎没有。南京地区的变化主要体现在方言使用频率呈波动变化,使用频率本应会影响方言的运用能力,成正相关的关系,但是通过整理南京地区的访谈发现很少有人提及"方言水平减弱"或者"方言说得越来越差"。我们分析原因,认为该现象主要受到南京方言自身特点影响,南京的方言属于江淮官话区,有新老派之分,现在的年轻人基本都讲新南京话,新南京话同扬州话和上海话相比,更加易学易懂,所以听说能力在成长过程中不会有明显变化。另外,在南京话与普通话的语言接触当中,形成较为普遍的"南普"现象,90后很多倾向于讲"南普",在前文我们将南普界定为南京话的范畴,所以很多受访者并不认为讲"南普"是南京话水平有所下降的表现。但是上海地区则有所不同,一方面,上海话是吴语的代表,相较于南京话难懂难学,低频的使用可能会导致交流能力减弱;另一方面,上海推普力度强于南京,很多受访者表示在义务教育阶段完全不允许讲方言,所以极大压缩了方言使用空间。

方言能力变化的第三种情况是"受访者方言能力有提高也有减弱",受访者语言水平有波动。受访者在被动性方言社会化中,起初受家庭语言环境影响具备良好的方言能力,但是受到上学期间推普影响,方言能力减弱甚至消失,受访者进入到初高中或工作岗位后,方言社会化呈现主动性特点,为了适应不同社会网络构建不同社会身份,开始意识到方言能力缺失,有意识习得方言,因而方言水平有所提升。游汝杰(2006)、蒋冰冰(2006)等认为当前青少年的方言能力是良好的,知识在不同年龄阶段呈现出不同的表现,其最终会随着年龄的增长不断增强,方言并没有消亡危险,只是处于不断变化发展之中。通过我们的访谈看到了青少年方言能力相对于上一辈较弱,但绝大部分都具备说方言的能力。但是受访者方言社会化中每个个体的影响因素都有所不同,所以方言能力呈现波动变化,而不是随年龄不断增强,这一点与游汝杰和蒋冰冰的观点有些出入。

综上所述,在90后自身语言意识逐渐形成过程中方言能力的变化主要表现为两个方向:一个是方言能力增强,一个是方言能力减弱。方言能力削弱的原因主要是由于城市社区推普的举措让方言使用空间在学校、公共场合和家庭中逐渐缩小,进而减弱了90后的方言能力。方言能力增强的原因主要是由于在语言意识形成过程中,根据不同场景下不同社交身份的构建及社交需要,学习方言自主能动性提升,热情增加,方言能力提高明显。由于影响语言意识形成因素复杂多样,无法武断认为方言能力变化的最终结果是什么,但是正因为方言受到社会化影响,它才存在更多传承的生命力和机会。

6.3.3 方言使用的适用性

方言使用的适用性特征是指90后语言意识形成过程中,方言的使用不是单一的、固定的,而是在不同的社会网络中根据特定的场合、合适的对象以及适当的话题构建自己的社会身份,并且随着身份的变化进行语言使用的转换。当下90后无人不会普通话,大多数人也都会说方言。事实上,扬州、南京和上海三地的90后日常交际和互动中广泛存在方言与普通话同时使用的多言现象。既然普通话与各地方言并存是一个普遍现象,那么方言与普通话相比更适用于哪些情况呢? 访谈显示,语境不同,方言的适用度存在变化。通过判断方言是否和交际中的场合、对象、话题等相匹配以及何种社会网络或社交关系中适合使用方言就是方言使用的适用性特征。下面对方言使用的适应性特征进行初步说明,同时也可以看到社会场合、交际对象以及谈论话题等对方言选择的影响。

例10："我在家里南京话为主吧，但是普通话也会和父母讲，我从小是父母带大的，他们在家里说南京话，但是在我儿童时期的语言教学都是普通话，所以我在家里和他们讲到工作、学习这些正式的事情就用普通话，家长里短就用南京话。但是和外公外婆我会一定说南京话，因为外公外婆是南京人，他们只讲南京话，我担心他们听不懂，而且和他们说普通话也觉得有点尴尬。"

"学校里上课都是普通话教学，但是小学到高中我们班里绝大部分都是南京人，所以有南京话的氛围，课下我们也会说南京话，但是如果是一些课程有关的内容，这个南京话不好表达我们会用普通话。大学之后我从室友到同学都是五湖四海的人，所以自己也偏向说普通话，说南京话很少了，只有单独和南京同学一起才会说南京话。"

"和小区里一起长大的朋友玩我们都说南京话，一般只要是南京本地人就说南京话。但是里面也住了很多爸妈的同事，他们都是外地人，和他们我就说普通话。"

"在公共场合南京话说的会少一些，主要还是以普通话为主吧。比如在超市这样的环境中我会说普通话，但是菜场这样的环境就会用南京话。和陌生人我也一般都讲普通话，这些都是考虑到了语言的和谐性，一方讲普通话一方讲南京话，交流会觉得很别扭。所以我主要看对方说什么自己就说什么，说什么话由对方的情况决定的。"（样本8，男，29岁，硕士，南京，父母均为本地人，会说方言）

例10的受访者情况具有一定代表性，受访者在不同的社会关系中会选择不同的语言。亲友和邻里网络中以南京话为主，在校园和公共关系中以普通话为主。在语言具体使用过程中，受访者是否选择方言会视交际对象不同而定。具体分析访谈记录可以看到，受访者家庭以方言交流为主，但是如果交流对象是父母则普通话和方言都会讲，如果交流对象是祖辈则讲纯方言。受访者在公共场合里以普通话为主，但是如果发现交际对象会南京话则仍会转为用南京话交流。面对不同的交际对象，受访者拥有不同的社会身份，社会身份随着对象的改变而改变，为了适应身份变化语言使用也随之发生转化。虽然受访者可以熟练使用当地方言，但是并没有在任何场合下使用。在其方言社会化中，方言的适用性体现在方言随着社会场合、交际对象、谈论话题和方言氛围等因素变化而变化。通过整理访谈记录，我们总结出方言更适用于非正式的、亲密的、生活化的社会网络，相反大家则会更愿意选择使用普通话进行交流。这也印证了第五章自主性方言社会化中根据不同社会网络构建不同社会身份，从而使用不同语言进行沟通。由于方言的适用性特征，每个人在不同的背景下都可以选择使用不同的语码，如果人们按需选择语言不会导致语言的消亡。只要在交际中存在方言需求，在私人语域有方言的空间和地位，社会化过程中的方言就有生命力和生存空间。

参考文献

［1］Annick De Houwe. Parents Language Input Patterns and Childrens' Bilingual Use[J]. *Applied Psycholinguistics*,2007(28):411 - 424.

［2］Cassie Smith Christmas. Being Socialised Into Language Shift：The Impact of Extended Family Members on Family Language Policy[J]. *Journal of Multilingual and Multicultural Development*,2014,35(5):511 - 526.

［3］Goins Brad. Kings Are Royer Than Queens：Language and Socialization[J]. *Childhood Education*,1991,67(3):203 - 203.

［4］Sarah Shin. Transforming Culture and Identity：Transnational Adoptive Families and Heritage Language Learning[J].*Language*,*Culture and Curriculum*,2013,26(2):161 - 178.

［5］Shidrokh Namei. Bilingual Lexical Development：A Persian-Swedish Word Association Study[J]. *International Journal of Applied Linguistics*,2010,14(3):363 - 388.

［6］蒋冰冰.双语与语言和谐——来自上海市学生语言使用情况的调查

［J］.修辞学习,2006(6):64-66.

　　［7］雷红波.上海新移民的语言社会学调查［D］.上海:复旦大学,2008.

　　［8］游汝杰.上海话在吴语分区上的地位——兼论上海话的混合方言性质［J］.方言,2006(1):72-78.

　　［9］俞玮奇,杨璟琰.近十五年来上海青少年方言使用与能力的变化态势及影响因素［J］.语言文字应用,2016(4):26-34.

　　［10］张卉.方言使用与身份构建——以上海地区上海方言使用为例［J］.安徽文学(下半月),2012(4):105-107.

　　［11］张璟玮,徐大明.人口流动与普通话普及［J］.语言文字应用,2008(3):43-52.

第七章 | 城市少数民族年轻一代母语能力分析

城市少数民族年轻一代母语能力,在这里指的是青年一代的少数民族语言,调查的数据以内蒙古呼和浩特市区的蒙古族家庭为调查对象。与上海、南京、扬州调查不同之处在于,对少数民族家庭成员的划分上,采用的是代际划分,分为第一代、第二代和第三代三类。这种划分较为符合蒙古族家庭的生活现状。具体来说,祖父母辈为第一代,父母辈为第二代,第三代就是我们关注的重点,是属于最青年的一代,孙辈。另外,根据父母双方的民族身份,将蒙古族家庭分为两类:一类是典型的少数民族家庭,由蒙古族与蒙古族组成的家庭;另一类是由蒙古族与其他族裔(比如汉族或者其他少数民族)组成的家庭。

7.1 蒙古族家庭三代人的语言能力

在此次调查的 20 户由蒙古族与蒙古族所组成的家庭中,第一代共 21 人,其中蒙古族 18 人,汉族或其他少数民族 3 人;第二代共 40 人,全部为蒙古族;第三代共 27 人,也全部为蒙古族。

首先来看,蒙古族家庭三代人的语言能力和语言实践状况。城市化进程中,由于语言接触的影响,目前在呼和浩特市城区通行的有三个语言变体——蒙古语、普通话和当地汉语方言。这里关注的语言能力,指的是能够完成交际的口语交际能力。语言交际能力考察的是使用某种语言变体的口头表达能力,蒙古族家庭三代人的口语交际能力(简称"口语能力"),指的是使用普通话、蒙古语或者汉语方言的能力,结果见表7-1。

表7-1 蒙古族三代人语言能力状况

代际及民族		蒙古语	普通话	呼市方言	其他语言
第一代21人	蒙古族18人	18/100%	11/61.1%	6/33.3%	3/16.7%
	汉族及其他少数民族3人	2/66.7%	2/66.7%	2/66.7%	2/66.7%
第二代40人	蒙古族40人	18/45.0%	31/77.5%	16/40.0%	22/55.0%
第三代27人	蒙古族27人	3/11.1%	27/100%	11/40.7%	21/77.8%

(注:其他语言指外语、呼和浩特市方言以外其他汉语方言,或其他少数民族语言,下同)

由表7-1可知,蒙古族家庭三代人的口语能力呈现代际下降趋势。蒙古族家庭第一代受访者均会讲蒙古语,到第二代会说蒙古语的比例已经下降至45.0%,到第三代更少,仅有11.1%。呼和浩特当地汉语方言和其他语言的能力与蒙古语能力在三代人中的发展趋势,则呈现代际递增的趋势。第三代会说普通话的比率(100%)高于第二代(77.5%),第二代说普通话的比率也高于第一代(61.1%);另外,三代人会说其他语言的比率也呈现出代际递增的趋势,从第一代仅有16.7%的人说当地汉语方言,到第二代的55%,再到第三代的77.8%。

具体的语言使用状况三代人是否存在差异呢?首先来看家庭内部,第一代蒙古族的语言使用状况。数据显示,第一代蒙古族成员之间交流用语,主要是蒙古语,虽然有不少第一代成员具备说普通话的能力,但生活中第一代与第一代蒙古族几乎不使用普通话交流;第一代蒙古族与第二代蒙古族交流时,主要采用的是蒙古语为主、普通话为辅的双语交流方式,只使用蒙古语的比率较低,仅为11.1%。与第一代蒙古族成员间蒙古语使用率相比,第一代蒙古族与第二代蒙古族之间,蒙古语的使用比率已经开始下降;第一代蒙古族与第三代蒙古族交谈时,由于第三代能够说蒙古语的比率较低,因此,普通话使用率大幅上升,约73.2%。第二代蒙古族与第一代蒙古族成员交流时,蒙古语使用率为45.0%,普通话与呼和浩特当地汉语方言交替使用的比率为15%,在第一代蒙古族成员之间没有人使用当地汉语方言;蒙古族第二代与第三代交谈时,单独使用蒙古语的比率下降至 7.5%,经常使用蒙古语和普通话的双语方式或者只使用普通话。第三代蒙古族成员,在与第一代和第二代蒙古族交谈时,主要使用的语言均为普通话,仅有个别第三代蒙古族会用蒙古语与第一代和第二代交谈;第三代蒙古族成员之间交谈时,主要使用的是普通话和当地汉语方言。上述结果显示,在蒙古族家庭中,普通话已经逐渐成为使用最为广泛的交际用语。除了第一代蒙古族成员之间全部说蒙古语之外,第二代、第三代在家庭内部已经逐渐转换成以普通话、当地汉语方言这两种语言同时使用的双语状态。

在家庭以外的公共场所,蒙古族家庭三代人的语言使用状况也存在差异。第一代蒙古族成员,在与第一代蒙古族朋友交谈时均使用蒙古语,工作场所有 55.5% 的第一代蒙古族使用蒙古语,在医院、菜场、购物商场等公共场所,有 27.8% 的第一代蒙古族使用蒙古语。第二代蒙古族中,在与第二代蒙古族朋友交流时,有 21.3% 的人说蒙古语,在工作场所,使用蒙古语的蒙古族第二代有 15.0%,在医院、菜场、购物商城等公共场所使用蒙古语的蒙古族第二代只有 2.5%。第三代蒙古族中,与第三代蒙古族交流时,主要使用的是普通话和当地汉语方言,只说蒙古语的比率约为 3%;在工作场所中无人使用蒙古语,在公共场所使用蒙古语的比率也很低。普通话的使用比率,从第一代到第三代,逐渐升高,可见,在城市社区少数民族群体中,普通话的强势地位也已经确立。

呼和浩特当地汉语方言与蒙古语相比,在少数民族家庭内部以及公共场所中的使用率却有所上升。在工作场所,第一代蒙古族说当地汉语方言的比率为 16.7%,第二代提高为 32.5%,但到了第三代蒙古族,当地汉语方言的使用率降低仅为 7.4%,甚至低于第一代蒙古族;公共场所中,第一代和第二代蒙古族当地汉语方言使用率略微下降,第一代 11.1%,第二代 12.5%,但第三代蒙古族的汉语方言使用率(11.1%)与工作场所相比,却略有上升。总休来看,在外部环境中,蒙古语的使用空间已经被显著压缩,与蒙古语相比,当地汉语方言仍有一定的使用范围。蒙古语使用率最高的一代,是蒙古族第一代,这与很多学者的研究相似。当前城市化的发展虽然也会对第一代蒙古族产生影响,但由于第一代蒙古族工作场所以及私人场所中交往的本族人较多,因此大多数第一代蒙古族仍然能够继续采用蒙古语工作或生活。第二代与第三代蒙古族成员,其工作与生活的环境相对复杂,接触的外来人口或者其他族裔的人口(当地汉族或其他少数民族)也较多,只说蒙古语已经不能满足交际需求,因此普通话、当地汉语方言的使用都有所提升,普通话更由于其声望与地位逐步成为第二代、第三代蒙古族成员的主要使用语言。不过,有一点不难发现,即使第二代蒙古族像第三代蒙古族一样,普通话与当地汉语方言的使用率增加了,但在第二代蒙古族中间,蒙古语仍有一定的使用空间。比如,在家庭内部,仍有 30% 的蒙古族第二代会使用蒙古语与家庭成员交流。但到了第三代蒙古族,在家庭内部,经常说蒙古语的比率仅为 25%。综合比较蒙古族三代人的语言能力和蒙古族三代人在家庭内部及外部环境中的语言使用状况,可以发现当前蒙古族家庭中,蒙古语在第三代蒙古族成员间的传承面临一些挑战。第三代蒙古族的蒙古语语言能力和使用蒙古语的比率与第一代、第二代相比下降明显。蒙古语在蒙古族家庭第三代中是否能够传承,关键是要寻找出第三代蒙古语能力下降以及较少使用蒙古语的社会影响因素。只有弄清楚影响的因素,才能够找准对策来刺激或者鼓励第三代蒙古族成员学习或者使用蒙古语的热情。现以两类家庭为例来讨论影响蒙古族第三代蒙古语能力发展与使用社会动因。这两类家庭分别为:第三代蒙古族会说蒙古语的家庭和第三代蒙古族不会说蒙古语的家庭。

7.1.1 "第三代会说蒙古语"蒙古族家庭语言使用状况

"第三代会说蒙古语"家庭,以伊姓蒙古族家庭为例,分析蒙古族第三代蒙古语发展与使用的状况和影响因素(表 7 - 2)。这个伊姓蒙古族家庭,第一代祖父母 70 多岁,祖父初中毕业,是当地退休的医生,主要说蒙古语,会说一点普通话,祖母是小学毕业,牧民,说蒙古语,不说普通话;第二代父母亲,两人均 50 多岁。父亲大学本科毕业,母亲是高中毕业,两人是公务员,父母亲日常生活以蒙古语为主,但也会说普通话。第三代孙辈有 2 个,一男一女。哥哥,29 岁,大学本科毕业,医生;妹妹,24 岁,研究生在读,两人主要以普通话为主,但会说蒙古语和一点儿当地汉语方言。但妹妹的蒙古语能力要弱于哥哥。

表 7-2   伊姓家庭成员信息表

代际	家庭成员	成员情况
第一代	祖父	蒙古族,79 岁,初中,讲蒙古语(主)、普通话,退休医生
	祖母	蒙古族,76 岁,小学,讲蒙古语,普通话,牧民
第二代	父亲	蒙古族,54 岁,大学本科,讲蒙古语(主)、普通话,公务员
	母亲	蒙古族,54 岁,高中,讲蒙古语、普通话,公务员
第三代	哥哥	蒙古族,29 岁,大学本科,讲蒙古语、普通话、一点当地汉语方言,医生
	妹妹	蒙古族,24 岁,讲普通话(主)、蒙古语、一点当地汉语方言,研究生在读

从三代人状况来看,都具备多语能力,虽然祖母不太会说普通话,但会说蒙古语和当地汉语方言,也算是一种多语能力。第三代与第一代、第二代相比,算是具备三语能力,除了蒙古语和当地汉语方言之外,还会流利使用普通话。不过从实际的使用状况看,三代人实际的语言使用是存在差异的。第一代的祖父母,在日常生活中,基本主要使用的是蒙古语,普通话或者当地汉语方言的使用率较低。第二代的父母辈,在工作场所主要使用普通话和蒙古语双语,在家庭内部,尤其在与第一代祖父母辈交流时,主要还是以蒙古语为主;第三代的孙辈,不论哥哥还是妹妹,更多的是以普通话交流为主,蒙古语主要在与家人或蒙古族朋友交流时使用。另外,由于长期在外地读书,第三代的妹妹,蒙古语能力下降明显,而且使用蒙古语的场所越来越少,只可以进行日常基本交流,在谈论复杂问题、观看蒙古语电视节目时会遇到一些问题,有时与蒙古族朋友交流时,妹妹会转用普通话。第三代妹妹的普通话能力最强,表达非常流利。在这个家庭里,第一代的祖母、第二代的妈妈和第三代的哥哥蒙古语能力最强。在家庭内部,由于妹妹蒙古语表达受限,家人在与她交流时,有时会采用普通话或者蒙古语、普通话夹杂的情况,但第三代妹妹有时会使用普通话回答。

祖母　（蒙汉夹杂）

（你）

不喜欢酱油吧，这次没有酱油，用水炖，

（颜色不会那么深。）

妹妹

第一次开锅后要把沫子拿勺子舀掉。

对的，但别忘了放土豆，以及多放葱姜蒜，

祖母

（这么麻烦，到时候提醒我。）

　　上例是家庭日常生活中常见的场景。第一代祖母在询问第三代妹妹时，首先说的是普通话，大概考虑到妹妹的蒙古语能力；可紧接着第二句祖母就转用蒙语问话，同样可能立即意识到妹妹理解不了，又转用普通话进行解释。但从祖母这种转换过程中，可以看出，第一代祖母经常使用的首选语言是蒙古语。从第三代妹妹的回答来看，即使在与祖母交流的时候，她使用的也均为普通话，这与妹妹的语言能力相呼应。如前述，妹妹的蒙古语能力有限，普通话能力较强，因此，她首选的交际用语是普通话。这样的语言使用状况在"第三代会说蒙语"的家庭常见。在这类家庭，第三代虽然具备说蒙古语、普通话或者当地汉语方言的多语能力，但他们通常倾向于选择更为流利的普通话。因此，在家庭生活中经常出现多语混杂情况，具体表现为：第一代祖父母辈，用蒙古语发问，第三代蒙古族用汉语回答的情景且双方都能听懂并不影响交流的现象。

　　当前的社会背景下，蒙古族家庭内部使用蒙古语与第三代交谈的家庭已经偏少，大多数家庭主要使用普通话或者蒙古语、普通话夹杂与第三代交谈。伊姓家庭内部，蒙古语的使用仍较多。对第二代父亲的访谈显示，家庭内部成员倾向于使用蒙古语的原因有两方面。首先，第二代父母辈对第三代子女的语言期望。第二代父亲表示，自己与爱人均希望自己的第三代子女能够掌握蒙古语，也能常说蒙古语。因为父亲的第一语言是蒙古语，比较顺口，而且觉得蒙古族人学习蒙古语是自然而然的事情。第二代父亲对第三代子女的蒙古语能力与使用，其实是有自己的期待，希望子女能够掌握蒙古语。在这种想法与意识的引导下，第二代父亲在实际的语言生活中也进行了自己的努力。比如，在家庭内部，父亲会有意识与第三代子女用蒙古语讲话，如果遇到第三代子女听不懂的地方，还会反复重复并现场教学，帮助子女蒙古语的理解与使用，这些努力应该是促使第三代子女蒙古语能力发展与提高的重要因素之一。

　　例1："我的第一语言就是蒙古语，汉语是之后学的。即使到了现在，有些（复杂的汉语）词我也不懂是什么意思。在外面是没办法，（说蒙古语）别人听不懂，家里和孩子爷爷奶奶说蒙古语我比较顺口，而且他们也听得懂。"

　　"我，还有我爱人是很希望他们会说蒙古语的，这都是自然而然的，你这个（是否有让子女掌握蒙古语的考量）我也想过，所以他们听不懂我也说，大不了再讲解一下，反正他们应该要会说蒙古语。"

伊姓家庭内主要使用蒙古语的另外一个原因是与伊家第一代和第二代父母辈的语言能力有关。第一代祖父母虽然自报自己可以说普通话，但与蒙古语能力相比，祖父母的普通话能力非常有限，如果说大段的话，语速偏快，他们就听不懂。这一点访谈时第二代父亲也指出过，与第一代父母说蒙古语，比较顺口，而且他们能听得懂。第二代父亲的普通话能力要远远高于第一代祖父母，但他还是觉得说蒙古语顺口，由此不难推断，祖父母在家庭内部，日常生活中应该是以蒙古语为主，说普通话应该是比较少，而且是比较简单的句子。这样的背景下，就为第三代学习蒙古语提供了较好的语言环境，家里蒙古语的输出较多，在潜移默化中，第三代的蒙古语水平逐步提升。

　　另外对第三代哥哥与妹妹的访谈显示，作为第三代，他们对学习和使用蒙古语，并不只是被动接受，他们自己也希望能够学好蒙古语。因为他们看到蒙古语身份认同的作用。因此,他们在学习蒙古语时的态度是比较积极的,能力较弱的妹妹,不仅会请家人指导,还会自己寻找视频学习。内在的兴趣是伊家第三代蒙古语能力形成的重要因素。

> 例2:"我是蒙古族,而且家里面大家都会说,我当然也要会。"(第三代哥哥)
>
> 例3:"我也是很希望能学会的,在家里会让家里人教我,在学校有时候还会视频请教。"(第三代妹妹)

在长辈积极推动以及第三代个人内在驱动力双重作用之下,伊家第三代均会说蒙古语。但从实际的交际能力来看,第三代中哥哥的蒙古语能力却高于妹妹。形成差异的原因可能与第三代兄妹两人的人生发展轨迹有关。

哥哥小学上的是蒙校,采用蒙汉双语授课,周边同学也均是蒙古族,绝大部分在入学之前就会说一些蒙古语,在学校环境和家庭环境的双重作用下,哥哥从小就具备较好的蒙古语基础。高中毕业后,他考入了呼和浩特市某大学医学专业,主要从事蒙医的学习,在专业学习中也要经常接触蒙古语书籍。毕业后从事蒙医工作,在日常出诊时经常会遇到来自牧区并不会讲汉语的患者,这时他只能使用蒙古语与患者交流,所开药方也会使用蒙古文。从哥哥的成长轨迹来看,从小学到大学再到工作,蒙古语一直是他必须要接触的语言,在这种语言环境下他自然具备较强的蒙古语能力。

而妹妹的人生轨迹与哥哥完全不同。因为家庭搬家的原因,妹妹的小学在汉校就读,学校并没有开设任何和蒙古语有关的课程,上大学前妹妹学习蒙古语的主要途径都是通过家庭,而家庭学习的蒙古语和在学校学习的普通话有时还会发生"冲突"。妹妹考入了区外的一所大学,学习哲学专业,大学的主干课程同样与蒙古语无关。在大学里,妹妹为了学习蒙古语,参加了学校的蒙古语课程(这在区外高校中并不多见,是因为刚好该校有蒙古族老师,为学习汉语言文字学和蒙元史的同学开设额外课程)。但因为日常学业繁重,而且课程授课教师对该课程的重视度同样不足,所以该课程并未使她的蒙古语能力获得大幅提升。妹妹从上小学开始，一直在汉语环境下生活，蒙古语的学习主要通过家庭，所以她具备一定的蒙古语能力，但和哥哥相比仍有较大差距。这也体现了家庭环境之外，社会外部环境的重要性。

在家庭之外，以伊家父亲为代表的伊家长辈在许多外部场合仍然会首先选择使用蒙古语，内外部语言呈现出较高的一致性。伊家的父亲是政府部门的一位翻译，因为工作的原因，好友以蒙古族居多。

例4："我平常工作和生活接触的就是这些人，他们一般都是蒙古族，也会说蒙古语。再加上伊家第一代、第二代的汉语能力普遍不如蒙古语，我们所交往的朋友主要以会讲蒙古语的蒙古族居多，在日常交谈时为了方便且显得亲切，会主要使用蒙古语。而当我们在公共场所购物时，会根据购买物品、店员情况等选择相应的语码，而这时蒙古语依然是首选。如果是买奶茶、蒙古族衣服什么的，我肯定和他们说蒙古语。或者看着店员像是蒙古族，也会说。其他情况肯定说汉语，虽然我汉语不好，但说蒙古语他们不懂。"（第二代伊家父亲）

此外，伊家的父亲和哥哥从事同蒙古语相关的工作，在工作中使用蒙古语必不可少。和长辈不同的是，伊家的妹妹在公共场所购物时会主动使用汉语与店员交流。综合以上的分析，伊家是典型由蒙古族内部婚配组成的家庭，家庭三代均是蒙古族，且具备较高的蒙古语能力，全部家庭成员的个人语码库中均有蒙古语，无论在家庭内部还是在外部环境中，家庭的第一代、第二代都会首先选择使用蒙古语。不过在家庭内部，长辈和晚辈交谈时也同时存在着"各说各话"的现象，但对交流并不存在实质性影响。在第一代具备较高蒙古语水平的基础上，第二代同样具备较高水平，并在与第三代交谈时，会主动使用蒙古语，希望第三代能够具备蒙古语语码，而第三代的语言能力也反映了第二代对蒙古语学习的影响是积极的。但是，在家长"影响力"与个人能动性均具备的情况下，语言的学习很大程度上还会受宏观社会环境的影响，这也是伊家第三代兄妹蒙古语能力存在差异的主要原因。伊家虽然也存在第三代蒙古语能力降低的现象，但整体而言，蒙古语传承仍是比较好的,但是这样的家庭即使在蒙古族与蒙古族组成的家庭中,也并不多见。

7.1.2 "第三代不会说蒙古语"蒙古族家庭语言使用情况

在蒙古族与蒙古族组成的家庭中,有很多第三代不会说蒙古语的家庭。现在以"特姓"蒙古族家庭为例,分析这个家庭语言使用的情况,并以此为基础讨论第三代不会说蒙古语的原因(表7-3)。

表7-3 特姓家庭成员信息表

代际	家庭成员	成员情况
第一代	祖父	蒙古族,73岁,大学本科,讲蒙古语、普通话,退休教师
	祖母	蒙古族,72岁,高中,讲蒙古语、普通话,退休公务员
第二代	父亲	蒙古族,48岁,大学本科,讲普通话(主),企业经理
	母亲	蒙古族,45岁,大学专科,讲普通话、当地汉语方言,高中教师
第三代	儿子	男,蒙古族,20岁,讲普通话(主),大学本科在读

由表7-3可知,这个蒙古族家庭第一代祖父母受教育程度均较高,祖父大学本科,祖母高中毕业,而且两个人一个人曾是教师,一个是公务员。因此,两人均会说普通话与蒙古语;第二代的父母亲均为大学本科毕业,从事的职业分别是企业经理与教师,两人都会说普通话,但蒙古语能力均缺失,母亲还可以说当地汉语方言;第三代只有一个儿子,大学本科在读,只会说普通话。在家庭内部,除了第一代祖父母之间会使用蒙古语外,其余家庭成员之间主要使用普通话交流。

特姓家庭中的第三代儿子的个人成长经历与伊姓家庭中第三代妹妹相似。小学阶段,第三代儿子就被父母送到当地的汉校学习,高中毕业后考入外地一所高校,学习计算机。在学校期间,由于同学来自五湖四海,主要说普通话,这个第三代儿子基本没有机会接触与使用蒙古语。在特姓家庭,只有第一代祖父母会说蒙古语。第一代祖父母虽然和第二代、第三代一起居住,但因为职业原因,祖父母一位是公务员,一位是教师,日常工作比较繁忙,在孩子上学之前,也主要是第二代父母辈以及保姆抚养第三代儿子,这个第三代自小与祖父母接触有限。与上例中的伊姓第三代相比,特姓家庭第三代在家庭环境内,缺少与蒙古语接触的机会,蒙古语的输出信息较少,第三代儿子蒙古语能力丧失,交际语言已经转换为普通话。家庭语言环境,是造成第三代儿子不会说蒙古语的原因之一。此外一个原因,可能与这个家庭第一代祖父母辈、第二代父母辈对"是否需要学习蒙古语"这个问题的认识有关。访谈信息显示,第一代祖父母辈,在对于子女是否必须要学会说蒙古语这个问题上,态度比较宽松,他们觉得不必刻意要求,子女想学说蒙古语,他们不会反对;子女包括第三代孙辈不会说,他们也不会刻意花费时间去帮助学说蒙古语。可能由于这个原因,特姓的第二代开始,蒙古语传承已经出现了问题,特姓的父母辈均不会说蒙古语。第三代家庭语境下,没有说蒙古语的环境,也没有外来因素的强制要求,因此其蒙古语能力消失是自然而然的事情。不过,再分析可以发现,从第一代祖父母辈开始,对学说蒙古语持放任或者自然而然态度的原因,可能与更深层的社会原因有关。特姓家庭第一代祖父母能说蒙古语,为什么第二代父亲却不会说蒙古语,从第二代父亲的访谈信息可以发现一些原因。

　　例5:"我们家在我出生的时候就搬到城里了,家里住机关的家属院,小朋友们蒙古族的、汉族的都有,说话一般都说汉语。那会儿父母工作也忙,平时就自己在外面玩。他们在家里也说蒙古语,但反正我听不懂,他们和我说话就用汉语了。

　　想不想学(蒙古语),当然也想啊,我记得那会儿也和父母学过几个词,还有骂人的话什么的(笑),去和听不懂的小朋友讲。小时候都这样么,他们被捉弄了就来打我,我就跑……有没有系统学习,应该没有,他们(指特家的祖父祖母)在家也就是随便说的,我听到了问问什么意思,就学来了,但都是零零碎碎的。不过他们就是要好好教我也不想学,在学校、外面玩会说汉语就足够了,还不如学点此地话(指呼和浩特当地汉语方言)。"

在访谈中,可以发现,特家父亲之所以会转换使用普通话有几方面原因。一是家庭所居住的社区环境发生变化。搬进城里,家庭居住的是相对封闭的家属院,而且社区人员构成复杂,除了蒙古族家庭,还有汉族或者其他族裔的家庭。社区语言环境也多元化,除了蒙古语,还有普通话,当地汉语方言或者其他汉语方言、其他少数民族语言。为了交际方便,家属院的伙伴主要开始说普通话。在这个社区语言环境影响下,特姓第三代较小时期,就也开始转说普通话。而使第一代祖父母在家庭语境下的语言使用发生变化。第二个原因,与祖父母的语言能力和语言意识有关。可以发现,第一代祖父母辈之间是说蒙古语的,在第二代较小的时候,应该也是跟他说蒙古语。但后来由于环境的变化,祖父母工作繁忙,无暇兼顾第二代父亲蒙古语的发展,等发现第二代父亲听不懂蒙古语的时候,第一代祖父母并未采取任何措施去补救或者督促第二代父亲学习蒙古语,而是自己改变语言习惯,从对第二代父亲说蒙古语改为说普通话。这种改变首先是因为第一代祖父母语言能力突出,可以说蒙古语和普通话,其二根据祖父母访谈信息可知,他们对子女说蒙古语的态度较为宽松,不会刻意监督或者管理他们去学说某一种语言。第三个原因与第二代父亲自己的语言态度或者语言意识有关。起初,第二代父亲对蒙古语的态度是积极主动的,认为比较好玩,也想学习,可随着环境的变化,尤其与伙伴交往沟通时,语言习惯形成之后,即养成说普通话的习惯之后,第二代父亲对于说蒙古语的态度发生了变化。第二代父亲已经不认同蒙古语的社会价值,认为普通话已经足够交流,也足够方便,在主观意愿上,第二代父亲从心理上也拒绝学习和使用蒙古语。另一个变化是,第二代父亲进入学习阶段后,是在汉校学习,汉校的语言环境更是以普通话为主;再加上第二代父亲自身学习蒙古语的意愿并不强烈,大学所学专业及目前所从事的工作也与蒙古语关联较小。在这些因素的综合影响下,第二代父亲没有从第一代那里学会蒙古语,蒙古语传承中断。结婚的时候,第二代父亲的爱人,虽然是蒙古族,但也不会说蒙古话。在这种情况下,作为第二代蒙古族,由于自身都不具备蒙古语能力,因此他们对于第三代子女是否一定要会蒙古语,就持有一种无所谓的态度。

例6:"他会不会蒙古语都可以啊,我们俩(指特家父母)都不会,总不能要求孩子必须要会吧,这也没人能教啊,总不能让我父亲来教吧

（因为父母岁数已经很大了）。况且现在会蒙古语用处也不大，我公司里会不会蒙古语就没什么关系。他要是想学学点基本的就行了，像'你好'啊，'谢谢'啊，自己名字什么意思知道就好了。（学蒙古语）我们教不了也没必要。"（第二代特家父亲的访谈）

上例仍是来自对第二代特姓父亲的访谈。访谈中可以知道，由于第二代父母辈均不会说蒙古语，家庭环境下缺少说蒙古语以及教第三代学习蒙古语的氛围。此外，第三代父亲对蒙古语的认知中，认为蒙古语的社会价值有限，使用空间也有限，觉得说蒙古语用处不大，当成兴趣爱好可以，但不必刻意去学习。在这种语言意识下，第二代父亲对第三代儿子蒙古语能力的发展没有任何规划与管理，而且对第三代儿子蒙古语能力状况没有丝毫危机感，觉得说蒙古语没有什么必要。相比蒙古语，第二代父亲看重的语言资源是普通话与英语，他较为认可这两种语言资源的地位与价值，基于这种认识，第二代父亲会通过自身的行动去支持或者帮助第三代儿子学习或者使用这两种语言资源。比如，送儿子进入汉校，强化普通话能力，在家里与第三代儿子说英语，帮助第三代儿子提高英语能力，等等。在这样的家庭环境下，以及第二代父母辈实际语言实践的影响，即使特姓的第三代形成自己独立语言意识，改变了对蒙古语的认知之后，想学习说蒙古语，可由于家庭、社区等环境的限制，蒙古语学习目前还处在初始阶段，第三代儿子蒙古语能力仍较弱。

例 7："蒙古语我还是想学的，毕竟是蒙古族，尤其是上大学的时候因为我是蒙古族名字，大家也都在问我会不会说蒙古语，就很想学 一点给他们展示一下。不过我爸妈也不会说，有时候会和爷爷奶奶学一点，但想系统学现在看还是挺难的，没什么渠道。我爸妈对我会不会说蒙古语挺'佛系'的，但我有时候还是挺想学，不过现在还没开始（学），不知道如果开始学了会不会觉得太难就中途放弃了（笑）。"

从特姓第三代儿子的访谈信息可知，特姓第三代儿子随着年龄的增长，对蒙古语身份认同的作用特别肯定,觉得"蒙古族人应该会说一点蒙古语"。基于这种认知,第三代儿子也在实践中努力学习蒙古语,而且会主动去找第一代祖父母学习。但由于已经长大成人,学习语言的最佳时期已经过去,而且由于还没有找到较好的学习蒙古语的途径与方法,目前蒙古语学习进步较慢,但跟最初相比也有一些进步,已经会说简单的蒙古语,但挑战仍然很大。特姓第三代儿子也提及,自己虽然有学习蒙古语的意愿,但如果长期学习中觉得困难较大,而且进步较小,可能最终也会放弃。他表示,虽然有遗憾,但毕竟得接受现实,因为蒙古语与普通话差异较大,实在学不会只好放弃。从实际生活来看,至少会说普通话可以保障自己的工作、生活顺利,不会说蒙古语对目前的状态不会有较大影响。

综合以上分析,特姓家庭虽然也是由蒙古族与蒙古族人组成的家庭,但蒙古语的传承在家庭第二代就结束了。特姓家庭第二代、第三代并不会说蒙古语,在家庭中除第一代之间外,主要使用普通话进行交谈。特家第二代不会讲蒙古语,自身学习蒙古语的意愿不强,对第三代儿子是否会说蒙古语也持无所谓的态度,这些也影响了第三代儿子蒙古语能力的发展,也不会说蒙古语。虽然第三代儿子有学习蒙古语的意愿,但受实际条件的制约,蒙古语能力的提升较为缓慢,最终也有可能放弃学习蒙古语。

当下,与特姓家庭类似的蒙古族家庭较多。调查的 18 个蒙古族与蒙古族组成的家庭中,有 16 个家庭的蒙古族第三代基本丧失蒙古语的能力,只会说普通话。这 16 个家庭与特姓家庭相似之处在于,第二代父母辈中,至少有一个不会说蒙古语,还有一些家庭的第二代父母都不会说蒙古语。这说明,蒙古族与蒙古族组建的家庭中,多数家庭从第二代开始,蒙古语传承就面临危机,很多家庭蒙古语传承中断;这样导致很多第三代蒙古族,只有蒙古族身份,而没有说蒙古语的能力。由于蒙古语与普通话的差异较大,即使第三代蒙古语主观上愿意去学习蒙古语,但由于环境的缺失,第二代父母蒙古语能力的缺失,真正学会说蒙古语的凤毛麟角。

此外,很多第二代父母,更认同普通话或者其他语言资源的价值与地位,培养第三代学习蒙古语的主动性与积极性较弱,这些均是蒙古语未来传承的危机与挑战。

7.2 蒙古族与汉族（或其他少数民族）家庭语言使用状况

蒙古族与汉族（或其他少数民族）组成的家庭，共调查 40 户，具体信息见表 7-4。第一代共有 40 人，蒙古族 29 人，汉族或其他少数民族 11 人。第二代共有 80 人，蒙古族 40 人，汉族和其他少数民族 40 人。第三代共有 53 人，全部为蒙古族人。首先来看蒙古族与汉族（或其他少数民族）组成的家庭三代人的语言能力状况。语言能力状况考察是三代人掌握或者能够使用的语言资源数量，具体调查的时候包括蒙古语、普通话、呼和浩特当地汉语方言或其他语言资源等。

表 7-4 蒙古族与汉族（或其他少数民族）家庭信息表

代际及民族		蒙古语	普通话	呼市方言	其他语言
第一代 40 人	蒙古族 29 人	22/75.9%	21/72.4%	12/41.3%	3/10.3%
	汉族及其他少数民族 11 人	6/54.5%	7/63.6%	6/54.5%	3/27.3%
第二代 80 人	蒙古族 40 人	15/37.5%	31/77.5%	21/52.5%	17/42.5%
	汉族及其他少数民族 40 人	2/5.0%	30/75.0%	24/60.0%	19/47.5%
第三代 53 人	蒙古族 53 人	3/5.7%	51/96.2%	25/47.2%	42/79.2%

表 7-4 显示，蒙古族与汉族（或其他少数民族）组成的家庭里，三代人的蒙古语能力随代际发展呈现急速下降趋势。第一代、第二代会说蒙古语的比例为 75.9% 和 37.5%，到了第三代会说蒙古语的降低至 5.7%；普通话能力呈现代际上升趋势。第一代会说普通话的比率为 50% 以上，第二代上升至 70% 以上，到了第三代接近 100%；三代人说呼和浩特当地汉语方言的能力相差不大。相同代际中，蒙古族成员的普通话能力一般高于汉族或其他少数民族成员，而呼和浩特当地汉语方言水平一般低于汉族或其他少数民族成员。和蒙古族与蒙古族人组成的家庭相比，蒙古族与汉族（或其他少数民族）组成的家庭中，蒙古族成员的蒙古语能力总体上呈下降趋势，普通话能力基本与汉族或者其他少数民族成员类似，有些还高于这些家庭成员，

另外,蒙古族成员的呼和浩特当地汉语方言能力整体均有所提升。

在蒙古族与汉族或其他少数民族婚配的家庭中,语码使用较为复杂,不同代与代之间、民族之间具有鲜明特点。蒙古语在家庭中主要在第一代之间使用,第二代与第一代交流有时也使用蒙古语,但和蒙古族内部通婚家庭相比,使用比率明显减少。在第一代中出现了汉族或其他少数民族被试使用蒙古语与配偶或子女交谈的现象。在家庭的第二代中,未发现此情况。家庭第三代只有2人在与第一代交流时会使用蒙古语,蒙古语的代际传承仍然艰巨。普通话仍是在家庭语言中声望最高的语言,在各个代际、民族,均呈现出与年龄越低的家庭成员交谈,使用普通话比率越高的特点。而未使用普通话的被试,除极小部分外,均为不具备普通话语言能力。呼和浩特当地汉语方言和其他语言的使用主要集中在汉族被试中,与普通话使用相反,主要呈现出与年龄越小的家庭成员交谈、使用比率越低的特点。

上述结果显示,普通话仍然是家庭中使用最为广泛的语言,和蒙古族内部婚配家庭相比,蒙古语的使用范围更集中于第一代内部。在汉语使用方面,蒙古族被试的语言选择较为单一,一般均以普通话为主,而汉族被试一般会同时使用普通话、呼和浩特当地汉语方言等几种语言,和蒙古族同辈相比,显得更加丰富。除普通话外,蒙古语、呼和浩特当地汉语方言以及一些其他语言,在家庭的语言使用中同样具有重要地位。

在外部环境中语言使用方面,与蒙古族内部婚配家庭外部语言实践相似,普通话依然是外部语言中使用最为广泛的语言。在蒙古语使用方面,第一代蒙古族在日常生活中与朋友交谈时蒙古语使用率最高(72.4%),几乎所有具备语言能力的第一代被试(75.9%)均会在该情况下使用蒙古语,高于在家庭中与配偶交谈的蒙古语使用率(62.1%)。第二代蒙古族有37.5%的被试可以使用蒙古语交谈,在日常生活中与朋友交谈时的蒙古语使用率为35.0%,而在家庭中只有2.5%的被试与配偶使用蒙古语交谈。家庭语言环境、家庭成员语言能力对于在家庭中语言的选择和使用具有十分重要的影响。

和蒙古族+蒙古族组成的家庭相比,呼和浩特当地汉语方言在蒙古族与汉族或其他少数民族婚配家庭中的使用率明显提升,而这同样在外部语言中有所体现。第一代蒙古族被试呼和浩特当地汉语方言在工作中使用率为24.1%,在公共场所使用率为13.7%,在日常生活中使用率为6.8%;第一代汉族被试呼和浩特当地汉语方言在工作中使用率为27.3%,在公共场所使用率为18.2%,在日常生活中使用率为45.5%。第二代蒙古族被试呼和浩特当地汉语方言在工作中使用率为30.0%,在公共场所使用率为10.0%,在日常生活中使用率为12.5%;第二代汉族被试呼和浩特当地汉语方言在工作中使用率为40.0%,在公共场所使用率为27.5%,在日常生活中使用率达到55.0%。即使是第三代,呼和浩特当地汉语方言在工作中/学校里的使用率为7.5%,在公共场所使用率为17.0%,在日常生活中使用率为22.6%。呼和浩特当地汉语方言在各代际、各民族均有一定的使用,因为其在呼和浩特城区所具有的相对广泛性,除了在学校等场所主要使用普通话外,在其他工作环境中有较为广泛的使用,同时也同蒙古语相似,是汉族被试与朋友交谈时的重要选择。即使在学校环境中,也有学生会在课余使用呼和浩特当地汉语方言与同学交流。而呼和浩特当地汉语方言在外部语言中的广泛使用,同样也会投射到家庭内部,促进家庭中呼和浩特当地汉语方言使用率的提升。

　　总体而言,无论是从家庭成员的语言能力,还是从家庭内部和外部环境中的语言实践,我们都发现蒙古族＋汉族(或其他少数民族)婚配家庭与蒙古族内部婚配家庭类似。当前在蒙古族与汉族或其他少数民族婚配家庭中,蒙古语的传承同样出现了一些问题,家庭中第三代的蒙古语语言能力和使用蒙古语的频率与同为蒙古族的第一代、第二代相比明显下降。我们依旧选取了第三代具备和不具备蒙古语能力的典型家庭,对其语言实践状况进行分析,并希望通过它们发现造成蒙古族与汉族或其他少数民族婚配家庭蒙古语能力和实践产生差异的原因。

7.2.1 "第三代有蒙古语能力"家庭语言使用状况

　　在调查的40户蒙古族与汉族(或其他少数民族)组成的家庭中,只有2个家庭的3位第三代成员具备蒙古语能力,会讲蒙古语。现以有2位子女的"娜姓"家庭为例来分析家庭内部语言使用状况(表7-5)。

表7-5　娜姓家庭成员信息表

代际	家庭成员	成员情况
第一代	祖父	蒙古族,77岁,高中,讲蒙古语、普通话,退役军人
	祖母	汉族,71岁,高中,讲当地汉语方言、蒙古语、普通话,退休工人
第二代	父亲	蒙古族,48岁,大学本科,讲蒙古语、普通话,高中教师
	母亲	汉族,48岁,大学专科,讲普通话,事业单位工作人员
第三代	姐姐	蒙古族,21岁,讲蒙古语、普通话,大学本科在读
	弟弟	蒙古族,18岁,讲蒙古语、普通话,高中在读

娜姓家庭三代人的语言能力状况较为复杂。第一代祖父母辈中,祖父掌握的语言资源有蒙古语和普通话,祖母虽然是汉族,但也学会了蒙古语,除外,还会说普通话和当地汉语方言,第一代祖父母是典型的多语能力人。第二代父母辈中,父亲也具备多语能力,会蒙古语和普通话,母亲是典型的单语者,只会说普通话。第三代孙辈有2人,而且2人也都是多语能力人,会说蒙古语和普通话。

根据访谈,祖父、父亲的第一语言是蒙古语,祖母的第一语言是呼和浩特当地汉语方言,母亲、姐姐和弟弟的第一语言是普通话,祖母、姐姐、弟弟的蒙古语和祖父、父亲相比较差,不过日常交流没有问题。在家庭内,在母亲不在场的情况下,家人之间会使用蒙古语、普通话或二者夹杂进行交谈。在优先使用的语言上这个家庭的三代人存在差异。

因为娜姓家庭第二代的母亲只会说普通话,因此家庭成员在与母亲谈话时,一般首选的交际语言均为普通话。在娜家,第一代祖父优先选择的交际语言是蒙古语,只要家庭成员会说蒙古语,祖父就用蒙古语与会说蒙古语的其他家庭成员交流。第一代祖母在和第一代祖父说话时,会先使用蒙古语,不过由于祖母是汉族,因此在与其他人说话时,会优先使用普通话。第二代父亲只有在与第一代父亲交流时,才会首选蒙古语,与其他家庭成员,包括第一代祖母,首选的交际语言均为普通话。第三代的2个人,优先会使用的语言是普通话。总体来看,第一代的祖父、第二代的父亲和第三代的2个孙辈,会根据交际对象的不同转换交际语言。

例 8:"反正他们都能听懂,我就熟悉哪个话说哪个话了。"(第一代娜家祖父的访谈)

例 9:"在外面都说普通话啊,而且有些复杂的(蒙古语表达)我也说不来,在家就继续说普通话了。"(第三代娜家姐姐的访谈)

例 10:"这么多年都习惯了,和他(指娜家祖父)就说蒙古语,我蒙古语也主要是和他学的,不过我还是更习惯说汉语。主要他们(指家里人)觉得我这个话(指呼和浩特当地汉语方言)不好听,而且娃娃们要学普通话,我就尽量说普通话,不过据他们说还是有一点(当地汉语方言的)味道(笑)。"(第一代娜家祖母的访谈)

例 11:"我不和我爸说蒙古语他会不高兴的,他觉得在家里还是要说我们自己的话。孩子们以后上学工作要说普通话,在家肯定要给他们做一个表率,他们妈妈也是这么觉得的,我们从他们小的时候就没有放松过对他们普通话的要求。"(第二代娜家父亲的访谈)

对娜姓家庭三代人的访谈信息也显示,娜家祖父和第三代在家庭中优先使用蒙古语的原因,是因为对蒙古语比较熟悉,平常习惯说什么话在家也就说什么话了;而且祖父是家里辈分最高的人,他在讲话时不需要对讲话对象有过多的考虑。第三代年龄最小,很受家里人的宠爱,再加上母亲只会说普通话,平时亲子间交谈都说普通话,他们在家里优先说普通话是长久养成的语言使用习惯。第一代祖母和父亲与祖父一起生活多年,早年在家庭中都是使用蒙古语交流,虽然现在全家搬入城市居住,父亲也已经娶妻生子,但祖父仍然希望能够保持旧有的语言习惯。另外,第一代祖父在家里比较强势,祖母和父亲在与他说话时便会顺从祖父的语言使用习惯,优先使用蒙古语;但在和其他家庭成员说话时,会选择他们自己更为熟悉的普通话。在娜家,还存在着在与家庭中第三代交谈时,主动避免使用自己的第一语言而转向普通话的现象。王玲(2016)的研究也发现了这种现象,并将这种家长专门面对孩子使用的语言从家庭语言中分化出来,称之为教育语言。分化出家庭教育语言的目的,是创造语言使用环境,使孩子可以尽快掌握该语言。在娜家,第二代母亲只会讲普通话,第二代父亲虽然会说蒙古语,甚至有时还会专门抽时间对孩子进行蒙古语教学。但即使如此,与蒙古语相比,第二代父亲仍然更重视自己第三代子女普通话的学习与使用。在这种家庭环境下,娜家第三代子女为什么仍然能够发展自己的蒙古语能力呢? 在对第二代娜家父亲的访谈中,发现第三代之所以能够传承蒙古语的主要推动力来自娜家第一代祖父。

例 12:"我和妻子平时工作比较忙,孩子生下来就主要是父母帮我们带,而我爸这个人很重视孩子蒙古语的学习,平时在家就会主动教,后来上小学也一定要送到蒙校去。对孩子学蒙古语我是觉得挺好,我和他爷爷都会说,孩子也应该要会,只要不影响汉语水平我都支持。有时候我在家的时候也会有意无意地和孩子说说蒙古语,虽然中学就转到汉校去了,但蒙古语的底子还是留下来了,而且他们在家的时候我们也会和他们说(蒙古语),他们现在蒙古语水平还保持得挺好。"(第二代父亲的访谈)

娜家第三代能够具备蒙古语能力,除了受学校环境、家庭环境等的影响外,另外一个比较重要的因素是娜家第三代小时候由祖父祖母带大,而祖父的语码对娜家第三代的个人语码库的形成产生了重要影响。李宇明(2018)曾归纳出中国社会所呈现的三种比较复杂的家庭情形,其一便是中国家庭文化中"祖孙深度接触"的育儿模式对儿童语言发展产生了重大影响。这种在西方罕见中国却十分常见的育儿模式,对家庭中下一代语言的形成具有重要影响,在娜家,也直接影响了蒙古语在娜家的传承与发展。在娜家的家庭语言实践中,我们还发现了一个十分有趣的现象。娜家的祖父和父亲的妻子均是汉族,但是祖母和母亲的语言能力却存在很大差异,祖母在嫁给祖父后学习了蒙古语,但母亲却依然只能够讲普通话。

例 13:"我当时嫁给他的时候他虽然会说汉语,但周围朋友很多都是蒙古族,都说蒙古语,他和朋友说话我听不懂啊,就感觉自己进不去他们的圈子。后来想想要不我也试着学学蒙古语,身边人也挺多会说

的,会了能多交点朋友,他(指祖父)也很支持,平时没事的时候就主动教我,后来就会说了。"(第一代娜家祖母的访谈)

例14:"他(指父亲)又不是不会说汉语,我俩能交流就行了,学蒙古语没什么必要。我记得那会儿和他父母刚一起住,他还问我要不要学点蒙古语,毕竟他们家都会说。我就说没必要,现在在城市生活应该蒙古族学汉语,怎么可能倒过去呢。不过我丈夫也觉得学蒙古语没啥用,我也不想学,也就都算了。而且我认识的周围嫁给蒙古族的也没听说哪个还专门学蒙古语的,互相都说汉语。"(第二代娜家母亲的访谈)

根据第一代祖母和第二代父母亲的访谈,可以发现第一代祖父对于家庭成员蒙古语能力的发展所起作用非常明显。洪丽芬(2010)将夫妻之间用语的选择划分为四类,即采用对方的语言、采用自己的语言、采用社会方言、采用社会共同语。娜家第一代祖母学会了第一代祖父的语言蒙古语,可第二代的母亲依然保持了自己的语言,说的是普通话。访谈信息显示,这种不同代之间的不同选择,除去个人性格的影响外(娜家祖父性格比较强势,而第二代父亲性格温和),这种两代之间是否要学习蒙古语的差异实际上是当前社会发展、城市化进程推进的一个缩影。第一代祖母,作为汉族,本来不会说蒙古语,可祖父经常会主动教祖母学习蒙语,除外,祖母由于语言意识中认识到蒙古语作为融入社区成员的重要工具,主观上也很愿意学习蒙古语,再加上接触和使用蒙古语的机会较多(与自己的爱人、与爱人的朋友交往均能听到蒙古语,也有机会练习说蒙古语),因此习得了蒙古语。与第一代祖母相比,同为汉族的第二代母亲,在学习蒙古语方面就缺乏积极性与主动性,这主要与第二代母亲的语言意识有关。在第二代母亲的认知里,说蒙古语不是很重要,首先第二代父亲可以说普通话,夫妻之间可以交流无障碍,第一代祖父母也会说汉语,他们彼此之间交流也没有问题;其次,第二代母亲注意到城市生活中会不会说蒙语影响不大,而且一些认识的蒙古族朋友也不再说蒙语;还有一个重要的原因,第二代父亲也支持第二代母亲没有必要说蒙语。这些因素,使得第二代母亲对蒙古语的认同度较低,也因此蒙语能力基本没有发展。第三代的2个孙辈,之所以会说蒙语,主要原因包括：第一代祖父母参与抚养，或者说第三代 2 个孙辈主要由祖父母抚养长大，在这期间，孙辈的 2 人会经常听到祖父母说蒙语，而且祖父母还会教他们说蒙语，最主要的，在祖父的坚持下，孙辈 2 人小时候进入蒙校学习。蒙古语学校，可以说对孙辈 2 人蒙古语的巩固起到重要作用，在学习语言的关键期，两人的蒙古语基础已经非常牢固。也因此，即使中学的时候，转入汉校，但对孙辈 2 人蒙古语的影响已经较弱，两人的蒙古语能力已经基本形成。

娜姓三代人语言能力的差异，一方面，因为不同代际所处时代的不同，语言所具备的社会功能也存在差异。在第一代祖父母辈时期，身边的朋友，包括工作环境中，总能发现很多说蒙古语的人。如前所述，第一代祖母学说蒙古语，不仅是为了更好地与祖父交流，主要是以蒙古语为工具能交到更多朋友，而且能够融入朋友或者工作圈；但到了第二代父母辈时期，随着城市化的发展、社会的变化，他们身边的蒙古族朋友中，也有很多人放弃说蒙古语而转用普通话。因此，第二代母亲发现，她并不需要通过学习蒙古语去拉近与周围人的关系。另一方面，第二代母亲的做法，也体现了自主语言意识的提升，她的自主意识里，并不认为需要通过学习配偶的语言去拉近夫妻间的关系。这虽然只是两代人的情况，但却体现了当今社会的整体趋势。可以预测，随着城市化的发展和个人自主语言意识的形成与发展，汉族与蒙古族组成的家庭中，汉族成员学习蒙古语的积极性与主动性会日益减少。

综合以上分析，娜姓家庭成员中，虽然第二代母亲为单语者，但总体上，娜姓家庭内部，蒙古语传承状况较好。主要原因与第一代祖父母的语言能力、语言意识以及实际的语言使用状况甚至家庭的抚养方式（祖父母为主抚养第三代）有关。因为家庭中第一代长辈具有较强的传承蒙古语的意识，而且在日常家庭生活中注重培养第三代的蒙古语能力，并且是抚养第三代长大的主要抚养人，所有这些条件都有利于第三代蒙古语能力的发展。不过从娜姓家庭的语言使用情况也可以发现类似的家庭中蒙古语传承存在的挑战。挑战主要从第一代与第二代夫妻之间语言使用的变化上体现出来。娜家第一代，汉族的祖母受祖父与周围朋友影响，学会蒙古语；第二代父母亲之间，汉族母亲没有学习蒙古语，夫妻间的共同语言转为普通话。由此可以推测,在未来蒙古族与汉族(或其他少数民族)组成的家庭中,普通话会成为主要交际语言,蒙古语的使用减少,进而影响到第三代、第四代子孙辈蒙古语的发展。

7.2.2 "第三代无蒙古语能力"家庭语言使用状况

在蒙古族与汉族(或其他少数民族)组成的家庭中,很多家庭中的第三代已经不会说蒙古语,蒙古语能力丧失。其中有些家庭是由于从第二代开始出现了"蒙古语传承断档",接下来的第三代也因此失去蒙古语能力;但也有些家庭,第一代、第二代中均有会说蒙古语的成员,但即使如此,仍然有较多第三代不会说蒙古语。现在以"梁姓"家庭为例,分析这类家庭第三代不会说蒙古语的原因(表7-6)。

表7-6 梁姓家庭成员信息表

代际	家庭成员	成员情况
第一代	祖父	蒙古族,76岁,高中文化,讲蒙古语、当地汉语方言,工人退休
	祖母	汉族,75岁,高中文化,讲简单的蒙古语、当地汉语方言,工人退休
第二代	父亲	蒙古族,54岁,大学专科,讲蒙古语、普通话,公务员
	母亲	汉族,55岁,高中,讲普通话、当地汉语方言,艺术工作者
第三代	孩子	女,蒙古族,26岁,硕士研究生,讲普通话,金融公司工作

梁姓家庭第一代祖父母辈中,祖父说蒙古语和当地汉语方言,祖母严格来说,是一个单语人,因为她说得最流利的是当地汉语方言,她说的蒙古语比较简单,如果别人说大段的蒙古语就听不懂,自己也不会说大段的蒙古语。第二代父母亲,父亲会说蒙古语和普通话,母亲会说普通话和当地汉语方言。第三代女儿,也是一个单语者,只会说普通话。第一代祖父母与第二代、第三代同住,第一代祖父母参与抚养,共同将第三代子女抚养长大。在家庭日常交流中,第二代父母亲与第三代女儿主要使用普通话。第一代祖父和第二代父亲的第一语言均为蒙古语,当地汉语方言和普通话均是两人后天习得的。在日常生活中,第一代祖父与第二代父亲之间第一首选的交际语言是蒙古语;第一代祖母与第二代母亲都不会说蒙古语,而且两人的第

一语言均为当地汉语方言，因此，两人之间经常使用的交际语言是当地汉语方言。也就是说，在这个三代人组成的家庭中，蒙古语、当地汉语方言也是家庭成员会使用的交际语言，是有一定程度的输出的，第三代女儿学习当地汉语方言和蒙古语的环境是存在的，但为什么第三代女儿仅仅学会了普通话呢。这需要结合梁家第二代父亲的访谈信息才能发现原因。

梁家第二代父亲，是公务员，工作环境中的同事除了蒙古族以外，还有不少汉族或者其他族裔的人。在工作场合，除了普通话之外，在与蒙古族同事交流时，第二代父亲也会使用蒙古语。但在家庭内部，第二代父亲主要的交际语言却主要是普通话，很少使用蒙古语。这主要与第二代父亲的语言意识有关。

例15："我在机关工作这么多年，很少遇到必须会蒙古语才能完成的工作，后来来的那些年轻人，也很少有会说（蒙古语）的。我们这里已经是内蒙古自治区了，蒙古语用处都不大，我希望我女儿以后能够到外省去工作，学蒙古语对她来说没什么必要，不如好好学英语。

（关于是否在家里讲蒙古语或者教女儿学习蒙古语）我在家很少讲，因为我妻子也不会。我和谁讲呢，除非朋友来做客，可能会讲一点，但他们也不会经常来。如果我女儿问我，我肯定会教，在家也教过一些日常的。你要说有没有系统教过，那当然没有，她没时间，我也没时间，想系统学好很花时间，有这个工夫可以学点其他用处更大的（语言）。

（关于与朋友交谈时会说蒙古语）我们小时候就说蒙古语啊，现在只不过蒙古语总的来看说的人少了，但我们会说的还是要说，要不它不就失传了。"（梁家第二代父亲的访谈）

从访谈中可知，梁家父亲语言意识中，蒙古语不是必须继承的语言，也不是非常重要的语言（"很少遇到必须会蒙古语才能完成的工作"），而且周围的同事说蒙古语的越来越少，蒙古语的用处不大。而且在他的语言意识中，蒙古语是不利于自身发展与工作的，比如，他觉得第三代女儿如果在外省工作，应该掌握其他语言资源（比如英语）更好。实际上，第二代父亲是有机会将蒙古语传承给第三代女儿的。但由于他自身的语言意识、配偶的语言能力状况（妻子不会说蒙古语）以及对蒙古语价值的否定等因素，第二代父亲主动放弃了在家庭中传承蒙古语给自己女儿的机会。此外，我们还看到梁家父亲语言能力和语言使用之间存在的差异。梁家第二代父亲掌握的语言资源为蒙古语和普通话，由于对不同语言资源的作用和功能认识清晰，他会根据交际对象的差异而选择使用不同的语言资源。比如，在工作等公共场所选择说普通话，与蒙古族朋友说蒙古语，与妻子、女儿说普通话，等等，第二代父亲的这种有意识为之的语言使用行为，直接影响了第三代女儿蒙古语能力的发展。

第二代母亲的语言使用状况是，无论在工作等公共场合，还是在与朋友等私人场所交流，第二代母亲会同时使用普通话和呼和浩特当地汉语方言两种语码。但是在家庭内部，在与第三代女儿交流时，她只会选用普通话，有意避免说呼和浩特当地汉语方言。

例16："说这个话（呼和浩特当地汉语方言）在当地还行，你要是去了外地和南方那些四川话啊、广东话比，就显得不好听了。所以对女儿我很少说，要在家里营造普通话的环境，这样她以后去外面上大学、工作啊才不会被人看不起。"（第二代梁家母亲的访谈）

对第二代母亲的访谈信息显示，第二代母亲的语言意识里有与第二代父亲相似的地方，即他们都不太认可蒙古语的价值与作用，都认为当前没有必要必须学会说蒙古语。认可的是普通话的地位与价值，认为这样可以帮助第三代女儿规避由语言使用带来的偏见与歧视。基于这样的认识，第二代母亲有意在家庭用语中分化出普通话，作为对第三代女儿的"教育语言"。为了配合这样的意识，他们实际的语言使用也会主动避免使用其他语言，不希望其他语言影响第三代女儿的普通话能力。访谈中，第二代父母亲均透露，虽然第一代祖父辈同住在一起，但在如何培养第三代，包括与第三代说什么话等问题上，第一代祖父母是非常尊重与配合第二代父母亲的决定，尽量不在第三代面前说蒙古语，尽量说当地汉语方言或者不标准的普通话。

　　此外,和我们调查的大多数家庭不同的是,梁家在给孩子起名字时,也有意汉化,给第三代女儿起了一个汉族姓名,而非蒙古文音译的名字。据第二代梁家父母介绍,首先因为第二代母亲是汉族,虽然孩子继承了祖父和父亲的少数民族身份——蒙古族,但祖父和父亲认为,不一定必须给第三代起蒙名,他们可以接受汉名。通常情况下,蒙古族与蒙古族组成的家庭,第三代子女基本获得的是蒙古族名字;即使是蒙古族与汉族(或其他少数民族)组成的家庭,大多数也会给第三代起蒙名。梁家给第三代起汉名,是希望能够尽量使第三代女儿,未来找工作或者求学等不会因为名字而引起太多关注;希望第三代女儿能像一个普通汉人一样在外地上学、工作,顺利融入当地社区,能够在北京或者国内其他大城市定居并取得良好的发展。而这实际上也是梁家第二代父亲放弃把蒙古语传承给第三代女儿的另一个深层原因。

　　综合以上分析,梁家第二代父亲虽然会讲蒙古语,但他主动放弃蒙古语在下一代的传承,因此到了梁家第三代蒙古语已经消失。在对其他家庭的走访中,我们发现像梁家这样,全面希望第三代向汉族靠拢的情况(比如起汉名、说标准普通话等)并不少见。调查"第三代不会说蒙语"的蒙古族与汉族(或其他少数民族)组成 38 户家庭中,第一代祖父母辈,基本有 1 人会说蒙古语;第二代父母亲辈中,父母一方至少有 1 人能说蒙古语的家庭有 15 个,其中有 11 个家庭中的第二代或主动、或被动放弃了蒙古语的传承。

　　例 17:"孩子平时学校学习就很累了,作业都做不完,不忍心再教他学蒙古语了。"(第二代样 20 母亲的访谈)

　　例 18:"学蒙古语听起来很好,但如果仔细考虑就会发现象征意义大于实际意义,我们自己教小孩缺乏推动力。"(第二代样 31 父亲的访谈)

　　例 19:"我每天早出晚归的,孩子主要他妈妈带(妈妈是汉族不会讲蒙古语)。别说教她说蒙古语了,她妈妈说我做爸爸都不称职。"(第二代样 2 父亲的访谈)

在上述访谈中,我们发现这些家庭虽然原因各不相同,但家庭中第二代父母中,会讲蒙古语的一方均没有把蒙古语传承下去,对第三代蒙古语能力发展产生了重要影响。而对于其他从第二代父母辈开始就出现蒙古语"传承中断"的家庭,第三代孙辈蒙古语语言能力的发展更为艰难。虽然因为家庭是由不同民族通婚所组成,父母中的一方蒙古语能力、对蒙古语的感情和认同度等都较为有限,传承蒙古语可能并不如蒙古族与蒙古族组成的家庭那么顺畅,但就像梁家的访谈记录所显示的那样,蒙古语无法传承的绝大部分原因并不能归咎于家庭的汉族或其他少数民族成员,更多的问题在于会说蒙古语的家庭成员自身。

通过对两类蒙古族家庭的调查可以发现,总体上,城市社区中蒙古族家庭蒙古语语言能力随着代际的发展逐渐降低,蒙古语在家庭生活中主要在蒙古族第一代和部分第二代之间使用。在外部语言环境中,主要在蒙古族第一代或第二代家庭成员与同为蒙古族的朋友之间有广泛使用。在其他环境下,蒙古语使用率极低,城市第三代蒙古族极少有人掌握蒙古语语码。从家庭类型看,蒙古族内部婚配家庭中第一代、第二代配偶之间,第一代、第二代之间的蒙古语使用率要高于蒙古族与汉族或其他少数民族婚配家庭,老一辈蒙古族之间的婚配对于蒙古语使用率的增加有一定的帮助。无论在家庭中,还是在各种外部场合,普通话一直占据着最为重要的地位,体现了其作为社会通用语的高声望。呼和浩特当地汉语方言在蒙古族内部婚配家庭中使用较少,在蒙古族与汉族或其他少数民族婚配家庭中有较为广泛的使用,这与后者家庭中汉族占据比较重要的比例有一定的关系。而作为在呼和浩特城区有较大影响力的语言,可以预见其在蒙古族内部婚配家庭中的使用率会在将来有所提升。从个人语言能力发展状况来看,家庭环境对于蒙古语语言能力的发展具有十分重要的影响。在调查中,我们发现,第三代会讲蒙古语的家庭,家庭中的第一代、第二代也都具备蒙古语能力,而且在家庭环境中,都会使用蒙古语进行交谈。此外,家庭中的长辈对晚辈少数民族语言能力的发展有很明显的影响作用。除蒙古语之外,家庭环境对第三代普通话能力的发展同样具有重要影响,长辈在与低龄晚辈交流时会自然注重普通话的使用,而减少少数民族语言的使用,以促进晚辈普通话能力的提升。此外,成长环境、育儿模式等也会对第三代个人语言能力的发展产生影响。除家庭环境外,社会因素同样对第三代个人语言能力的发展具有重要影响,语言实用性、生活工作学习环境等均会对少数民族语言的学习、选择和使用产生影响。在个人少数民族语言能力发展的过程中,不能忽视个人能动性的作用。一些家庭中的第三代具有较高的蒙古语学习意愿,但家庭中长辈对孩子的影响力高于孩子自身的能动性,此外,孩子的能动性还会受到客观社会环境和家庭环境的制约。在城市蒙古族家庭中,孩子对蒙古语学习的较高个人主观能动性并没有直接转化为蒙古语能力的提升。

从家庭民族构成来看,家庭的民族构成和第三代是否会说蒙古语没有相关关系。通过皮尔逊(Pearson)相关性检测,我们发现家庭民族构成和第三代是否能说蒙古语之间相关性为 0.098,显著性(双侧)为 0.388,不具备明显相关性。家庭中的蒙古族第二代在蒙古语传承中发挥的作用并不明显。而除了家庭的民族构成和家庭环境之外,社会整体语言环境对第三代语言能力的发展具有重要影响。无论在学校、社区还是周围店铺,语言环境均以汉语为主,除了特定蒙校或蒙古族社区外,第三代在家庭外很少有机会接触蒙古语。在家庭内部,具备蒙古语能力的第二代蒙古族,无论是在蒙古族与蒙古族组成的家庭,还是在蒙古族与汉族(或其他少数民族)组成的家庭,所占比例均只有四成左右,再加上有很多像梁家第二代父亲一样,主动或被动放弃蒙古语传承的家庭,使得第三代无论家庭民族构成如何,蒙古语的掌握率和使用率普遍较低。此外,我们还发现蒙汉通婚的家庭中,不同代与代之间夫妻用语存在差别等现象,这些差异与不同代际的语言意识相关。

参考文献

[1] 洪丽芬.马来西亚华人家庭语言的转变[J].东南亚研究,2010(3):73-84.

[2] 李宇明.语言学习与教育[M].上海:华东师范大学出版社,2018.

[3] 王玲.语言意识与家庭语言规划[J].语言研究,2016(1):112-120.

第八章｜语言意识与少数民族语言的传承

在上一章,我们主要考察了不同类别的少数民族家庭内部,家庭三代人的语言能力状况以及年轻的第三代语言能力的发展状况,尤其是蒙古语能力的发展状况。研究还发现,不同类别的少数民族家庭内部,三代人会根据交际对象、交际场合的不同,选择不同的语言资源进行交流。在分析第三代少数民族语言能力发展状况的过程中,可以看到家庭第一代和第二代语言能力及语言意识、第三代自身个人经历、家庭语言环境、社会整体语言环境等对第三代个人语言能力发展的影响。根据语言意识理论,除了了解不同语言的功能和作用之外,还包括个人选择何种语言以及如何使用语言等内容。每次当需要进行语言表达的时候,说话者要结合当时所处的环境、场合或所面对的对象根据个人语言能力选择某一种语言来传情达意,同时也凸显某一种身份。在选择身份时,说话者往往要考虑民族、阶级、场合、地位等多种因素,而这种身份的选定,会直接决定使用何种语言或者方言,这些都与语言意识有关。

对城市蒙古族家庭语言意识、语言认同等状况的考察,有助于了解语言意识对语言使用等行为的影响作用。语言意识理论中的重要组成部分是对不同语言的态度或认知,因此访谈中着重考察被访者对某种语言的态度和看法。

8.1 蒙古族与蒙古族的家庭语言意识

蒙古族与蒙古族家庭语言意识,着重考察这类家庭的成员对少数民族语言、普通话或者其他方言的看法,包括这些语言的地位、作用和价值等内容。共调查这类家庭 20 户,其中第一代 21 人、第二代 40 人、第三代 27 人。

调查结果显示,蒙古族内部婚配家庭对蒙古语普遍具有较高认同,但家庭内部不同代际存在差异。家庭中的第一代无论是对本民族的情感型认同(全部被试均同意"蒙古族有必要会说蒙古语"),对蒙古语自身的认知型认同(95.2%的被试同意"和其他语言相比,蒙古语很好听"),还是对蒙古语的功能型认同(61.9的被试同意"蒙古语在当今社会依然有用")都很高。此外,他们还很希望孩子能够学习蒙古语,85.7%的被试同意"有机会孩子有必要专门学蒙古语",全部被试同意"如果孩子会说蒙古语会很高兴",90.5%的被试同意"孩子学蒙古语应该早一些",76.2%的被试同意"孩子普通话和蒙古语都要会"。大部分第三代对蒙古语也有较高认同度,85.1%的被试同意"蒙古族有必要会说蒙古语",59.2%的被试同意"和其他语言相比,蒙古语很好听"。他们也同样希望能够有机会学习蒙古语,51.8%的被试同意"有机会会去专门学习蒙古语"。但是第二代对于孩子是否要学习蒙古语态度较为冷淡,27.5%的被试同意"有机会孩子有必要专门学蒙古语",22.5%的被试同意"孩子学蒙古语应该早一些",和第一代形成强烈对比。在对涉及蒙古语语言态度相关的观点进行测量时,我们发现,第二代被试选择"无所谓"的比例普遍较高(42.5%的被试对"蒙古族有必要会说蒙古语"无所谓,45.0%的被试对"有机会孩子有必要专门学蒙古语"无所谓,55.0%的被试对"孩子学蒙古语应该早一些"无所谓),这一方面体现了他们对蒙古语缺乏一定的认同度,同时也体现了他们对孩子是否应该学习蒙古语实际上缺乏一定的思考,缺少自己的判断。

蒙古族与蒙古族组成的家庭,对普通话均具有极高认同,认为在当代社会,在城市生活必须会说普通话,相比蒙古语,普通话的功能性得到家庭中不同代际家庭成员的一致认同。95.2%的第一代被试、全部第二代被试、96.3%的第三代被试均同意"在城市生活一定要会说普通话"。大部分长辈(81.0%的第一代被试和 80.0%的第二代被试)同意"小时候学好普通话的孩子将来会具有优势",而第三代自己也同意这种观点,70.3%的第三代被试同意"小时候学好普通话在将来会是一种优势"。而对于蒙古语,除了第一代被试对其社会功能性的较高认同外,第二代只有 17.5％ 的被试认为"当今社会说蒙古语依然有用"。但有 55.5％ 的第三代被试认为"会说蒙古语和其他人相比会是一种优势"。

除外,这类家庭普遍认识到环境对语言学习的重要性。71.4％ 的第一代被试和 79.7％ 的第二代被试同意"孩子学好某种话,家庭环境很重要",全部第一代被试和 85.0％ 的第二代被试同意"孩子在学校很容易学好普通话",81.5％ 和 85.2％ 的第三代被试也分别同意学校和家庭对于语言学习的重要性。但在家庭中给孩子营造什么样语言环境的问题上,他们又存在一定的分歧。52.3％ 的第一代被试同意"普通话在学校很容易学,在家要多说蒙古语",而只有 17.5％ 的第二代被试同意这一点。这反映了第一代对蒙古语强烈的认同感,希望可以利用有限的家庭环境使孩子的蒙古语水平有所提高,而第二代却更希望家庭和学校可以共同推动孩子普通话水平的提升。他们对家庭这个语言阵地的争夺也从侧面反映了环境对语言学习的重要性得到了普遍认可。

双语码得到这类家庭的普遍认同,但对于普通话外的第二语码,不同代际存在一定分歧。85.7％ 的第一代和 87.5％ 的第二代被试不同意"孩子同时学两种话可能会学不好",表明他们都希望孩子可以同时学习两种或多种语码。但 76.2％ 的第一代被试同意"孩子普通话和蒙古语都要会",同意该观点的第二代被试只有 22.5％,第二代被试并不认为孩子同时学习蒙古语十分重要。根据调查,第一代和第二代被试对呼和浩特当地汉语方言的认同度都不高,没有第一代被试同意"孩子普通话和方言都要会",同意该观点的第二代被试也仅有 7.5％。92.5％ 的第二代被试同意"除了普通话,多掌握一门语言(如英语)对孩子有好处",除普通话外,第二代被试希望孩子能够掌握的第二种语码是英语,反映了他们对英语的极高认同。不过,这类家庭对不同语言的认同度有所不同,家庭中不同代际对不同语言的认同度同样存在差异,家庭中的第三代对蒙古语有着较好的认同度,但具备蒙古语语码的被试却依然是极少数。我们希望通过对第二代具备或不具备蒙占语能力的典型家庭语言认同状况的分析,去发现导致不同家庭综合各种因素、确定自身身份、做出相应语言选择的原因。

8.2　蒙古族与蒙古族家庭第三代的语言意识

在前文中,我们对伊家的语言使用状况进行了深入分析,伊家是三代直系家庭,所有家庭成员均是蒙古族,均会讲蒙古语,伊家在家庭内部的首选语码是蒙古语,蒙古语在伊家得到较好的传承与发展。那么伊家全家的语言意识具有什么特征呢?访谈信息显示,伊家成员对蒙古语态度积极,无论出于情感、功利,还是对蒙古语言文字自身的认知,他们对蒙古语都有极高的认同度。伊家全家都有较高的民族认同感,将民族与语言相对应,认为作为蒙古族就应该要会说蒙古语;全家对于蒙古语自身存在好感,认为和其他语言相比,蒙古语讲起来比较好听;从功利角度看,全家对蒙古语的社会功能有一定认识,认为在当今社会会讲蒙古语依然有用武之地。伊家对蒙古语的高认同与他们的家庭民族构成、工作环境、蒙古语学习途径等都有一定的关系:

例1:"我们是蒙古人,当然得说蒙古语,哪儿有自己民族不会说自己民族话的。"(第一代伊家祖父的访谈)

例2:"我这个翻译工作,就需要会说蒙古语,现在说蒙古语当然有用。"(第二代伊家父亲的访谈)

例3:"我特别喜欢我小学蒙古语老师,念课文的时候声音甜甜的,听起来特别好听,那个场景我现在还能想起来。那会儿我就觉得蒙古语真好听,现在还是这么觉得的。"(第三代伊家哥哥的访谈)

正因为伊家全家无论出于情感角度还是功利角度都对蒙古语有着极高认同,所以在孩子是否应该学习蒙古语的问题上,伊家长辈都表示出积极的态度,而孩子们也具有较高的积极性。祖父、祖母、父亲、母亲对"有机会孩子有必要专门学蒙古语"、"如果孩子会说蒙古语会很高兴"、"孩子学蒙古语应该早一些"等观点均表示"非常同意",哥哥、妹妹也对"有机会会去专门学习蒙古语"等观点表示"非常同意"。伊家的哥哥、妹妹也确实具备了一定的蒙古语能力。当然,伊家同样也认识到普通话,以及如英语等其他语言的重要性,蒙古语要学,但汉语也不能落下,他们对普通话同样具备高认同度,因为普通话是社会通用语。

例4:"我自己汉话不是太好,我现在工作是没什么问题,但肯定是受影响的,像我女儿在江苏上大学,不会汉话就不行了。他们这种年轻人,还得会英语,她(指伊家妹妹)去年说要学英语(指雅思考试),我就在经济上支持。"(第二代伊家父亲的访谈)

例5:"普通话当然得会,我爸普通话太蹩脚,看他和不会蒙古语的人交流总是有点艰难。他那代人汉语不好我觉得还没什么太大关系,但我们肯定得会汉语啊,在内蒙古还好,到了外面谁会说蒙古语啊。"(第三代伊家妹妹的访谈)

出于功利考虑,伊家人对普通话同样具有较高的认同,不过他们认为,学习普通话并不是要放弃蒙古语,要做到"蒙汉兼通",成为"双语"或"多语"人才。伊家祖父、祖母、父亲、母亲均对"孩子普通话和蒙古语都要会"的观点表示"非常同意"。哥哥、妹妹也对"普通话和蒙古语都要会说"的观点表示"非常同意"。

例6:"学蒙古语和学汉语又不冲突,都去学,会的多肯定有好处。"(第二代伊家父亲的访谈)

例7:"我工作中遇到的患者有只会说蒙古语的,有只会说汉语的,还有都会说一点的。他们看见我既会说蒙古语,也会说汉语,也会比较亲切,现在医患关系紧张,通过语言这就是一个拉近。反正在我们院,(蒙古语和汉语)都会说的比只会说一种的就有优势。"(第三代伊家哥哥的访谈)

综合以上分析,伊家无论从民族情感角度,还是从社会功利角度,或是从对语言文字自身认知的角度,都对蒙古语具有极高的认同度,而在高认同度的影响下,伊家全家也确实具有良好的蒙古语能力。家庭对蒙古语的高认同是家庭第三代具备蒙古语能力的重要基础,我们对蒙古族内部婚配家庭中另一个第三代具备蒙古语能力家庭(内样 11)的调查也同样证明了这一点。除蒙古语外,出于社会功利因素,伊家对普通话和英语等在全社会声望高、具有较强经济价值的语言同样具有高认同度。但伊家人普遍希望在个人语码库中能够具有"双语码"或"多语码",家庭中的下一代要做到"蒙汉兼通",这样才能在社会中更具竞争力。

以特家为例来讨论不会说蒙古语的第三代语言意识特征。在前文中,我们已经对特家的语言实践状况进行了分析,特家第一代具备较好的蒙古语能力,但是蒙古语语码并没有在特家传承下去,特家从第二代开始便不再会说蒙古语。特家家庭内部除第一代之间有时会用蒙古语交流外,其余均使用普通话进行交流。特家不同代际的蒙古语能力和实践行为存在差异,那么我们首先想了解不同代际对蒙古语的认同是否也存在显著差异。

我们发现,特家不同代际对蒙古语的认同状况存在显著差异。无论是从情感角度、功利角度,还是从对蒙古语言文字自身特点认知的角度,特家的第一代均对蒙古语有着极强的认同度。特家第三代对蒙古语的认同度也比较理想,除了对蒙古语的功能型认同较低外,对其的情感型和认知型认同都较强。特家第二代对蒙古语的认同状况较不理想,对蒙古语的情感型和认知型认同度都较低,在对蒙古语功能型认同的测量中,特家母亲明确表示在当今社会蒙古语缺乏经济价值和实用性。因为从事工作、所处社区、接触人员等的不同,不同被试对于蒙古语在当前呼和浩特城区是否仍然具有价值确实会存在不同的体验。在对特家语言实践状况的分析中,我们也了解到特家父母所从事的工作不需要使用蒙古语,身边交友也缺乏使用蒙古语的环境,对于蒙古语实用价值的判断确实会偏低。语言是文化身份的重要标志,特家父母对于蒙古语作为蒙古文化标志的认同度同样不高,对于蒙古语语言文字了解有限,并认为语言是否好听并不是语言选择的第一要素,对此也缺乏一定的评价。他们认为并不只有蒙古语才能代表蒙古族身份,在当前中国社会,普通话也是一种对个人身份和居住地的体现。

例 8:"蒙古族文化身份的标志有很多,不一定必须要会说蒙古语,比如我们家还保留着一些蒙古特有的风俗,没什么事的时候会熬奶茶,吃奶食,我们全家也都有蒙古袍,过年的时候会拿出来穿一穿。蒙古文化在我们这儿保存得挺好的,我们吃的、穿的、身上流着的血都是蒙古民族的,这还不能表现我们的身份吗?现在这个社会蒙古语的用途确实不大了,我们住在城市里,讲城市里最普遍的普通话也是我们身份的反映。"(第二代特家母亲的访谈)

例 9:"这个话(指蒙古语)我也没学过,就是听家里老人说,当然电视也看过,但是看不懂。你问它是不是比其他语言都好听,这个我不好说,我觉得民族语言应该都差不多吧,而且语言不就是为了说话么,好不好听也不重要。"(第二代特家父亲的访谈)

在这种语言意识的影响下,对于孩子的蒙古语学习,特家父母主要采取了既不支持也不反对的策略进行管理和规划。特家父母都认为第三代没有必要专门学蒙古语,但如果子女学会了蒙古语,他们表示也非常接受和高兴。

例 11:"让孩子专门花时间去学蒙古语,那真的没这个必要,学校课业负担那么重,在这个事情上花太多时间不值得,就是学会了也没发现有什么用处。如果孩子突然会说蒙古语了,我当然高兴,'技多不压身',而且他蒙古族学会了蒙古语也挺好的。"(第二代特家父亲的访谈)

在调查中,我们发现,特家父母的想法在蒙古族内部婚配家庭的第二代之中比较普遍。对于孩子学蒙古语,他们不会支持,认为经济价值低,对蒙古语进行投资不值得。但是如果孩子真的学会了,他们也会开心,毕竟孩子又学会了一种语言,在今后的工作生活中还是可能有用的。他们不会给孩子学习蒙古语创造条件,同时在不影响正常学习工作的情况下孩子自己学习蒙古语他们也不反对。家长这样的语言态度会使孩子缺乏语言学习应该具备的环境,想要学会蒙古语是十分困难的。但是特家第三代对蒙古语却有着比第二代要高出许多的认同度，尤其是当第三代离开内蒙古到外地上学后，对于自己的民族身份有了更加深刻的体会。而且在对"有机会会去专门学习蒙古语"观点的测量中，特家孩子也选择了"同意"。

例12："我觉得蒙古语就是我们蒙古族身份的一个标志，我之前在家的时候还没有这样的感觉。到外面上学以后发现同学们都对我会不会说蒙古语很好奇，想知道新蒙文和旧蒙文是怎么回事，蒙古语和日语、韩语有什么区别。这个时候我才感觉到原来我们觉得很平常的东西在其他人眼里是很受关注的，如果有机会我还是很想学蒙古语的，要把民族的语言传承下去。"（特家第三代的访谈）

不过虽然特家孩子对蒙古语从情感上有比较高的认同，也有想要学习蒙古语的意愿，但因为他对蒙古语的功能型认同不高，以及受到社会环境和个人精力的影响，他的蒙古语学习并没有一直坚持下来，还是主要停留在有意愿的阶段，目前的蒙古语能力依然比较低。

例13："现在想学蒙古语太难了，学英语的辅导班遍地都是，但蒙古语能有人教就不错了，严重缺乏学习途径。而且我学蒙古语主要就是个人意愿，我也没发现除了家里面有人说，蒙古语在社会上有什么用，最后可能只能用于研究了（笑）。所以我今天有空了就学一点，明天要是忙的话就放在一边了，感觉这么学习效果不好，我自己也坚持不下来。"（特家第三代的访谈）

特家第二代和第三代对蒙古语的认同虽然存在差异，但他们对普通话的态度都比较积极，都认为学好普通话在社会上会具有优势，而如果除了普通话外，还能掌握一门或多门外语，在社会上的优势会更大。特家父亲和母亲在对"在城市生活一定要会说普通话"、"小时候学好普通话的孩子将来会具有优势"和"除了普通话，多掌握一门语言（如英语）对孩子有好处"三项观点的测量中均选择"完全同意"。特家孩子在对"在城市生活一定要会说普通话"、"小时候学好普通话在将来会是一种优势"和"除了普通话，多掌握一门语言（如英语）对我有好处"三项观点的测量中也均选择"完全同意"。特家对普通话的看法也是绝大部分蒙古族内部婚配家庭对普通话看法的体现，在调查中，无论是第二代还是第三代，对上述观点表示同意的被试均达到80％以上。伊家对普通话和英语同样有较高的认同，但伊家长辈希望家庭中的第三代能够"蒙汉兼通"，蒙古语和普通话的学习要齐头并进。和伊家相比，特家对同时具备蒙汉双语码积极性不高，在访谈中，特家父亲同样是从语言经济价值的角度进行考虑。

> 例14："蒙汉兼通，听起来是很好，但仔细想价值是不大的。我觉得蒙汉兼通主要是让只会蒙古语的人去学汉语而不是让只会汉语的人去学蒙古语。为什么要学第二种语言，一定是第二种语言比第一种语言的价值更高。一个人只会蒙古语，在城市里很难生活，所以他必须要学汉语，去蒙汉兼通，因为汉语用途更广。但一个人只会汉语，在城市里他生活下去已经足够了，为什么还要去学蒙古语呢？对我孩子来说，蒙汉兼通还不如汉英兼通，他会汉语，在中国没问题，但是以后走向世界了，英语价值比汉语更高，那就要去学习价值更高的英语，这才对孩子的发展更有利。"（第二代特家父亲的访谈）

特家父亲对蒙古语、普通话和英语等语言的经济价值做了自己的排序，蒙古语是最低的，他不认为孩子需要在已经掌握一个经济价值较高的语言的基础上再去主动学习一个经济价值更低的语言，在他看来，语言学习要以语言的经济价值为基础，语言的经济资本价值高于语言的认同价值。在Curdt-Christiansen（2014；2016），汪卫红、张晓兰（2017）等人对家庭语言的调查中也同样发现了这样的现象。

综合以上分析，特家对蒙古语的认同存在代际差异，第一代最高，第三代次之，第二代比较低。对于普通话出于对其经济价值的考虑，普遍具有较高的认同。对某种语言的情感型和认知型认同会对特家的语码选择产生影响，不过起到决定性作用的还是对语言的功能型认同。而不仅是特家，这几乎也是第三代不具备蒙古语能力的蒙古族内部婚配家庭进行语码选择所考虑的最为重要的因素。

8.3 蒙古族与汉族（或其他少数民族）组成家庭的语言意识

为考察这一类家庭的语言意识，共调查 40 户家庭，其中第一代 40 人、第二代 80 人、第三代 53 人。调查结果显示，和蒙古族内部婚配家庭相似，蒙古族与汉族或其他少数民族婚配家庭同样对蒙古语的认同普遍偏积极，其中尤其以第一代最为突出，77.5％的被试同意"蒙古族有必要会说蒙古语"，82.5％的被试同意"和其他语言相比，蒙古语很好听"，55.0％的被试同意"当今社会说蒙古语依然有用"。对于孩子学习蒙古语也表现出积极态度，60.0％的被试同意"有机会孩子有必要专门学蒙古语"，82.5％的被试同意"孩子学蒙古语应该早一些"，95.0％的被试同意"如果孩子会说蒙古语会很高兴"，52.5％的被试同意"孩子普通话和蒙古语都要会"。第三代对于蒙古语的态度也相对积极，71.7％的被试同意"蒙古族有必要会说蒙古语"，62.3％的被试同意"和其他语言相比，蒙古语很好听"，54.7％的被试同意"会说蒙古语和其他人相比会是一种优势"。而第二代对于孩子是否应该说蒙古语的态度并没有第一代积极，只有 26.3％的被试同意"有机会孩子有必要专门学蒙古语"，16.3％的被试认为"孩子学蒙古语应该早一些"。

普通话作为社会通用的交际工具，是语言声望最高、最被认可的语言资源。但蒙古族与汉族（或其他少数民族）组成的家庭，对于呼和浩特当地汉语方言的态度，比蒙古族与蒙古族组成的家庭积极。只有 62.5％的第一代被试和 35.0％的第二代被试同意"在城市生活一定要会说普通话"，他们认为，在呼和浩特城区生活，如果会讲呼和浩特当地汉语方言，即使不会普通话对交流的影响也比较有限。此外，环境对于语言学习的重要意义得到了蒙古族与汉族或其他少数民族婚配家庭的普遍认可，80.0％的第一代被试和 77.6％的第二代被试同意"孩子学好某种话，家庭环境很重要"，90.0％的第一代被试和 82.6％的第二代被试同意"孩子在学校很容易学好普通话"。

双语码得到普遍认同,80.0％的第一代被试和80.1％的第二代被试不同意
"孩子同时学两种话可能都会学不好",除了普通话之外,家长们最想让孩子
学习的语言依然是英语。我们看到,与蒙古族内部婚配家庭相似,蒙古族
与汉族或其他少数民族婚配家庭对不同语言的认同度有所不同,家庭中
不同代际对不同语言的认同度同样存在差异。家庭中的第三代对蒙古语
的认同度较为积极,但具备蒙古语语码的被试却依然是极少数。我们希
望通过对第三代具备或不具备蒙古语能力的典型家庭语言认同状况的分
析,去发现导致不同家庭综合各种因素、确定自身身份、做出相应语言选
择的原因。

8.4　蒙古族与汉族(或其他少数民族)家庭第三代语言意识

对第三代语言意识的考察以娜家为例。娜家虽然第一代和第二代都是
蒙古族与汉族通婚组成,但蒙古语在家庭中得到了很好的传承,娜家的姐姐
和弟弟都具备蒙古语能力。在家庭中,蒙古语和普通话均有使用,但不同家
庭成员之间会优先使用的语言存在差异。我们猜测,在一个通婚家庭蒙古
语可以得到良好传承,与家庭成员对蒙古语的态度一定会存在着某种关系。
综合来看,娜家对蒙古语态度积极,家庭中的蒙古族成员对蒙古语的情感
型、功能型和认知型认同都很高,在不同代际差别并不明显。而家庭中的汉
族成员总体来看对蒙古语的态度也偏向积极,其中和娜家母亲相比,娜家祖
母对蒙古语的功能型和认知型认同较高,我们发现,这和她的语言能力、生
活环境有一定的关系。

例15:"我们院里(指居住社区)会说蒙古语的就不少,平时在小广
场聊天用得上。我觉得蒙古语还是比汉语要好听,我说汉语感觉很平
淡,但说蒙古语能感觉到抑扬顿挫,很有气势,很好听。"(第一代娜家祖
母的访谈)

例16:"我平时工作生活(蒙古语)肯定用不到,但我也知道老一代

以及在农村牧区蒙古语还是有用的,但总的说没有汉语范围那么广。我就是偶尔听别人说说,也没觉得好不好听,反正都听不懂。"(第二代娜家母亲的访谈)

但是在关于"蒙古族有必要说蒙古语"的问题上,娜家祖母和母亲的认识是相同的。

例17:"我不是蒙古族,但我觉得自己民族会说自己民族的语言不是天经地义的吗?而且我都会说,自己民族的当然也得会。站在外人的角度我觉得蒙古族应该说蒙古语。"(第一代娜家祖母的访谈)

例18:"我是汉族我肯定得会说汉语,我丈夫是蒙古族,他会说蒙古语就很正常啊,蒙古语算是他们的母语吧。而且我能感觉到他们之间说蒙古语就比说汉语要亲切得多。所以他们(指家里其他人,主要指第一代)要教我儿子女儿学蒙古语,我也没反对,毕竟孩子们有蒙古族血统,自己民族的话也是要会说的。"(第二代娜家母亲的访谈)

正因为娜家的汉族成员对"本民族就要学习本民族语言"的支持与认可,也正如访谈中所提到的,在下一代学习蒙古语的问题上,娜家母亲并未阻拦,只是希望孩子在学习蒙古语的同时,不能忽视汉语的学习,使得娜家在下一代蒙古语能力的培养上比较顺利。在蒙古族与汉族或其他少数民族婚配家庭中,非蒙古族家庭成员能够对下一代学习蒙古语保持开明支持的态度对于下一代个人语码库中蒙古语语码的构建具有重要的积极作用。

娜家第三代具备蒙古语能力,除了长辈的积极推动外,第三代自身的个人能动性同样不可忽视。在对蒙古语的态度上,娜家姐弟都较为积极,但内部依然存在差异。对娜家姐弟而言,他们对于蒙古语的情感型认同要高于对其的功能型认同,这与他们生活的时代及社会环境紧密相关。

例19:"我爷爷那代人说蒙古语的应该还挺多的,反正他们老年人在小区里聊天我一般听不懂。但我们这代会蒙古语的真的不多,我们班蒙古族能说蒙古语的最多也就十分之一,在外面玩不会蒙古语也没感觉有什么不方便。虽然这么说,但我觉得当今社会说蒙古语还是有用的。"(娜家第三代姐姐的访谈)

在访谈中,娜家姐姐提到随着时代的发展,蒙古语的社会经济价值逐渐降低,但其只是降低,并非消失,会说蒙古语在当今社会还是有用处的。对于蒙古语的情感型认同,同为第三代的娜家姐弟之间存在细微差异,姐姐的认同度要略高于弟弟。包冬梅(2008)提出北京的城市环境对于蒙古族青年对本民族语言文字认同的提升具有一定的促进作用。在访谈中,我们发现生活环境的改变,尤其是来到非蒙古族聚居区生活,会对本民族语言文化的认同产生影响。

例 20:"我们周围蒙古族很普遍,全班差不多就有四分之一的样子,平时我也不会专门注意谁是蒙古族,谁是汉族,和谁交朋友不会特别关注这个。大家平时生活习惯都差不多,有些蒙古族都是我们后来发现的,和汉族根本没区别,没人会注意蒙古族到底会不会说蒙古语。"(第三代娜家弟弟的访谈)

例 21:"我之前的想法和我弟弟差不多,但到了外面上大学以后完全变了。在中学,蒙古族很多,没有人会觉得自己很特别,但是到了大学,全班就你一个是蒙古族,会受到很多额外的关注,这个时候就会激发我自己的民族感情。原来我一般是怎么潮怎么打扮,现在在学校里我会有意识穿一些民族服饰,和家里人打电话也会说说蒙古语,感觉到了外地反而觉得自己是蒙古人了。"(第三代娜家姐姐的访谈)

在访谈中,娜家姐姐介绍了自己因为生活环境变化而增强了自己对于民族身份、民族语言的认同感,体现了社会环境对语言认同的重要影响。我们可以假设,如果娜家弟弟之后也在省外上大学,他对本民族语言的情感同样会有所提升。作为蒙古族与汉族或其他少数民族通婚家庭,除了蒙古语之外,娜家对普通话同样有着极高的认同,除了这是娜家母亲的母语外,其重要的社会功能和经济价值是他们认为更为重要的因素。综合以上分析，娜家作为蒙汉通婚家庭，全家对蒙古语的情感型、认知型和功能型认同都较为积极。不仅是家庭中的蒙古族成员，家庭中的汉族成员同样认为孩子学习蒙古语是有益的，这对家庭内部蒙古语语言环境的构建以及传承具有积极作用。除了家庭因素外，生活环境等社会因素同样会对语言认同产生影响。

在第三代不具备蒙古语能力的家庭中，我们选择较为典型的"梁家"，对其语言意识进行分析。梁家三代人中，第一代祖父与第二代父亲均是掌握了两种语言资源的双语人，但在梁家家庭内部，主要使用的交际语却是普通话；除普通话外，第二代父亲会讲蒙古语，第二代母亲会讲呼和浩特当地汉语方言，可第三代女儿却只会说普通话。梁家第三代不会说蒙古语，其实与梁家第二代父母亲的语言意识有关。

梁家第二代父亲和母亲虽然对蒙古语的认同状况较为复杂，但总体认同度不高。他们对于蒙古语的功能与作用认同度较低，对说蒙古语持无关紧要的态度。但是在对蒙古语是蒙古族民族身份标志的认同上，梁家一家却存在显著差异，其中蒙古族、会讲蒙古语的第二代父亲对蒙古语民族身份认同的功能是否定的，认为蒙古族人未必一定要会说蒙古语。

> 例 22："我是蒙古族，我也很爱自己的民族，但我不认为我们蒙古族就必须要会说蒙古语。我们现在住在城市，主要的语言环境就是汉语。我们蒙古族要在城市立足，在城市中生活下去，就必须要会说汉语，不会说汉语以后发展就会非常受限，而蒙古语就没那么重要。无论我自己如何发展，说什么语言，我是蒙古人的事实不会变。"（第二代父亲的访谈）

在访谈中，第二代父亲认为选择什么语言主要取决于语言的社会经济价值，当前社会生活的主要语言环境是普通话，那么蒙古族要在社会中取得个人发展，必须要学习社会通用语。对于蒙古族的民族身份有很多种表达方式，不应该拘泥于要求会讲本民族语言。但梁家孩子对此却有不同看法：

例 23："我觉得本民族语言还是有必要学习的,语言是确定民族身份的一个重要标志,虽然我现在的工作和会不会蒙古语关系不大,但我觉得要不要学和有没有用还是要分开看的。"(梁家第三代的访谈)

梁家第三代女儿对蒙古语的民族身份认同功能是充分肯定的,她认为民族语言与民族身份是紧密联系在一起的。虽然从语言的社会经济价值来看,在城市中工作缺乏学习蒙古语的必要性,但从语言的文化身份价值来看,蒙古族学习蒙古语是十分必要的。不过,梁家第三代女儿虽然对蒙古语的文化身份价值有较高的认同,但这并没有激发她学习蒙古语的热情。在谈到这个问题时,第三代女儿表示,语言资源的功能与价值最终战胜语言资源带来的情感认同价值。

例 24："我虽然一直想学,但感觉也就是流于表面,并没有行动起来。一是确实没地方学,我爸也没空认真教我。另外也是我事情太多,学习语言的时间我一般花在学英语上了,有一阵还学过法语。还是没有把学蒙语这个事真正重视起来吧,一直在为其他事请让路,我自己也觉得学这个在现实生活中没用,不如学点别的,你像我现在工作中就很多用英语的地方。"(第三代梁家女儿的访谈)

虽然第二代梁家父亲和第三代对于蒙古语的认同存在一定差异,但全家在进行语言选择时却态度一致,选择在家庭内部使用某种语言资源,他们主要考量的标准是该语言资源的社会经济价值。梁家全家在家庭中主要使用普通话,就是因为普通话作为社会通用语,具有重要的社会经济价值。在家庭语言中,第二代母亲避免使用母语呼和浩特当地汉语方言,也是因为呼和浩特当地汉语方言的传播和使用范围有限,其经济价值不如"走遍天下都不怕"的普通话。在蒙古族与汉族(或其他少数民族)组成的家庭中,梁家的情况绝非孤例,而这也是蒙古语传承出现危机与挑战的关键原因所在。

总体上,城市蒙古族家庭语言意识中,对蒙古语的认同状况是比较积极的，他们普遍认可蒙古语的自身特点，认为其和其他语言相比听起来好听；他们普遍具有一定的民族身份认同，认为作为蒙古族就应该学习并最好能够掌握蒙古语；他们对于蒙古语的社会经济价值有一定认识，认为在当今社会，会说蒙古语和其他人相比确实是一种优势。但同时，对于蒙古语的认同状况具有代际差异，第一代普遍具有高认同度，第三代基于其在学习生活中的经历同样对蒙古语的认同有所提高，这体现了当今所出现的民族语言在新世代开始回归的现象，值得关注。而第二代对于蒙古语的认同状况普遍低于第一代，在一些情况下甚至要低于第三代。从家庭结构来看，蒙古族内部婚配家庭对蒙古语的认同程度要好于蒙古族与汉族或其他少数民族婚配家庭，家庭中汉族或其他少数民族成员的认同状况对于蒙古语在家庭内部的传承具有一定影响。具体到个人，对不同语言资源的选择，会受到文化民族、社会经济价值、个人情感等因素的影响，其中社会经济价值因素往往对语言资源的选择具有决定性的作用。此外，工作生活环境等社会因素对于语言认同、语言选用等也有重要影响，语言环境的重要性应得到广泛关注。

城市蒙古族家庭普遍认可双语资源或多语资源的掌握与学习。作为当前社会通用语的普通话被认为是非常重要也非常有必要掌握的首选语言；除此之外，英语因为在全球化浪潮中将发挥举足轻重的作用，同样是大多数少数民族家庭希望第三代子女可以掌握的语言资源。为此，很多家庭会通过上课外辅导课、听英语磁带、看英语电视节目等方式对孩子的英语能力提升进行投资。对于语言资源的选择，除家庭第一代外，第二代一般不会把蒙古语作为第三代子女必须掌握与使用的语言。和蒙古族与蒙古族组成的家庭相比，蒙古族与汉族（或其他少数民族）组成的家庭，还比较看重呼和浩特当地汉语方言的使用。这类家庭认为，作为当地人，如果有条件就应该要掌握和使用当地汉语方言，这能拉近与人的距离，能让人产生亲切感，同时也可以避免当地人的"欺生"，在日常生活中比较好办事。但蒙古族与蒙古族组成的家庭，对于呼和浩特当地汉语方言的认同一直较低，他们认为除了蒙古语或英语等语言资源外，汉语只需要学习普通话即可。

8.5 语言认同模式与少数民族家庭语言实践

8.5.1 "一对一"模式与语言实践

"一对一"模式指在个人多重身份库中确定一种身份,在个人语码库中也只选择与其相对应的一种语码,个人多重身份库中所选择的身份与个人语码库中具备的语码相匹配,将对某种语言的认同通过语言实践行为表现出来。"一对一"的匹配模式较为简单,说话者对某种语言高度认同,那么在日常生活的语言实践行为中就会主动使用该种语言。在城市蒙古族家庭中,这种模式主要应用于家庭中第一代、第二代成员的语言认同与语言实践行为之中,只不过他们与身份相匹配的语码各不相同。我们选择两位典型被试来了解他们的身份语码匹配状况:一位是索某(内样 11 祖父),男,蒙古族,77 岁,牧民,蒙古语单语者。

索某的语言行为是"一对一"模式的典型代表。索某在到城市居住之前一直在牧区居住,他的家庭属于蒙古族内部婚配家庭,妻子、儿子以及儿媳均是蒙古族。在调查中,我们发现他对蒙古语的情感型和认知型认同都很高。他是蒙古语单语者,不具备汉语能力,无论在家庭中,还是在外部环境中,他与人交流时都会使用蒙古语。在家庭中,受到本民族身份文化以及语言所具备的社会经济价值等的多重影响,索某首先从个人多重身份库中确定自己蒙古族的身份,并在个人语码库中选择与蒙古族身份相匹配的蒙古语语码,完成语言使用。索某身份与语码的匹配状况在城市蒙古族家庭的第一代中并不罕见。他们一般在年老后从小城镇或农村牧区搬迁到城市中与亲人共同居住,绝大部分都是第一次在城市定居。他们的第一语言以蒙古语为主,也基本都是蒙古语单语者,即使后来学习了汉语,蒙古语能力也要高于汉语能力。他们当中绝大部分青少年时期都生活在蒙古语更具活力的小城镇或农村牧区,在日常生活中受蒙古语语言环境的影响,形成了从情感型、认知型到功能型的对蒙古语全方位的高认同。在搬到城市生活后,青少年时期所形成的语言意识和习惯有所保留,并且在他们家庭内部、生活的社区、所从事的工作等种种环境中仍然为他们提供了继续使用蒙古语的条件,这些因素使他们对蒙古语的高认同可以在家庭和社会生活中直接转化为蒙古语的实践行为。根据索家第三代访谈可发现原因:

> 例25:"蒙古语是他们(指他父亲这一类人)的民族语言,是他们唯一会说的语言,是他们从小一直说到大的语言,即使他离开了牧区,离开了草原,他的根还留在那里,他的语言也不可能改变。"(第三代索某儿子的访谈)

在"一对一"的身份语码匹配模式下,除了在蒙古族内部婚配家庭中存在像索某这样对蒙古语的高认同导致其蒙古语的语言实践外,在蒙古族与汉族或其他少数民族婚配家庭中还存在着像娜家母亲这样对普通话的高认同导致其普通话语言实践的现象。

娜家母亲是普通话单语者,在调查中,我们发现这样的个人语码库构成状况在蒙古族与汉族或其他少数民族婚配家庭中并不少见。虽然在家庭中娜家祖父、祖母、父亲、姐姐、弟弟均会讲蒙古语,但是无论在家庭内部,还是在外部环境中,娜家母亲与人交流时只使用普通话,她对普通话的情感型和功能型认同都较高。

> 例26:"我的母语就是普通话,你要是说他们蒙古族对蒙古语有感情,那我对普通话的感情是一样的,我不能因为嫁给了蒙古族就要改变我自己的母语去和他们学蒙古语。而且和蒙古语相比,现在社会普通话更有用,工作以及和外人交流的时候都用得到,我会说普通话在生活中基本不会遇到困难,那我更没必要学其他的话了。"(第二代娜家母亲的访谈)

可见,娜家母亲认为普通话就是她身份的标志,而且普通话在社会中还具有较高的经济价值。因此在家庭中,娜家母亲会从个人多重身份库中确定自己汉族的身份,并在个人语码库中选择与之相匹配的普通话语码,完成语言实践过程。当然,娜家母亲在家庭中没有遇到交流困难的情况与娜家其他成员都具有汉语能力(即使水平存在高低差异)以及普通话是社会通用语有一定关系。而索某搬到城市中居住后,虽然与家人可以顺畅交谈,但是在与外人交谈时会遇到一定的问题,出门办事有时需要家庭其他成员予以语言上的协助。"一对一"的身份语码匹配模式在日常生活中存在一定局限性,如果所掌握的语码与所居住社会环境的通用语一致,那么在生活交谈中会比较顺利;而如果所掌握的语码与所居住社会环境的通用语不一致,那么在生活交谈中会遇到一些阻碍。因为单语者所掌握的语言一般都是自己的母语,而母语学习更多是基于情感型认同,在该模式下被试的语言实践主要由对民族身份情感的认同来决定,对于语言经济价值的认同反而主要起到影响的作用。

8.5.2 "一对多"模式的语言认同与语言实践行为

"一对多"模式指在个人多重身份库中确定一种身份,在个人语码库中选择与其相对应的一种语码,个人多重身份库中所选择的身份与个人语码库中具备的语码相匹配,将对某种语言的认同通过语言实践行为表现出来。但是在除去与身份相匹配的语码之外,受到一些因素影响,在语言实践中还会表现出另一种与身份不相匹配、个人并不认同的语码,形成双语或多语的语言实践。个体的语言实践并不只通过语言认同来决定,还会受到社会语言环境、生活环境等因素的影响,从而"被迫"学习并使用另一种或多种缺乏认同的语言。在城市蒙古族家庭中,这种模式在家庭各代际都有所体现,只不过所使用的语码各不相同。

在城市蒙古族家庭中,存在着蒙古族被试主动学习普通话的现象,其中以伊家祖母的情况较为典型。伊家祖母在来到城市居住之前是牧民,居住在城镇牧区,她的第一语言是蒙古语,最早也是蒙古语单语者。她对蒙古语无论从情感角度,还是功利角度,均具有极高的认同。无论在家庭中,还是在社会外部环境中,她与人交流时也会优先使用蒙古语。在家庭中,伊家祖母首先从个人多重身份库中确定自己蒙古族的身份,并在个人语码库中选择与蒙古族身份相匹配的蒙古语语码,完成语言实践过程。但是来到城市居住后，她明显感觉到只会蒙古语无法像在牧区那样正常生活：

例 27："买菜听不懂，来收费（指收费员上门收取家庭水电暖费等）也听不懂，邻居说话，听不懂，特别难，感觉。"（第一代伊家祖母的访谈）

在这种情况下，她在儿女以及一些朋友的帮助下开始学习汉语，虽然目前的汉语水平依然较低，但可以在日常生活中与其他人进行基本交流，可以独立完成例如买菜、取钱等基本日常行为，按照她的说法："这样就可以了，能生活就好。（对普通话）我没什么感觉（感情），能生活就好。"分析之后可知，伊家祖母对普通话并不存在语言认同，只是因为学习普通话有助于她日常生活，她才进行了基本的普通话学习，以使自己不至于像上文提到的索某一样几乎无法独立外出办事。这种主动进行汉语学习的现象在城市蒙古族家庭的第一代之中并不罕见。除了蒙古族被试主动学习普通话，在城市蒙古族家庭中，我们还发现了汉族在缺乏语言认同的情况下主动学习蒙古语的情况。我们选择对较为典型的魏某（样本 16 母亲）的语言实践及认同状况进行了解。魏某，女，汉族，32 岁，个体经营户。她之前是单语者，母语是普通话，在 24 岁的时候嫁给在打工时认识的蒙古族丈夫，丈夫会讲蒙古语。两人结婚后合开了一家蒙古族服饰店，丈夫主要负责进货，而她负责看店与卖货。因为蒙古国的服饰从类别样式上看更加多样新颖，魏某夫妇的蒙古族服饰店主要以蒙古国为主要进货来源，在与蒙古国供货商联系时需要使用蒙古语。虽然联系供货商主要是她丈夫的职责，但如果遇到丈夫有事情或者其他紧急情况，她无法代替丈夫进行联系，有可能会对店铺的进货产生影响。除此之外，促使她学习蒙古语更为重要的原因是说蒙古语会和顾客产生亲切感，有助于店面的生意。

例 28："来买我们家衣服的大部分都是蒙古族，而且应该说是比较传统的蒙古族，都会说蒙古语。有些人一进店直接就用蒙古语和我说话，最开始我听不懂，用汉语问他是不是会说汉语，很多人知道我不会说蒙古语后我感觉对我们店就产生了怀疑。他们肯定想你一个卖蒙古族服饰的店,而且还说是从蒙古进货的,店主连蒙古语都不会,对我们衣服的质量和来源就产生怀疑了。而且有些人民族情感比较强,觉得蒙古族的东西怎么汉人在卖,听到我说汉语直接就走了,感觉还挺生气的。这些对我的生意都特别有影响,所以我就决定一定要学蒙古语,而且要学好,这样才能拉近和顾客关系。现在只要进来人,我都先用蒙古语打招呼,他们听不懂再用汉语。"(第二代魏某的访谈)

我们发现,魏某因为所从事职业的原因,需要会讲蒙古语和顾客进行交流,所以她学习了蒙古语,而且在见到顾客后会首先使用蒙古语以求拉近与顾客的关系,产生亲切感。而魏某也只是将蒙古语作为自己谋生所必备的一种语言技能,在学习的时候对蒙古语的感情和认同度是比较有限的。

例29:"最开始学肯定就是为了卖衣服啊,后来慢慢了解,感情也不是没有,不过以后要是不卖这个了,估计我也就不说了吧。"(第二代魏某的访谈)

在呼和浩特城区,作为主要使用的三种语言之一,呼和浩特当地汉语方言在语言实践中同样具有较高的使用率。而在城市蒙古族家庭中,除了第一语言是蒙古语的被试学习普通话、第一语言是普通话的被试学习蒙古语外,还存在着第一语言是呼和浩特当地汉语方言的被试学习普通话的情况,梁家母亲的语言情况就较为典型。案例中,梁姓家庭中第二代母亲的家乡在呼和浩特市下辖某县,家庭语言环境主要是呼和浩特当地汉语方言。她的第一语言是呼和浩特当地汉语方言,在来到城市居住之前是呼和浩特当地汉语方言单语者。在之前的家庭环境中,第二代母亲主要从个人多重身份库中确定自己呼和浩特人的身份,并在个人语码库中选择与之相匹配的呼和浩特当地汉语方言语码,完成语言实践过程。在到城市工作并与第二代父亲结婚后,第一代母亲依然主要使用呼和浩特当地汉语方言。但是在孩子出生后,第二代父亲认识到了呼和浩特当地汉语方言对于孩子语言能力发展有影响,尤其是对未来说普通话有影响,因此,他希望第二代母亲能够适当学习普通话,并且在家里与孩子说话时尽量使用普通话。

> 例 30:"他觉得我说方言不利于孩子学普通话,尤其小孩子刚学说话的时候,大人说什么他就会学,而且到后来想改也改不过来了。我说我从小到大一直说这个话(指呼和浩特当地汉语方言),早就习惯了,而且在呼市说本地方言很正常,平时生活也没遇到过问题,为啥要改。后来拗不过他,还是尽量说普通话了。不过我现在觉得这对孩子是有好处的。"(第二代母亲的访谈)

可见,第二代母亲为了子女语言能力的发展,主动学说普通话。虽然她也认为学习普通话对孩子的个人发展有好处,但是在最开始的时候,她在心里实际上是抵触普通话学习的,对普通话并不存在语言认同。在"一对多"的身份语码匹配模式中,除了与身份相匹配的语码之外,在语言实践中无论是使用普通话、蒙古语,还是其他语言,主要都是受到社会因素的影响而做出的"被动"反应。对于个人的语言实践,除了要考虑语言认同的影响外,社会因素在其中所发挥的重要作用绝不能忽视。

8.5.3 "多对一"模式的语言认同与语言实践行为

"多对一"模式指因为受各种因素的影响,在个人多重身份库中确定多种身份,但在个人语码库中,最终只选择了一种语码。个人多重身份库中所确定的身份并非每一个都对个人语码的选择产生作用,一些身份虽然存在,但并未促使与之相对应的语码被选择。即虽然对多种语言均存在认同,但在语言实践中却主要使用其中的一种语言,而忽视对其他存在认同的语言的使用。"多对一"模式在城市蒙古族家庭中,主要在家庭中第三代的语言认同和语言实践行为中有突出体现。

特家孩子的语言行为是"多对一"模式的典型代表。特家孩子是蒙古族,主要使用的语言是普通话。他对蒙古语有较高的情感型认同,认为蒙古语是民族身份的标志,希望自己有机会也能学习。他对普通话有较高的功能型认同,认为掌握作为社会通用语的普通话对于个人发展具有更加重要的意义。虽然特家孩子对于蒙古语有较高认同感,但是想要掌握蒙古语语码却受到许多因素的制约。从家庭环境来看,特家父母都不会讲蒙古语,无法为他在家庭中营造良好的语言学习环境;从学习途径来看,目前蒙古语学习途径普遍较为缺乏,除了正规蒙校教育外,课外辅导班的数量十分缺乏;从社会语言环境来看,特家孩子从小学开始就在汉校就读,居住的社区环境以及日常接触的人群也主要讲汉语,在城市生活中缺乏蒙古语的语言氛围。除了这些客观因素外,特家孩子自身对蒙古语的社会经济价值也并不看好,缺乏坚持学习蒙古语的信心与毅力。综合以上因素,特家孩子对蒙古语的认同并未导致他蒙古语能力的提升,在他的个人语码库之中也并不具备蒙古语语码。特家孩子对普通话同样具有高认同度,但与蒙古语不同的是,在从个人多重身份库中确定身份时,特家孩子更偏重于社会功利因素,在个人语码库中也会相应选择普通话。

例 31:"对民族的理想最终都会屈从于现实吧。普通话确实比蒙古语要有用,虽然我是蒙古人,但当我现在的精力能力只能在这二者之间选择一个的时候,我只能放弃学习用处更小的那一个。"(第三代特家孩子的访谈)

特家孩子是众多城市蒙古族家庭中第三代的典型代表,他虽然对蒙古语有较高的情感型认同,但却一直未能具备蒙古语能力。而特家孩子的情况在第三代中十分普遍:

例 32:"蒙古语我当然想学,高考完的暑假我爸还专门花时间教了我一些日常用语,不过上大学以后基本就都忘记了。在生活中从来不用,哪儿记得住呢?"(对样 6 第三代的访谈)

例 33:"学校蒙古语学习社团有蒙文课,我好像就去了两次吧,第一次去的时候还专门买了教材信心满满,觉得一学期学下去就会说我们蒙古族的语言了。后来准备去日本交换周末要上日语课,蒙语课也就再没去过,不知道那本教材还找不找得到。"(对样 20 第三代

的访谈）

例 34："我周边的蒙古族听到别人讲蒙语都很亲切,感觉就是自己的语言。但现在这个环境每天上班都特别累,根本不可能(把蒙古语)学起来。听说我们单位以后有外派蒙古国做项目的机会,估计到了那儿不用费什么力就学会了吧。"(对样 9 第三代哥哥的访谈)

从特家孩子的语言实践及上述访谈中,我们发现,在"多对一"的身份语码匹配模式中,在考虑从个人多重身份库中确定身份时,对社会经济价值的功能性考虑要优先于对民族文化价值的情感性的考虑。虽然上述被试对蒙古语都有较高的情感型认同,但蒙古语在他们现阶段工作生活中的实用价值都不大。内样 6 的孩子上大学后周围主要使用的语言是普通话,他之前学习的蒙古语便逐渐淡忘了;内样 20 的姐姐在面对日语学习和蒙古语学习相冲突的情况时,主动放弃了更具情感型认同的蒙古语,而选择了对她来说更具实用价值的日语;内样 9 的哥哥在内蒙古工作时主要使用社会经济价值更高的汉语,如果他将来有机会外派到蒙古国工作,他的语言很可能会马上转用为在蒙古国社会中经济价值更高的蒙古语。我们发现,基于社会经济价值的语言认同对语言实践行为起到决定作用,基于民族文化价值的语言认同对语言实践行为更多起到影响性的作用。

8.5.4 "多对多"模式的语言认同与语言实践行为

"多对多"模式指因为受各种因素的影响,在个人多重身份库中确定多种身份,在个人语码库中也会选择多种语码。根据所处环境、交谈对象的不同,个人多重身份库中所确定的身份与个人语码库中所选择的语码两两动态匹配,对多种语言的认同会通过说话时不同的语言实践表现出来。

"多对多"模式是当前最为常见,同时也最为理想的身份语码匹配模式。在城市蒙古族家庭中,这种模式在家庭中不同代际的语言认同和语言实践行为中均有体现,但是在第二代身上较为突出。娜家父亲的语言行为是"多对多"模式的典型代表。娜家父亲是蒙古族,会讲蒙古语和普通话,他对蒙古语有较高的情感型认同和一定的功能型认同,对普通话,他同样具有较高的功能型认同。在家庭语言环境中,面对不同的对象,娜家父亲会做出不同的语言选择。在家庭中与娜家祖父交谈时,因为祖父具有极强的民族认同感,认为蒙古族必须要讲蒙古语,而且在全家搬到城市居住之前的家庭语言也一直以蒙古语为主,娜家父亲在从个人多重身份库中确定身份时会更加偏向民族身份的因素,在个人语码库中会选择与之相匹配的蒙古语与祖父交流。在家庭中与娜家姐弟交谈时,娜家姐姐、弟弟的第一语言都是普通话,而娜家父亲、母亲也意识到讲好普通话对孩子们未来发展的重要意义。因此在与孩子交谈时,娜家父亲会有意多使用普通话。娜家父亲在从个人多重身份库中确定身份时会更加偏向社会功能因素,在个人语码库中也会相应选择与之相匹配的普通话。"多对多"的身份语码匹配模式中不同身份与语码的对应关系并不是一成不变的,受家庭与社会等内外部因素的影响,对不同身份的认同会存在变化和反复,而随着对身份认同的变化,与之相对应的语码同样也会发生改变。

和第一代相比,城市蒙古族家庭中的第二代迁入城市后会面对一个与之前他们所生活的城镇牧区完全不同的城市语言环境。在城市语言环境中,存在着语言适应现象。语言适应行为的特点是"趋高避低",即倾向于使用高声望的语码或变式,反之,则尽量回避(王玲 2012)。在城市化进程中,第二代被试在家庭中或尚未迁入城市时所学习的蒙古语,会在城市社会以汉语为主的大的语言环境中面对挑战。除此之外,在国家层面,也积极倡导迁入城市的少数民族学习汉语。这使得许多第二代在深层意识里逐渐对蒙古语也有所看轻,对有着较高声望的普通话的认同感逐渐提升。尤其在外部环境中,他们对普通话的使用率大幅增长。而在不同场合和环境的语码使用也发生了变化:

例 36:"我们刚到城里的时候,朋友之间主要还是说蒙古语。后来大家在工作中基本都说汉语,汉语水平也比之前好了,也就几年工夫吧,我们朋友之间平常说话就有人开始说汉语了。现在差不多是混在一起说,但应该不可能再回到刚来时只说蒙古语的时候了。"(第二代娜家父亲的访谈)

通过对娜家父亲的访谈,我们了解到,在他们刚刚从城镇牧区来到城市的时候,朋友之间日常生活会使用蒙古语,在个人多重身份库中他们仍然会根据对民族、母语的认同选择身份,从而在个人语码库中对应选择蒙古语。但是,随着他们在城市中工作、居住时间的增多,汉语能力的提升,朋友之间日常用语开始从蒙古语向汉语转变。这时在个人多重身份库中,他们会不自觉向城市居民的身份靠拢,从而在个人语码库中对应选择作为社会通用语的普通话。当然,他们并没有完全抛弃蒙古语。

例 37:"(蒙古语)毕竟从小说到大,以后不管到了哪里,蒙古族的身份是不会变的,而且我们还希望能让下一代也学呢。我们有个兄弟是开蒙餐的,他平时招呼客人要说蒙古语,所以这个话也不可能完全没人说,在实际生活中还是有用的。"(第二代娜家父亲的访谈)

通过娜家父亲的介绍,我们认识到,虽然一些蒙古族在进入城市后语言发生了转向,蒙古语的使用频率逐渐降低,普通话的使用频率逐渐提升。但是,他们依然能够认识到,语言是民族身份的重要标志(李春梅 2013),作为蒙古族具备蒙古语语码对于民族文化传承具有重要意义。而且还有一些人希望能够把蒙古语在下一代中继续传承下去。此外,虽然蒙古语的社会功能呈现下降趋势,但是要与蒙古族朋友进行日常交流,以及在一些特定的行业(如蒙汉翻译、蒙古医药、蒙古餐饮、蒙古服饰专卖等)中,蒙古语依然承担着重要的社会功能。因此他们并没有把对蒙古语的认同完全转化为对普通话的认同,而是保持着"多对多"的身份语码匹配模式,在特定环境中依然保持对蒙古语的高认同及实践。在之前的研究中,我们也发现,许多家长希望孩子可以做到"蒙汉兼通"。虽然当前大部分家庭中的第三代对于蒙古语的认同度与普通话相比不是十分理想,但在"多对多"的身份语码匹配模式中不同身份与语码的对应关系并不是一成不变的。只要在家庭中能够对第三代进行合理引导,在社会环境、国家宏观政策等方面也能够予以支持,城市蒙古族家庭中第三代的身份语码匹配模式从当前比较突出的"多对一"模式转化为较为理想的"多对多"模式并非完全不可行。

本章通过对"一对一"、"一对多"、"多对一"、"多对多"四种身份和语码匹配模式的探讨,对语言认同与语言实践行为之间的关系进行了描述。可以发现,语言认同与语言实践行为之间的关系并不完全是单一的,而是一个复杂且动态变化的过程。对某种语言的认同并不是一定会导致语言实践行为的发生。当对某种语言的认同主要是基于民族文化价值等情感型因素的考虑时,在时间精力均有限的情况下,它可能并不会对相应语码的学习产生实质性影响,而会让位于基于社会经济价值所需要从个人语码库中选择的相应语码。对于某种语言的实践行为也并非完全是因为语言认同。除了语言认同对语言实践行为会产生影响外,语言实践还会受到社会语言环境、家庭环境、宏观政策等因素的影响,从而产生缺乏认同的语言实践。语言实践与语言认同的对应关系并非一成不变,语言实践会随着语言认同的改变而发生变化。面对当前部分少数民族语言在使用和传承中所出现的问题,提升对其的认同感对于语言实践的发展是十分必要的。

参考文献

[1] Curdt-Christiansen Xiaolan.Planning for Development or Decline? Education Policy for Chinese Language in Singapore[J]. *Critical Inquiry in Language Studies*,2014,11(1):126 - 135.

[2] Curdt-Christiansen Xiaolan. Conflicting Language Ideologies and Contradictory Language Practices in Singaporean Bilingual Families[J]. *Journal of Multilingual and Multicultural Development*,2016,37(7): 94 - 109.

[3] 包冬梅.在京蒙古族青年语言使用及语言态度调查[D].北京:中央民族大学,2008.

[4] 李春梅.浅谈语言界限与民族界限的关系——以我国少数民族地区的语言使用情况为例[J].高教论坛,2013(11):43 - 54.

[5] 王玲.城市化进程中本地居民和外来移民的语言适应行为研究——以合肥、南京和北京三地为例[J].语言文字应用,2012(1):75 - 84.

[6] 汪卫红,张晓兰.中国儿童语言培养的家庭语言规划研究:以城市中产阶级为例[J].语言战略研究,2017,2(6):25 - 34.

第九章│语言传承的策略与建议

本章主要结合城市社区汉族家庭与少数民族家庭成员对于方言或者少数民族语言传承的看法,来讨论年轻一代语言传承面临的挑战与语言传承的策略和建议。

汉族家庭或少数民族家庭成员对方言或者少数民族语言传承的看法,主要依托"想象"(imagination)访谈法来完成。在调查英国华裔家庭中文传承状况时,李嵬和祝华(2017)运用这种方法去搜集语料。想象访谈法,主要是请被访者通过想象的方式对自己语言的未来走向、发展趋势等内容进行阐释。但这里的想象不是天马行空,而是依靠被访者对不同语言资源价值、地位或者功能等有关内容的认知,以及自身语言使用的经历、语言习惯等方面的经验来谈论自己对下一代语言学习、使用等所持的态度。

9.1 城市方言传承的前景

从前文分析看,家庭语境下,父母语言意识对下一代青少年的方言能力发展具有不可忽视的影响作用。当前方言使用逐渐被压缩到家庭语境、普通话作为社会通用语言和教育语言成为主流趋势等已经成为不可更改的现实状况,在此背景下,城市社区下一代青少年方言能力的形成与发展,更需要依托家庭内部方言的使用与输出。对于缺少使用方言的家庭环境,青少年抚养者语言意识及青少年逐渐形成的自主语言意识在方言传承中占据重要的地位,他们的语言意识在一定程度上也会有助于方言的传承。

对上海、南京和扬州 90 后群体的访谈中,当被问及"如果自己有子女,是否会帮助支持自己下一代子女学说方言或有意识为下一代创造学习和使用方言的机会"时,三个城市90后群体的回答存在差异。上海90后中选择会支持下一代子女说方言并且会有意识为下一代创造学方言机会的比率较高(约69.5%),但南京和扬州两个城市90后群体选择支持的比率较低,均在40%左右。对这一问题回答的差异其实与之前讨论的"方言使用有无必要性"的结果有一定的相关性。对方言使用有无必要性的回答,三个城市90后的答案也存在差异,同样也是上海90后中认为有必要使用方言的比率最高(61.3%),南京和扬州90后中也是约40%的人认为有必要。对两类问题回答的差异,我们认为,同三个城市90后群体对方言的地位、现状的认知或态度、方言与普通话的互懂度等因素有关。

在南京,随着老南京话在日常生活中的消退,代表传统南京文化的"白话"更多保留的是文化传承的意义而没有交流使用的必要。而且对90后群体而言,他们中很多人认为,自己说的已经不是地道的南京话,因此觉得传承这样不正宗、不地道的南京话没有必要,也没有多大意义。因此,对于是否说南京话、年轻下一代是否能够继承南京话等问题,他们更多是一种放任态度,没有强制要求,会尊重下一代的意愿。随着城市的发展,南京的外来人口不断增多,普通话的使用范围越来越广,也越来越适用于城市生活和个体生存发展的需要。扬州市区90后之所以支持说方言的比率偏少,主要与90后群体大量外流其他城市或地区有关。在选择不会支持说方言或者认为说方言没有必要的90后群体中,约有81.5%(22/27)的90后长期或已经在外地定居,扬州话对于这部分群体而言除了跟家人交流已经没有实际使用的必要。这些90后群体认为,自己下一代子女未来可能根本不会有机会在本地生活,因此学不学扬州话真的没有必要。如前所述,扬州的城市规模较小,社会开放程度也较低,社会流动不太频繁。为了自身的发展或者寻求更好的就业机会,现在和未来流往其他省份、城市的90后群体可能会越来越多。另外南京话、扬州话均属于官话,大部分90后群体认为,南京话或者扬州话易学易懂,当地人可以在自然环境下习得,不需要刻意教学或者营造环境。上海话由于与普通话相差过大,难懂难学;上海市社会流动频繁,外来人口数量庞大,上海人口总量中外来人口比例近乎50%。普通话作为主要的交际语言,虽然也给上海话的传承带来压力与危机,但由于上海话的地区高声望地位,许多 90 后愿意支持下一代学习上海话。首先,上海 90 后群体表示,利用上海话歧视或者排挤外地人的传统虽然已经消失,但他们特别认同上海话背后所代表的海派文化,上海话的地区身份认同功能等特征得到特别认可。这种认可来源于 90 后群体对上海文化的肯定和对上海这座城市的热爱,"恋乡"情结在上海 90 后群体中表现最为突出。这些状况也影响了上海 90 后群体对上海话的认知以及对上海话传承的看法。这些 90 后群体虽然在公共生活中说上海话的比率较低,但大多数 90 后群体对上海话的传承非常关注,也认为非常有必要。上海选择"不会刻意教下一代说上海话"90 后群体,主要是认为相比上海话,学习好普通话或者其他外语更有利于沟通与交流,或者更有利于下一代的发展。因此,很多 90 后群体表示,他们不会有意识支持下一代学习上海话,但会有意识创造条件和机会帮助下一代掌握英语等其他外语资源。

根据数据,南京和扬州两个城市,选择"会支持和帮助下一代说方言"的 90 后群体,大部分(约 95.7%)都能流利地说自己的本地方言——南京话或者扬州话。而且这类群体中,持方言主导语言意识的人数达到 96% 以上。选择"会支持和帮助下一代说方言"上海 90 后群体中,能流利地说当地方言(上海话)的比率为 69.6%(32 人),26%(12 人)能够进行简单交流,4.3%(2人)只能听懂上海话但不会说;这一群体中,持方言主导语言意识的人达到 95.6%。总体来看,三个城市支持下一代说方言的 90 后群体,能够说当地方言的比率较高,语言意识中持方言主导的比率也很高。较好的方言能力与较强的方言意识一起,使得这些人认可与了解方言的价值和功能,因而也更倾向于支持下一代学说方言。

与此对比,选择"不会有意识引导和帮助下一代说方言"的 90 后群体中,南京约有 75.8%(25/33)的人会说南京话,扬州地区有 77.8%(21/27)的人会说扬州话,上海地区仅有 43.8%(14/32)的人会说上海话。两组数据对比更加清楚地看出,倾向于或者愿意有意识引导下一代掌握方言的 90 后群体方言能力强于不支持下一代学方言的 90 后群体。

另外,隔代养育的国情,也会影响青年一代方言能力的发展。对 90 后群体的调查中发现,有爷爷奶奶(或外公外婆)参与抚养长大的家庭,90 后群体方言能力均偏强。其中,南京和扬州两个城市中,有祖父母辈参与抚养的 90 后家庭中,几乎所有的 90 后都可以说南京话和扬州话;可在上海市,同样有祖父母辈参与抚养的 90 后家庭中,能说一口流利上海话的 90 后仅为 86.7%。由此或许可以推断,祖父母参与抚养并不一定能保障 90 后的年轻一代一定学会说方言。主要因为有些 90 后祖父母辈虽然参与抚养下一代,但对语言资源等价值与功能一无所知,有些从未思考过语言传承的问题,有些家庭内部使用何种语言资源,更多是听从父母辈的意见与安排,祖父母辈主要是配合与支持等。前面对家庭内部父母语言意识与下一代方言能力发展的研究结果已经表明,与祖父母相比,父母辈对自己子女语言能力发展的影响力更大。但如何影响则取决于父母辈的语言态度和语言意识。这些 90 后父母在成为祖父辈之后,是否会有意识引导孙辈说方言呢?对比父母对 90 后一代的管理数据,我们发现,南京、扬州的 90 后父母辈表示成为祖父母辈时,更倾向于支持与帮助下一代学习普通话,理由是普通话能力对孙辈的帮助;但上海的 90 后表示,自己成为祖父母辈之后,会引导和帮助自己的子孙辈学说上海话。这一现象的产生主要跟 90 后父母的个人自身经历,他们对普通话、方言等语言资源的价值地位等的认知相关。

例 1:"现在的小孩子都说普通话,为了他跟别的小朋友交流方便,肯定是教他说普通话的。"(宁样 41 父母辈中的爸爸)

例 2:"看我孩子怎么说吧,应该还是优先普通话的,英语也行,方言不会强求。如果她愿意让我教扬州话,那我很乐意。"(扬样 8 父母辈中的妈妈)

普通话的工具属性强化了南京和扬州两个城市 90 后父母对它的认同感。相比 90 后群体而言,生活在南京或者扬州的 90 后父母,曾经有过一些因说不好普通话而造成的尴尬经历,但是因不会说本地话而造成的尴尬经历较少,因此南京和扬州两个城市的一些父母辈表示,在面对自己孙辈的时候会带入自己的这种生活体验,认同普通话的重要性。语言意识的显现通常需要外在因素触发,这些 90 后群体父母辈自身的语言经历就是这些外因,这些外因让他们看重普通话交流的便利性。而在上海,90 后一代的父母辈,由于地方政府的宣传和社区、专家等的努力,他们看到上海话衰微趋势,这一趋势激发了他们维护与传承上海话的欲望,加之上海话本身的高声望地位,所以他们在心理上更倾向于支持子孙辈学习上海话。约 90% 的 90 后群体的父母辈表示,"如果让自己带下一代",会更加尊重 90 后群体的意见。而且目前虽然有方言保护政策,各地也有方言保护节目和措施,但除上海外,南京、扬州的力度都相对较弱。所以,根据以上判断,我们可以推测90 后自己的子女,其方言能力可能与当前 90 后群体的方言能力基本持平或略弱。方言流逝是一种缓慢发展趋势,也是语言发展的必然,但我们可以通过一些措施提高人们对方言保护的关注。

9.2 城市方言传承的建议

方言的传承历经千年,每一种方言的背后都承载着比较独特的地域文化。普通话推广虽然给生活带来便利,但是由此而导致方言的衰微甚至消亡会造成民族历史上的巨大遗憾。未来的方言传承可以从以下几个方面努力。

9.2.1 宏观语言政策与教育支持

在访谈中我们发现,宏观语言政策对家庭内部的语言使用或者家庭成员的语言选用等方面的影响深远且具有持续性。从 1986 年起,我国开始逐步强化普通话推广政策,这些努力使普通话得到有效推广,确立了它作为国家通用语的地位。但与此同时,这一宏观语言政策也影响了方言的传承。在社会流动频繁的时期,过度拔高方言的地位刻意忽略普通话能力的发展,既不现实也无必要。但即使大家主观承认普通话的推广,不限制也不妨碍对方言的学习与使用,从客观现实发展来看,对方言的传承也需要像推广普通话一样,要从政策层面鼓励或者促进大家对方言传承的关注。宏观语言政策的影响主要集中在两个层面:一是有助于改变城市作为大社区的语言环境特征，二是会影响校园语言环境的构建。从城市语境来说，上海、南京、扬州三地由于普通话推广力度的差异，导致普通话与方言使用领域和使用状况的差异，同时也对校园语言环境产生影响。而且推广普通话力度的差异，在校园中体现更加突出。对此，在进行方言保护宣传推广时，宏观政策同样应当着眼于两个社区层面。例如在公共领域，上海、广东等地推出的沪语报站、粤语报站等形式，在方便人们生活的同时，激发社会群体对说方言或者保护方言等问题的关注。此时的宏观政策重在引起人们意识上的关注。在此基础上，学校对相关语言政策的协助非常重要，校园在突出普通话教育语言地位的同时，也应该为方言使用留出一些空间。

　　例 3：“具体的措施，学校推广的正面影响要更大，就像零几年推普一样。而且外部措施只是培养了更多听得懂的人，但是听懂不如会说、想说、敢说。小孩子没有顾虑，不会担心讲不好尴尬，不会碍于面子，如果从小养成习惯，那是最好的。”(沪样 13)

在访谈中我们看到，多数受访者都提到了学校在推广普通话方面的重要作用。中学之前是青少年语言能力发展的关键阶段，更好地利用这一阶段为青少年一代营造一些方言环境，使他们能够在轻松愉悦的氛围中感受方言魅力，能够提升他们的方言表达能力。自 2005 年起，上海开始关注上海话保护，并在政策上给予了越来越多的支持。沪语大赛、沪语进课堂等一系列举措先后在上海城区内施行，人们对沪语的认可和使用频率由此得到了一定的提高，并起到了一定的作用。

　　例 4：“沪语进课堂其实挺好的，在学校里营造一些氛围，开展一些专门的课。加上新上海人比较多，在学校里面设课也给了他们一个学习的机会。”(沪样 47)

在幼儿园和小学的沪语进课堂中，不仅是本地小朋友有了使用沪语的空间，包括新上海人的子女也有了接触、学习沪语的机会。这就使得在未来沪语不仅仅是上海本地人使用的方言,也会伴随着新一代所有上海小朋友的成长得到发展和传承的可能。伴随沪语进课堂的是沪语教材的编订、沪语教师的培养,为沪语制定了一个方便人们学习的范本,也为广大外来者提供了除自然听说外的主动学习方法。"方言保护要从娃娃抓起"是许多受访者给我们的一个重要反馈。方言的学习不同于外语有明确的标注,这门更多靠听说习得的语言需要在宏观政策和教育上给下一代在幼年时期营造一个良好的氛围,打好基础。同时在政策宣传与教育的支持上,也要注意各种政策之间的协调性。

例 5:"是有沪语保护,但是国家大政策还是在推普,幼儿园同学还是以说普通话为主,家里也会被带着说普通话,所以实际效果上感觉不是特别好。这是一个很矛盾的点。"(沪样 7)

虽然方言保护倡导已久,但是面对持续时间和影响效果更明显的普通话推广活动,国家的宏观政策与地方个性政策之间的关系把握是确保方言保护能否达到理想效果的核心问题之一。从目前来看,普通话推广的目标到 2020 年达到 80%以上的普及率,国家宏观政策完全改变显然不可能,更多还需要靠地方个性化的举措和引导人们提高整体关注意识。

9.2.2 方言类节目制作与质量提升

制作精良的方言节目不仅体现地域特色,而且与人们生活密切相关,在吸引人观看的同时增强社会生活中方言的存在感,提高人们对方言的认可度。在访谈中我们看到,三地在方言节目制作上都切实做了一些努力。南京的《老吴韶韶》、扬州的《今日生活》、上海的《老娘舅》情景喜剧、东方卫视的方言综艺和方言新闻播报,都极大地吸引了人们的关注,甚至在扬州,傍晚 6:00 看《今日生活》成为一种地区普遍性的生活习惯。这就使得人们对方言的接收不仅仅是在家庭生活、社区环境中的被动听,也有可能在节目中主动学,对于具有强烈方言自主意识的人来说,这种方式更能快速满足他们的听说需求。

例5:"有个叫《老吴韶韶》,基本南京人都看,播新闻的,很有意思,有时候突然有个表达不知道,就会专门记一下。"(宁样3)

例6:"节目开播后(小学五六年级开播至今),开始有意识地注意扬州话的一些特色,听主持人有没有讲一些独特的段子,对学习扬州话有一定帮助。"(扬样1)

例7:"有一个播新闻的节目用上海话;春节滑稽戏比较多,可以从中学一些词的讲法,而且挺好听的。"(沪样13)

方言节目的播放和推广吸引了人们对方言的兴趣,在感受方言魅力的同时也能学到一些方言地道的表达,或者对方言整体的语音特点有感性的认知。在90后一代中,三地都有在父母普通话管理或父母均为外地人的情况下通过方言节目提高方言能力的实例。

例8:"我就是小时候看《今日生活》学会的,就不由自主就跟着说了。特别是片头诗,因为重复的多,小孩子都会。"(扬样28)

但是完全通过节目学会的毕竟是少数。通过访问者自己切实观看受访者们提到的各类节目,我们发现目前方言节目按内容类型可分为两类:一类是新闻播报内容,这是方言节目的主体,包括电视、广播等;另一类是综艺节目,包括上海的《老娘舅》情景喜剧。这两类节目的侧重点主要在具体内容的传播上,方言推广只能是附属性效果。

例9:"我没感觉看节目就能学会,因为每天的内容都在变化,没有一个重复和固定的东西,可能主要还是给会方言的人看的,不会的可能看不到也学不会。"(扬样34)

例10:"这一节目谈不上推普,只是给扬州的中老年提供了一个方言节目和环境。因为内容上对青年主观上没有吸引力,而且客观上,6点的时间可能在路上,没有时间看。"(扬样2)

我们看到输出内容的广泛性和学习者学习内容的零散性使得推广的范围更多集中在会方言的本地人身上，对外来人家庭影响效果有限。因而从内容上看如果能够在原有基础上增加教学片段，或制作一些短小的教学内容单独播放，对于有意识学习的青少年而言效果可能会更好。或者适当进行方言影视剧拍摄、方言歌曲创作、方言作品写作等。类比粤语歌曲、粤语电影等的拍摄，甚至于在某些阶段内由美剧、韩剧等带来的外语学习热。歌曲、影视节目剧情性强、内容连贯，相对比一些综艺、新闻节目，更能在一段时间内集中吸引观看者的注意力。方言歌曲易学易懂，内容短小，配合曲调，更有利于感受方言的特色韵味。方言类文学作品将声音进行文字转化，在明确方言本字的同时能够更好地向人们传递特色词汇，增加人们地道词汇的积累。这样三种艺术形式可以在一个话题内进行创作形成合体，形成社会热点话题，强化受众的接收，在综合创作中切实感受方言接地气、贴生活的特色魅力。

另外，从播放平台建设上，目前主要以电视和广播为主，这类平台的受众主要是 80 后及以上年龄人群，而相对于 90 后来说，吸引力很小。这就使得方言节目的传播效果有限。在访谈中我们听到很多诸如"小时候跟爷爷奶奶会看，后来就不看了"之类的表述。投放渠道限制了青少年对其关注。2013 年汪涵、马可主持的综艺《越策越开心——方言听写大会》在一段时间内吸引了众多青少年的关注，网络平台播放量大幅提升，一时间网络上各种方言段子、方言小视频层出不穷。利用青少年对网络的关注，增加数字媒体的选择范围，在网络平台、公众号等多渠道中进行短小有趣的方言节目制作，使方言节目不仅仅存在于中老年人的电视机中，更存在于新一代年轻人的生活中。

9.2.3 地方文化与方言传承

方言是地域文化的语言基础，是地域文化最重要的载体（胡吉成 2009）。方言独有的语音、词汇等特征成就了地方文化的独特美丽，同时这些地方文化也记录着方言的原本面貌。

例 11："现在街上人们日常讲的南京话是南普,包括街上小混混等。老南京话,七八十老人才能听懂,例如甘家大院的白局。"(宁样 24)

在当前普通话推广深入,"地方普通话"使用日渐广泛的交际状态下,通过地方曲种、戏剧了解方言词汇的地道表达,并从中找寻地方文化色彩,对挖掘方言背后的故事、保护方言文化至关重要。在三地的考察中我们看到南京的白局、扬州的评话、上海的沪剧,都是以当地方言为基础的典型地方文化代表。近年来,三地都在文化保护上做出了切实的努力。

例 12："南京近些年一直在推广白局,比如学校组织中小学生去观看,城南那边也有白局表演,感觉比之前重视很多。"(宁样 34)

例 13："扬州评话、扬剧这几年都有推广,好像小学生有扬剧进校园,很多广播里也能听到评话。"(扬样 38)

例 14："上海近几年对沪剧大力扶植,上海沪剧院着力推广《敦煌儿女》,大力宣传,这在以往是不可想象的。"(沪样 46)

对地方曲种和戏剧的保护引起了人们对地方文化与方言的重视。但是对于青少年一代而言,由于本身对地道方言词汇表达不了解、不清楚,加之地方曲种和戏剧内容上以老故事为主,缺少新元素的注入,很多青少年整体上对地方文化与方言重视度不高。

例 15："其实我是不会说南京话,包括我爸妈也不太懂白局里的很多词,不怎么会专门去听。"(宁样 24)

对于这样一种现状,我们一方面要加强传统曲种戏剧的推广,通过进社区、进校园、进剧场等方式,给他们更多的表演空间,给当地的青少年更多可感可触的机会,使地方戏以一种更加亲民的方式走进现代人的生活中,在感受文化中体会方言魅力。另一方面要不断注重传承人的培养,让地方戏剧有生生不息的传承力量。针对青少年对地方戏曲热情不高的问题,可以尝试性进行地方戏曲再创作,把地方戏曲从古老故事中解放出来,更贴近日常生活。

9.2.4 方言学习平台建设

近年来,各种方言保护平台不断建设兴起,如在高校中广泛开展的语宝项目对方言的记录整理,为方言保护留下了宝贵的音、视频资料;科大讯飞的方言保护计划邀请全民参与共建"中国方言库",通过语音识别、语音转写等人工智能手段将方言语音与文字相结合,特别是"全民动口补全方言平台"建设弥补了民众参与不足的问题,强化群众方言保护的自主意识;学说上海话、方言 chat 等 App 为人们自主学习方言搭建了平台;系统方言教材编订为人们提供了可参照范本。

例 16:"曾经做过南京话非物质性项目,系统教材,但还未做出,可能需要很长时间。"(宁样 33)

例 17:"扬州有地方文化读本,介绍扬州特色文化之类的,里面有关于方言的内容在里面。"(扬样 1)

例 18:"有很多沪语学习 App,可以自己下一个学一学,在日常打交道的时候尝试下说一说。"(沪样 23)

通过在 App 平台①上进行检索,我们看到目前关于方言综合学习和转换的 App 有 6 个,包括中国方言大全、方言掌上通、方言中华等;学习上海话的 App 有 9 个;南京、扬州尚无开发成熟的 App 平台。方言学习教材,上海有《上海话大辞典》《学说上海话》《小学生学说上海话》《中英日对照上海话教程》等适应各个年龄层、各个层次人群学习的上海话教材;南京和扬州除受访者所提到的地方文化读本外,目前没有搜到相关的教材或适应大众群体的介绍性书籍。因而对南京和扬州而言,需要不断增强保护意识,为大众尽可能营造感受方言的氛围。对上海而言,要提高平台和教材的利用率,

---

① 主要是 App Store 和安卓的手机应用市场。

在学习之外更好地为大众营造说的氛围。

父母语言意识对青少年方言传承具有基础性作用,通过对 90 后及其父母一代对未来方言教育的支持度考察,我们能够对未来方言的传承可能有最低的判断。90 后及其父母相对比他们的祖父母辈一代,更加重视普通话教育。虽然上海地区支持方言教育的两代人比例均最高,但上海 90 后中不能流利地说上海话的比率也最高,效果可能会受到影响。家庭内部主要抚养者,对下一代说方言的支持与帮助的前提是自身要具备说这种方言的能力。因此,综合评判下来,未来三地的方言传承状况与当前基本持平或略差于现在。对此需要社会群体加强对方言保护的重视,通过宏观政策宣传和教育影响、方言影视节目制作播放、地方戏曲保护、方言保护平台建设等多种措施,多管齐下,实现良好效果。

9.3 少数民族语言传承建议

在少数民族语言传承过程中,受到城市化进程的影响,城区的语言传承状况和城镇乡村相比更为严峻。我们在之前的研究中也发现,当前城区蒙古语虽然没有失传的危险,但总体的传承状况并不乐观。城市蒙古族家庭成员的蒙古语水平随着代际的发展而逐渐降低,虽然家庭中的第三代对蒙古语的认同状况和第二代相比有所回升,但并不能影响当前蒙古语传承衰微的事实。家庭中的第一代具备较好的蒙古语能力,第二代蒙古语能力大幅下降,而第三代则很少有人具备蒙古语能力了。在家庭中,蒙古语成为主要在第一代和部分第二代之间使用的语言,家庭成员与第三代交谈时几乎不使用蒙古语。面对这种情况,我们从社会、家庭等多方面出发,希望可以对蒙古语,以及对少数民族语言在城区的传承提供策略与建议。

9.3.1 "民汉兼通"与多语能力发展

在之前的研究中,我们发现,基于社会经济价值的语言认同对语言实践行为具有决定性的影响。和通过增强对本民族的身份意识、亲近感去提升对少数民族语言的认同感,从而对少数民族语言实践行为产生影响相比,在当前社会,人们可以通过使用某种语言获得优势,是该语言保持社会经济价值并能够永续发展的必然前提。

提升少数民族语言的经济价值和实用性,最关键的是要使少数民族同胞看到学习使用少数民族语言所能给他们带来的实际益处,去发掘出少数民族语言的真正优势所在。在当前中国的城市社会中,少数民族语言的优势不在于要去和汉语作比较,而是在于少数民族语言的使用者比只会汉语的使用者多掌握一种语言。我国的教学语言是国家通用语言文字,在少数民族地区提倡双语教学,目的是使受教育者"民汉兼通"(李宇明 2008)。在任何地区,实施少数民族语言教育的目的都是提升少数民族学生的综合能力和水平,使他们在具有较为出色汉语能力的同时具备出色的少数民族语言能力,促进少数民族多语能力的发展。在调查中,城市蒙古族家庭也普遍认同在当前学习"双语"甚至"多语"的重要意义,许多被试在访谈中透露了具备"双语"能力确实在生活中能够得到优势。如前文提到的伊家哥哥在工作中使用"双语"能够拉近与不同民族患者的距离;魏某同时掌握蒙古语和汉语后,对服饰店的生意起到了一定帮助。而除了这些在工作中必须使用"双语"的情况外,做到"民汉兼通"在城市生活中同样可能会带来"隐形的优势"。通过三位受访者的经历,可以看到"民汉兼通"的优势与前景。受访者一,赛某(内样 30 孩子),女,17 岁,蒙古族,高中在读,会讲蒙古语、普通话;受访者二,云某(内样 15 哥哥),男,26 岁,蒙古族,记者,会讲普通话,在北京工作;受访者三,白某(内样 22 母亲),女,39 岁,蒙古族,个体户,会讲普通话。

例 19:"我记得去年学校办文化节,需要一位会讲蒙古语的主持人。全校会讲蒙古语的同学很少,所以我很容易就被选上了,后来整个晚会我就大放异彩吧哈哈。而且那个时候刚上高中,大家都还不熟悉,因为做主持也使很多老师同学认识了我,受到关注的感觉还是很爽的。如果让我现在回想的话,那次主持机会使刚进入高中陌生环境的我找到了自信。"(对赛某的访谈)

例 20:"刚入职的时候,我们部门有两个内蒙古人,恰好也都是蒙古族。当时主任就问我们会不会讲蒙古语,我不会,但我同事会说。我当时还觉得奇怪,他问我们这种在北京的时政记者会不会讲蒙古语有什么用。后来我才发现在报道中遇到一些蒙古族姓名或者地名很多同事就会向他请教,和民族问题有关的报道也大都让他牵头,他得到了比我更多的表现机会。没想到即使到了北京会讲民族语言还有这样的用处。"(对云某的访谈)

例21:"(在少数民族自治地区,路牌、店面标牌等均为双语显示)原来我们店牌子的蒙古语翻译是错的,我看不懂,被做牌子的人骗了。后来一个蒙古族顾客好心告诉我牌子的蒙古语不对,我才又联系了厂家重新做了牌子。想想我一个蒙古族,错的招牌挂了一年多都不知道,还是挺可笑的。"(对白某的访谈)

在城市环境中,虽然少数民族语言的使用率要远低于汉语,但无论是少数民族语言,还是少数民族文字,具备"多语"、"多言"能力在一些情况下能够为语言使用者带来"隐形的优势",也可以避免一些不必要的"尴尬",体现了少数民族语言在当今社会仍然具备的社会经济价值。而促进"民汉兼通",推动多语能力发展,是提升少数民族语言经济价值和实用性的根本出路。能够促使更多的少数民族同胞将目前"一对一"、"多对一"的身份语码匹配模式转化为"多对多"的身份语码匹配模式。对于少数民族语言传承出现问题的城市少数民族家庭,要在立足自身汉语能力的基础上,推进下一代少数民族语言能力建设。

9.3.2 传承"主力军"语言管理能力构建

前文调查发现,城市蒙古族家庭中的第二代作为家庭的主体,是导致目前城市蒙古族家庭蒙古语传承出现问题的关键。家庭中的蒙古语能力从第二代开始大幅下降,第二代对于蒙古语的认同感在家庭中普遍偏低,这都对蒙古语的传承和发展造成了一定影响。

在家庭中,第二代是主体,起到承上启下的重要作用,他们一方面受到老一辈的影响,对本民族语言进行继承和发展;另一方面,要对下一代的语言使用进行规划和指导。此外,作为主要活跃在当前社会生活中的一代人,他们在公共场所以及在日常生活与朋友交谈时使用的语言代表着当前社会生活中主要的语言面貌。在当前对于少数民族语言的规划保护中,存在着主要重视青少年一代而忽视其父母一代的现象。除了希望通过学校教育等方式提升青少年的语言能力外,目前普遍希望家庭在语言学习方面同样发挥重要作用,而父母一代自然成为青少年语言传承的"主力军"。但是通过调查,我们发现,父母一代自身的素质和思想认识似乎并不能承担推动本民族语言传承和发展的重任。

在之前的研究中,我们发现,当前城市蒙古族家庭中的父母对子女是否会说蒙古语、是否需要去学习蒙古语主要采取"不反对,但不鼓励"的态度。即如果子女会说蒙古语当然好,不会说也无所谓;如果子女想要学习蒙古语,在不影响正常学习生活且家庭具有一定经济能力的情况下会支持,但在家庭中不会为了蒙古语学习而像普通话学习一样去主动创造良好的学习环境。城市蒙古族家庭中的第二代采取这样的态度,据我们了解,主要是因为他们对蒙古语未来前景并不乐观,以及看不到蒙古语在现实社会中的实际作用。

调查数据显示,无论是蒙古族与蒙古族组成的家庭,还是蒙古族与汉族或其他少数民族组成的家庭,认为蒙古语未来"充满活力,会取得进一步发展"的第二代被试都很少,分别只有 15.0% 和 10.0%。蒙古族内部婚配家庭中 47.5% 的第二代被试认为蒙古语会较为顺畅地继续传承,在蒙古族与汉族或其他少数民族婚配家庭中,这个比例降到了蒙古族被试 37.5%,汉族或其他少数民族被试 32.5%。而且从总体结果来看,蒙古族与汉族或其他少数民族被试之间对当前蒙古语发展状况的看法较为一致,可见对蒙古语未来传承持偏消极态度是家庭中第二代的普遍想法,与自身民族关系不大。除此之外,在访谈中,他们普遍认为蒙古语实际上目前只在内蒙古自治区或者区外一些蒙古族自治州有一定用处,如果到了国内其他地区,用途相对较少,而其中一部分家长希望自己的孩子在大学毕业后可以到自治区外的大城市进行工作,蒙古语对他们未来职业发展的用途更为有限。而且即使是在呼和浩特市,如果不会蒙古语生活不会遇到任何困难。虽然从感情上他们也乐见子女会说蒙古语,但他们不会强求或者主动引导子女去学习蒙古语,一切顺其自然即可。

当然,除了主观考量,还有部分被试是在个人能力上无法对子女学习蒙古语提供帮助。据调查,在蒙古族内部婚配家庭中只有 45.0% 的第二代被试会说蒙古语,而在蒙古族与汉族或其他少数民族婚配家庭中会说蒙古语的第二代蒙古族被试也只有 37.5%。绝大部分第二代被试本身并不具备蒙古语能力,而即使是具备蒙古语能力的被试,绝大多数自评汉语水平要高于蒙古语。在这种情况下,在家庭中很难帮助子女进行蒙古语学习,再加上学校教育同样以汉语为主,很多第二代被试在蒙古语传承方面感到有心无力。面对家庭中第二代的疲软现状,想要提升第三代青少年的蒙古语水平必将面临重重困难。

因此,在当前环境下,推动少数民族语言的传承和发展,提升青少年一代的少数民族语言水平,我们在做好青少年语言规划的同时,对于他们父母辈的语言规划必须同时进行。首先要努力提升他们对少数民族语言的认同感,在唤起他们本民族感情的同时,也要使他们能够认识到少数民族语言所能够带来的社会经济价值,让他们明白学好少数民族语言并非没有实际用途,"民汉兼通"与只会汉语相比在某些方面是具有优势的,要从观念上重视少数民族语言的价值。此外要努力提升他们的少数民族语言能力,在家庭中,可以鼓励发挥家庭第一代少数民族语言能力的"传帮带"作用;在社会上,可以在周末或晚间开办少数民族语言教学班,或者可以采用线上方式进行语言学习,在学习到一定阶段后要及时对他们予以奖励。家庭中第二代少数民族语言能力的提升不仅可以使他们有能力去帮助第三代学习少数民族语言,避免"有心无力"情况发生,同时作为当前活跃在社会生活方方面面的一代人,他们少数民族语言能力的提升也是全社会少数民族语言能力提升的重要表现,对少数民族语言的传承和发展具有重要意义。

9.3.4 家庭参与的"量"与"质"

在语言学习中,李德鹏(2018)等曾指出要重视语言学习的"质"而不是"量",因为学习一种语言并不只是要浅尝辄止,将许多种语言每种学习一个月并不能标志着其已具备多种语言能力,而是要达到一定的程度,比如"会说"、"会写"。只有"质"的提升,社会总体上会说一种语言的人数总量才会有所提升。这对于语言学习自然具有一定的指导意义。但在调查中我们发现,当前城区中第三代的具备少数民族语言能力的人群极为缺乏,要促进少数民族语言的传承和发展,扩大少数民族语言使用人群,尤其是其中新生代的比例,显得更为紧迫和重要。在使用人群扩大的基础上再去考虑少数民族语言水平提升的问题,"量"的突破要在"质"的突破之前。

当前我国各少数民族语言在城市化进程冲击下普遍面临着传承和发展的问题。蒙古语在主要少数民族语言的传承和发展中属于偏积极的语言,但在城市家庭中也存在着较大问题。在调查中,城市蒙古族家庭中只有7.5%的第三代具备蒙古语能力,而第一代具备蒙古语能力的蒙古族被试有85.1%,如果继续发展下去,到了第四代,蒙古语是否还有人会说可能都会成为问题。在当前城市蒙古族,尤其是年轻一代蒙古族蒙古语能力普遍缺失的情况下,对他们进行基本的蒙古语教育十分紧迫,而这除了国家政策方面的努力外,家庭内部的努力也必不可少。

在之前的研究中,我们发现,伊家妹妹能够讲基本蒙古语,最为重要的原因是在家庭中具有一定的蒙古语环境,而且家庭中的长辈也比较注重对她的蒙古语教育。而在具备了基本蒙古语能力的基础上,伊家妹妹对于进一步提高自身蒙古语能力的意愿也较为强烈,会主动与父母视频聊天学习,在大学也会主动参与蒙古语学习兴趣班,而伊家妹妹是本文主要探讨的四个家庭(即伊家、特家、娜家、梁家)中唯一蒙古语能力还在不断提升的第三代。

而特家孩子目前并不具备蒙古语能力,这和家庭中蒙古语语言环境较为缺乏,以及长辈对于他的蒙古语学习并没有十分关注有一定的关系。和伊家妹妹相同,特家孩子学习蒙古语的意愿同样较为强烈,但是他的蒙古语能力却并没有得到显著提升,在之前访谈的摘录中,他提到这和从"零基础"开始学习比较难、缺乏主动性有一定关系。

当前少数民族语言传承和发展所面对的情况,与许多家庭缺乏对下一代少数民族语言能力的培养,以及从"零基础"到"能说能写"的程度对他们来说确实比较困难有一定关系。在这种情况下，我们需要改变策略，在家庭中的长辈积极促进下一代少数民族语言能力提升的基础上，并不要求下一代以达到较高的语言水平为学习目标，而是注重基础、带有普及性的传播和教育，发挥家庭语言传承的作用，从最基本的日常用语、名字、生活用品开始学起，先使下一代积累对少数民族语言的兴趣。对于一些书写比较复杂的少数民族语言可以先从读和说开始，先使接触学习少数民族语言的人群数量扩大化。这其中，对于像伊家这样父母具备少数民族语言能力的家庭，在家庭日常生活中可以保持一定的少数民族语言使用率，在日常生活中注意对一些日常用语、生活用品的教学，在潜移默化中使下一代的少数民族语言能力有所提升。对于像特家这样父母不具备少数民族语言能力的家庭，可以多给孩子创造与会讲少数民族语言的长辈（如特家祖父、祖母），或亲朋邻居交流的机会，同时也可以让孩子收看少数民族语言学习的电视节目（如内蒙古电视台就有播放蒙古语学习的电视节目），促进少数民族语言使用人群数量的提升。

当然，"量"的提升只是第一步，并不是最终目的。只掌握基本的少数民族语言与少数民族语言传承的实现仍有一定距离，我们最终的目的是使少数民族同胞能够熟练掌握本民族语言。不过，在"量"取得突破，并且积累了一定兴趣的前提下，再要取得"质"的突破就较为容易了。我们也要认识到，以"量"带"质"的策略主要适用于像蒙古族这样有较为庞大人口基数的民族，对于人口相对较少、本民族语言传承和发展也相对困难的民族来说，着力提升掌握甚至精通本民族语言的人口数量是首要的。

从语言经济学视角看，语言的经济社会价值是少数民族语言能够永续传承的基础。而少数民族同胞想要在城市生活环境中具备竞争力，"民汉兼通"、具备多语能力是十分必要的。这不仅使我们看到了少数民族语言传承的出路，对于城市语言环境多样性也有重要意义。在家庭中，第二代是语言传承的"主力军"，起到承上启下的重要作用。我们不仅要使他们认识到少数民族语言在当今城市社会中仍然具备重要价值，还要帮助他们提升自身的少数民族语言能力，使他们在家庭中能够对第三代的语言管理发挥重要作用。面对当前城市中第三代少数民族语言使用人群极为缺乏的现象，我们要将扩大少数民族语言使用人群,尤其是其中新生代的比例作为促进少数民族语言传承的主要任务,用"量"的突破带动"质"的提升。而要实现这一目标,除了国家宏观政策的推动外,家庭在其中扮演的重要角色同样不能忽视。

参考文献

［1］胡吉成.从文化遗产角度探析方言的保护［J］.广播电视大学学报(哲学社会科学版),2009(3):100-103.

［2］李德鹏.我国家庭语言规划的基本要素分析［J］.云南师范大学学报(哲学社会科学版),2018,50(6):32-38.

［3］李嵬,祝华,连美丽.想象:跨国移居家庭传承语维持与转用的关键因素［J］.语言战略研究,2017,2(3):20-37.

［4］李宇明.语言功能规划刍议［J］.语言文字应用,2008(1):2-8.

总　结

本书依托家庭语言规划理论，以半结构式访谈法、叙事转向法、想象法以及问卷调查等相结合的方法，对城市方言和少数民族语言传承的现状、面临的挑战以及未来的传承建议等进行了讨论。具体行文中，针对趋势性问题，比如语言意识与方言能力的关系、方言传承可能性等问题会通过 SPSS 统计相关性；针对原因分析，如影响语言意识的因素、数据相关性的原因解释，我们主要采用定性的方法，深入访谈文本内部，寻找重要的影响因素。

对南京、扬州、上海三个城市语言意识、语言管理与方言传承关系的研究发现，父母作为家庭语言规划的主体，其语言意识和语言管理对青少年早期的语言习得具有基础性作用，影响青少年方言能力的发展状况。父母语言意识是动态变化的，受到诸如国家宏观语言政策、社区语言环境、语言声望、个人语言生活经历、自身的社会网络等多种因素的影响。但随着青少年个体语言意识的形成，父母语言意识对青少年语言能力发展的影响力逐步减弱。与父母语言意识相比，青少年自主意识具有时段性和滞后性。在认知能力逐步成熟之后，青少年个体语言意识对自身语言实践形成明显的导向作用，并最终持续性影响自身的语言能力。总体来看，方言的传承策略需要多头并进，既需要宏观政策与教育政策相配合，也需要方言节目、影视剧、歌曲、文学等作品推陈出新贴近生活，地方戏剧保护再上新台阶，方言保护平台建设实现全民推广共享，这样才能切实提高公众的方言保护意识和方言使用能力，实现方言具有特色性和时代性的有效保护传承。

对城市两类蒙古族家庭语言能力的研究发现，城市蒙古族家庭普遍对蒙古语的认同状况比较积极，但依然存在代际差异。第一代普遍具有高认同,第三代对蒙古语的认同有所提高,体现了民族语言在新时代开始回归的现象,而第二代对于蒙古语的认同状况普遍低于第一代,在一些情况下甚至要低于第三代。从家庭结构来看,蒙古族与蒙古族组成的家庭对蒙古语的认同程度要优于蒙古族与汉族或其他少数民族组成的家庭。但不管是哪一类家庭,少数民族语言能力逐代降低已是不争的事实。无论在家庭语言环境中,还是在各种外部场合,普通话一直占据着最为重要的地位。家庭语言环境、成长环境、育儿模式以及语言实用性、生活工作学习环境等因素都会对少数民族家庭中第三代语言能力的发展有影响。研究发现,语言认同和语言实践行为的关系较为复杂,其中身份语码的匹配过程存在"一对一"、"一对多"、"多对一"、"多对多"等四种模式。对某种语言的认同并不一定会导致语言实践行为的发生,对于某种语言的实践行为也并非完全是因为语言认同。语言实践与语言认同的对应关系并非一成不变,语言实践会随着语言认同的改变而发生变化。

本研究创新主要体现在以下三个方面。1. 大规模访谈数据的搜集和应用。对比国外学者的个例定性研究和国内常用的问卷方式,大规模访谈在满足定量的趋势性要求的同时,能够更好地深入到受访者内部,对现象产生原因进行更深入的探求。2. 对青少年语言意识的探讨。青少年语言意识对家庭语言规划的实施会产生不应忽视的影响或者反作用,但目前学术讨论的焦点主要是在父母为主体的抚养者语言意识方面。本研究分别讨论父母语言意识与 90 后群体自身语言意识的特征以及这两类语言意识对 90 后年轻一代方言能力形成与发展产生的影响。研究发现,90 后年轻一代自主语言意识的形成,使得家庭不再是可以获得方言能力的唯一途径。在年轻一代自主意识的引导下,通过其他途径(比如向朋友同事学习、模仿视频节目等)也能发展自己的方言能力;而且年轻一代自主语言意识对方言能力的影响具有长期性、可变性等特征。3. 结合中国隔代养育与祖父母辈参与抚养的特殊国情,综合年轻一代父母辈的语言意识、语言态度和年轻一代自身的语言意识、语言态度,对更下一代方言能力发展状况进行预测,并在此基础上提出方言或者少数民族语言传承的建议与策略。

图书在版编目(CIP)数据

家庭语言规划视角语言传承研究 / 王玲著. —南京：
南京大学出版社，2021.6

ISBN 978-7-305-24629-6

Ⅰ.①家… Ⅱ.①王… Ⅲ.①家庭教育-语言规划-
研究②汉语方言-方言研究-传统文化-技艺传承 Ⅳ.
①H002②G78③H17

中国版本图书馆 CIP 数据核字(2021)第 118243 号

出版发行 南京大学出版社
社　　址 南京市汉口路 22 号　　　　邮　编 210093
出 版 人 金鑫荣

书　　名 **家庭语言规划视角语言传承研究**
著　　者 王　玲
责任编辑 荣卫红　　　　　　　　编辑热线　025-83685720

照　　排 南京紫藤制版印务中心
印　　刷 江苏扬中印刷有限公司
开　　本 718×1000　1/16　印张 14.25　字数 219 千
版　　次 2021 年 6 月第 1 版　2021 年 6 月第 1 次印刷
ISBN 978-7-305-24629-6
定　　价 66.00 元

网　　址:http://www.njupco.com
官方微博:http://weibo.com/njupco
官方微信:njupress
销售咨询热线:(025)83594756